湖北省学术出版专项资金
Hubei Special Funds for Academic Publications

教育部人文社科规划基金项目"云环境下信息消费知识产权的风险分析和对策研究"成果（项目编号：14YJA870008）

大 数 据 环 境 下 的 信 息 管 理 方 法 技 术 与 服 务 创 新 丛 书

# 湖北省著作权战略研究

Research on the Copyright Strategies in Hubei Province

冉从敬　著

武汉大学出版社

图书在版编目(CIP)数据

湖北省著作权战略研究/冉从敬著.—武汉：武汉大学出版社，2017.12
大数据环境下的信息管理方法技术与服务创新丛书
ISBN 978-7-307-17025-4

Ⅰ.湖… Ⅱ.冉… Ⅲ.著作权—战略管理—研究—湖北省 Ⅳ.D927.630.341.4

中国版本图书馆 CIP 数据核字(2015)第 248833 号

责任编辑：詹　蜜　　责任校对：汪欣怡　　版式设计：马　佳

出版发行：武汉大学出版社　　(430072　武昌　珞珈山)
（电子邮件：cbs22@whu.edu.cn　网址：www.wdp.com.cn）
印刷：武汉中远印务有限公司
开本：720×1000　1/16　印张：19　字数：271 千字　插页：2
版次：2017 年 12 月第 1 版　　2017 年 12 月第 1 次印刷
ISBN 978-7-307-17025-4　　定价：57.00 元

版权所有，不得翻印；凡购我社的图书，如有质量问题，请与当地图书销售部门联系调换。

# 前　　言

　　著作权战略是整个知识产权战略中的重要部分，与信息技术密切相关。每次信息技术的革命都引发了著作权相关制度的变革。云计算、大数据、物联网、互联网+、智慧城市等不断地变革人类生产、保存、传播和利用信息的模式与方式，音频、视频、数字出版、新闻传播等各个行业也因此改变。著作权战略的制定、审视和重构是技术进步和产业发展的必然诉求。个人计算机的问世掀起IT的第一次浪潮，互联网的兴起是当之无愧的第二次浪潮，第三次浪潮的标志则是云计算，其技术创新和持续进步离不开著作权的运用与保护。国际IT巨头积极抢占云计算的战略高地，亚马逊的弹性云计算，IBM的蓝云，微软的云操作系统，雅虎、英特尔和惠普公司组建的云计算研究联盟，思科、EMC和VMware结成的虚拟计算环境联盟都彰显了云计算的重要地位。

　　谷歌在中国推出了"云计算"计划。云计算的发展提出了一系列的著作权问题。云环境下，数据融合自动生成作品、交互式创作形成新作品、瑕疵作品大量传播等导致著作权主体身份认定困难。传统上的复制权、出租权、信息网络传播权和发行权等在云环境下呈现新形式。云环境下作品的快速传播将改变著作权的合理使用制度，而技术措施的广泛使用又会挤压合理使用的制度空间。云环境下，判定著作权侵权责任的"避风港原则"和"红旗标准"是否仍然适用，直接侵权、间接侵权和替代侵权的责任形式如何判定，技术中立原则如何体现，第三方侵权和黑客攻击等导致的责任如何分担，这些问题都需要系统的审视和重述。云环境下，海量信息的传播涉及著作权的流转问题，百度"云 ting"、苹果 iTunes 等已经形成了独特授权模式。传统的授权方式，如：点击许可、合同授权、默示授权、大众授权、集体授权、一站式授权、集体管理组织授权、版权补偿金授权等方式在云环境下遭受巨大挑战。面对这些挑战，美国、欧盟、日本、韩国等都在积极部署国家"云计算"发展战略，提升信息消费能力。美国在 2010 年将云计算列为促进美国政府技术基础设施的重要技术；2010 年 12 月 9 日，美国政府首席信息官维维克·昆德拉提出实施"云优先策略"，以应对信息技术基础设施增长的需求；2011 年 2 月，美国政府颁布"联邦政府云计算战略"，确定要在联邦政府内更广泛地应用云计算，并宣布把税收监控和举报的网站放到亚马逊的云平台上，开创了政府使用云计算平台的先河。2010 年，欧盟委员会规划了欧洲未来云计算研究的发展方向，在《欧洲数字议程》中建议制定和发展云计算的欧洲战略。英国在 2010 年发布的"数字英国报告"中，呼吁加强政府的"云计算"部署。日本在北海道等地区建立云计算特区。韩国公布了《搞活云计算综合计划》。云环境对知识产权的挑战已经引起了相关机构和研究学者的重视，2012 年 2 月，美国发布了《全球云计算评分》报告，提出"知识产权法应规定更清楚的保护和有力的执行条款，以防止对以云为基础的知识产权的滥用和侵害"。著作权战略在适应和推动技术发展方面展示了重要的需求和持续的动力源泉。

著作权战略和许多制度相关联。其他制度的变化也会影响到著作权的制度建设和战略重构。例如中国需要认真审视 TPP 协议，并适时调整自己的制度，在著作权方面及早做出预案。《跨太平洋战略伙伴关系协定》（*Trans-Pacific Partnership Agreement*，TPP），也被称为"经济北约",由新西兰、新加坡、智利和文莱四国发起,2009年11月,美国正式提出扩大跨太平洋伙伴关系计划,澳大利亚和秘鲁同意加入。美国借助TPP的已有协议,开始推行自己的贸易议题,全方位主导TPP谈判。2010年3月15日,跨太平洋伙伴关系协议首轮谈判在澳大利亚墨尔本举行。参与谈判的共8个成员:美国、智利、秘鲁、越南、新加坡、新西兰、文莱和澳大利亚。2011年11月11日,日本首相野田佳彦宣布加入跨太平洋战略经济伙伴关系协定谈判。墨西哥、加拿大、韩国也分别于2012年10月8日、2012年10月9日、2013年9月10日相继加入《跨太平洋战略伙伴关系协定》(TPP)。在TPP之前,有亚洲太平洋经济合作组织和东南亚国家联盟推动着亚太经济的一体化进程。TPP的诞生和发展将覆盖部分上面两个经济组织的成员。2015年6月29日美国总统奥巴马在白宫签署国会两院一致通过的《贸易促进授权法案》(TPA),以加快《跨太平洋战略伙伴关系协定》(TPP)谈判进程。2015年7月28日到31日12个国家在美国夏威夷毛伊岛召开部长级会议以推动进一步发展。TPP涉及众多经济领域,知识产权是其中的重要一环,也是这次谈判中分歧最多的议题之一。有关新开发医药品的专利保护期限问题,拥有众多大型制药公司的美国主张设置12年的较长保护期限,而澳大利亚和其他新兴市场,则寻求开放专利数据,将专利保护年限缩短至5年,以加快廉价基因药品的生产。虽然这次谈判仍旧是充满分歧,但值得关注。在著作权领域,美国力图在TPP中体现自己的标准,主要包括:(1)扩大专有复制权,规定了版权所有人对临时复制和缓存的专有权利;(2)禁止平行进口;(3)延长了版权的保护期限;(4)无限增加雇佣作品(职务作品)中雇主的权利;(5)大大提高了反规避标准。这需要各个成员国的磨合,也需要中国的著作权战略进行关注。

著作权战略和产业的发展也密切可分。美国2009—2012年,美国整体GDP实际增长率为2.14%;但版权产业,无论是核心版权产业还是整体版权产业,都达到每年超过4.5%的实际增长率。在2012年,整体版权产业对GDP的增加值超过了17 000亿美元,同年美国的GDP达到15.68万亿美元，整体版权产业占到美国GDP的11.25%。其中，录音产业、电影产业、软件产业、非软件出版业（报纸、图书、期刊等）四类有代表性的核心版权产业总的外贸销售额每年分别为1 292亿美元（2009年）、1 338亿美元（2010年）、1 409亿美元（2011年），到2012年则达到了1 420亿美元。美国推动"北美自由贸易协定""美韩贸易协定""跨太平洋战略伙伴关系协定"的制定和建议都包括大量的知识产权保护条款，就版权保护而言，无论是对版权保护的对象还是保护期限，都提出了高于TRIPS协议甚至高于美国国内法的保护标准，目的在于保护美国的产业发展。美国的著作权保护和战略促进了其版权产业在世界上的领导地位，2012年全球电影票房达到347亿美元，美国电影票房就有108亿美元，占到全球票房的近1/3。派拉蒙、华纳兄弟、索尼哥伦比亚、迪士尼、环球、福克斯六家公司就占据了2011年美国81.7%的票房份额。好莱坞的大制作电影、FOX的电视新闻等将美国的文化带到了全世界。美国文化产业并不是割裂的，其再通过全球营销体系将之应用于包括服装、文化用品等产品生产中。从中可以看到著作权战略与产业发展和文化建构的密切关系。

在中国，著作权战略的制定也面临同样的挑战，从技术上而言，我国的技术进步，尤其是信息技术进步非常快。云计算作为"新一代信息技术"产业均已纳入我国"十二五"规划纲要和《国务院关于加快培育和发展战略性新兴产业的决定》重要组成部分和主要内容，其战略地位日渐凸显。2010年10月，工信部、国家发展改革委确定在北京、上海、深圳、杭州、无锡五个城市先行开展云计算服务创新发展试点示范工作。目前国内已有数十个城市将云计算确定为重点发展产业，如北京"祥云计划"，上海"云海计划"、广州"天云计划"、镇江"云神工程"等。2012年国家知识产权战略实施推进计划在运用知识产权促进包括云计算在内的战略性新兴产业发展等方面做出了安排；国家版权局在2012年启动了著作权法第三次修改。2013年11月，十八届三中全会通过的《中共中央关于全面深化改革若干重大问题的决定》中提出要"加强知识产权运用和保护，健全技术创新激励机制"。IBM 在无锡建立中国第一个云计算中心。在国内，2008 年瑞星推出了"云安全"计划；2009 年阿里巴巴建立了"电子商务云计算中心"；2011 年，华为发布了其云服务 Cloud+。北京、上海、广东、浙江、重庆等地都公布了云计算发展战略。在新兴技术面前，著作权制度和战略应该进行相应重构。

2008 年制定的《国家知识产权战略纲要》提出了我国实施知识产权战略的指导思想、战略目标、战略重点、专项任务和战略措施，涵盖了包括著作权、专利、商标等各个领域。其中提出了四大版权方面的专项任务，包括：（1）扶持新闻出版、广播影视、文学艺术、文化娱乐、广告设计、工艺美术、计算机软件、信息网络等版权相关产业发展，支持具有鲜明民族特色、时代特点作品的创作，扶持难以参与市场竞争的优秀文化作品的创作。（2）完善制度，促进版权市场化。进一步完善版权质押、作品登记和转让合同备案等制度，拓展版权利用方式，降低版权交易成本和风险。充分发挥版权集体管理组织、行业协会、代理机构等中介组织在版权市场化中的作用。（3）依法处置盗版行为，加大盗版行为处罚力度。重点打击大规模制售、传播盗版产品的行为，遏制盗版现象。（4）有效应对互联网等新技术发展对版权保护的挑战。妥善处理保护版权与保障信息传播的关系，既要依法保护版权，又要促进信息传播。

2014 年基本实现了《国家知识产权战略纲要》确定的第一阶段五年目标，对促进经济社会发展发挥了重要支撑作用。为了进一步推进《国家知识产权战略纲要》实施，2014 年，由知识产权局等部门联合制定了《深入实施国家知识产权战略行动计划（2014—2020 年）》。在版权方面，该行动计划要求在 2020 年实现作品著作权登记量 100 万件，计算机软件著作权登记量 20 万件，知识产权质押融资（含版权融资）年度金额达到 1 800 亿元。在主要行动方面，鼓励文化领域商业模式创新，加强文化品牌开发和建设，建立一批版权交易平台，活跃文化创意产品传播，增强文化创意产业核心竞争力。加强对视听节目、文学、游戏网站和网络交易平台的版权监管，规范网络作品使用，严厉打击网络侵权盗版，优化网络监管技术手段，推进软件正版化工作。在基础工程方面，推动包含版权、民间文艺、传统知识等各类知识产权基础信息公共服务平台互联互通，逐步实现基础信息共享。指导有关行业建设知识产权专业信息库，鼓励社会机构对知识产权信息进行深加工，提供专业化、市场化的知识产权信息服务，满足社会多层次需求。开展知识产权统计监测，全面反映知识产权的发展状况。建设若干国家知识产权人才培养基地，推动建设知识产权协同创新中心等。

按照《深入实施国家知识产权战略行动计划（2014—2020年）》部署，国家知识产权局制定了《2015年国家知识产权战略实施推进计划》。该推进计划共确定5个方面的重点工作、80项具体措施。据了解，2015年国家知识产权战略实施的重点工作包括强化知识产权保护，鼓励创新创造；促进知识产权创造运用，支撑产业转型升级；加强知识产权管理和服务，促进创新成果转移转化；拓展知识产权交流合作，推动国际竞争力提升；加大支持力度，提高知识产权战略实施保障水平等。其中，多数条款都涉及著作权的问题，其中最直接相关的包括：开展打击网络侵权盗版"剑网2015"专项行动，针对网络侵权盗版行为进行专项治理；完成国家版权监管平台年度建设任务，对互联网传播作品侵权盗版进行监控取证，将APP等新型传播方式纳入版权监管范围；建立正版软件管理系统，完善政府机关软件正版化责任制度，及时通报问题和责任人名单，并完善企业软件正版化信息统计制度，加强中央企业正版软件集中采购和软件资产管理，开展中央企业使用正版软件工作检查，适时印发中央企业软件正版化工作指南；建立版权贸易基地和交易中心工作协调机制，完善网络出版许可付酬机制等。

在版权战略方面，湖北省予以高度重视，并出台了系列政策。这些政策涉及湖北省版权创造、保护、管理与运用的方方面面，是湖北省制定著作权战略的重要依据。湖北省制定了《湖北省知识产权战略实施推进计划》，直接涉及著作权的包括：（1）加大作品登记工作力度，完善作品登记数据统计、报送和公布制度，扩大作品登记数量和覆盖面。（2）完善版权统计制度，开展年度版权相关产业对社会经济贡献调研工作，加强对版权交易活动的指导和管理。(3) 做好软件正版化工作，全面完成政府机关软件正版化工作，积极推动企业软件正版化工作，建立和完善长效运行机制，抓好《湖北省行政单位软件资产管理暂行办法》的贯彻落实。(4) 持续开展打击网络侵权盗版"剑网行动"，集中打击软件、网络等问题突出的侵权盗版行为；对各级版权行政执法部门实行工作目标定量化。(5) 以各级政府及行政管理部门为依托，在主要创意产业园区、大型出版传媒集团、大型专业市场等条件相对成熟的场所设立版权管理办公室，代理版权登记，处理版权纠纷，建立涵盖主要版权市场的管理网络。(6) 充分发挥版权示范试点城市和试点单位、园区示范带头作用。(7) 推进华中国家版权交易中心建设，建立集版权咨询、登记、鉴定、评估、交易等为一体的多功能版权公共服务平台；举办华中国际版权高峰论坛；适时发布《湖北省版权及相关产业发展白皮书》。

湖北省的系列政策涉及面广，但对于复杂的产业发展和企业运营而言，仍旧显得粗略，需要更加细化的研究。从企业运营而言，涉及行政法规与著作权法协调带来的风险、在先合同带来的侵权风险、在先权利带来的侵权风险、著作权人意思表示带来的风险、作品加工的著作权风险、作品使用中的著作权风险、终端用户非法使用带来的著作权、著作权侵权救济与抗辩风险等，这些风险的规避需要企业熟悉著作权的相关知识及其战略措施。

本书分析了制定湖北省著作权战略的主要意义，聚焦到湖北省的著作权保护现状，分别提出优化湖北省著作权保护和著作权运营的政府战略、行业战略、企业战略、立法战略和研究战略。在本书的撰写中，研究生参与了现状的调研和对策的探讨。各章的撰写参与人为：前言：冉从敬；第一章：冉从敬、郭晓婉；第二章：冉从敬、柳杨；第三章：冉从敬、赵洋；第四章：冉从敬；第五章：冉从敬、李新来；第六章：冉从敬、肖兰。

因为著作权战略涉及面广，无论从政府层面，还是从行业、企业层面，其变动性很大，书中的疏漏之处在所难免，恳请专家学者批评指正！

# CONTENTS 目 录

**第一章　湖北省构建著作权战略的价值** ································ 1
 第一节　湖北省构建著作权战略的原因 ···························· 1
  一、《国家知识产权战略纲要》规范了湖北省著作权战略
    目标和方向 ···························································· 2
  二、湖北省著作权现状是战略制定依据 ························· 4
  三、国际著作权战略实施为湖北省著作权战略制定提供了
    经验 ····································································· 7
 第二节　湖北省著作权战略制定的意义 ·························· 10
  一、大幅度提高湖北省自主创新能力和
    核心竞争力发展 ················································· 10
  二、促进湖北省从文化资源大省向文化经济强省转变 ····· 12
  三、提高公民著作权保护意识，建立和谐的著作权
    保护环境 ···························································· 13
  四、保护文化安全，促进重点领域、重点产业的发展 ····· 14

**第二章　湖北省著作权的政府战略** ·································· 16
 第一节　湖北省内外著作权政府战略调研与分析 ············· 16
  一、省内著作权政府战略调研与分析 ·························· 17

二、国外著作权政府战略调研与分析 …………………………… 37
　第二节　湖北省著作权的政府战略对策 ………………………… 54
　　一、优化版权管理体制机制 ……………………………………… 54
　　二、加大版权保护力度 …………………………………………… 55
　　三、健全版权公共服务体系 ……………………………………… 56
　　四、加大知识产权宣传普及力度 ………………………………… 63
　　五、加强知识产权人才队伍建设 ………………………………… 64
　　六、推动版权信息化建设 ………………………………………… 66
　　七、探索建立多层次的版权激励和绩效考评机制 ……………… 66
　　八、政府打造良好版权发展的市场环境 ………………………… 67

第三章　湖北省著作权的产业战略 ………………………………… 69
　第一节　省内外著作权产业战略调研 …………………………… 69
　　一、省内著作权产业战略调研 …………………………………… 70
　　二、省外著作权产业战略调研 …………………………………… 85
　第二节　湖北省著作权的产业战略对策 ………………………… 103

第四章　湖北省著作权的企业战略 ………………………………… 111
　第一节　省内外著作权企业战略调研 …………………………… 111
　　一、省内著作权企业战略调研 …………………………………… 111
　　二、省外著作权企业战略调研 …………………………………… 126
　第二节　湖北省著作权的企业战略对策 ………………………… 146
　　一、市场途径：健全版权市场化服务体系 ……………………… 146
　　二、法律途径：充分利用各种免费信息 ………………………… 149
　　三、合同途径：授权许可方式的合理采用 ……………………… 151
　　四、技术途径：技术措施的充分保障 …………………………… 157
　　五、业务途径：企业产品的增值加工 …………………………… 162
　　六、管理途径：管理制度的不断完善 …………………………… 164

第五章　湖北省著作权的法制战略 ………………………………… 167
　第一节　著作权法制战略调研与分析 …………………………… 167

一、湖北省著作权立法与司法战略调研……………… 168
　　二、国家著作权立法与司法战略调研………………… 186
　　三、湖北省著作权立法与司法战略不足分析………… 212
　第二节　湖北省著作权的立法与司法战略对策………… 216
　　一、制定《湖北省科研成果管理规范》……………… 216
　　二、健全版权执法和管理体制，严厉打击盗版……… 217
　　三、制定《健全湖北省版权公共服务体系，促进版权
　　　　产业发展的若干意见》……………………………… 218
　　四、制定《湖北省版权质押管理规范》……………… 220
　　五、制定《关于鼓励为文化创意企业提供融资服务
　　　　的若干意见》………………………………………… 221
　　六、制定《关于鼓励文化创意企业提供融资担保的
　　　　实施办法》…………………………………………… 222
　　七、制定《武汉市文化创意产业园区认定办法》…… 222
　　八、制定《湖北省展会知识产权保护办法》………… 224

**第六章　湖北省著作权的研究战略**………………………… 226
　第一节　省内外著作权研究现状调研与分析…………… 227
　　一、全国著作权研究现状调研与分析………………… 227
　　二、湖北省高校著作权研究现状调研及分析………… 241
　第二节　湖北省著作权的研究战略对策………………… 247
　　一、湖北省著作权研究主题预测……………………… 247
　　二、湖北省著作权研究战略对策……………………… 273

**参考文献**………………………………………………………… 278

# 第一章　湖北省构建著作权战略的价值

　　我国已经有多个省市颁布了地方知识产权战略纲要或类似文件。辽宁、上海、江苏、山东、河南、湖南、广东、贵州、陕西、四川、陕西等省市都出台了地方知识产权战略。重庆市出台了创建保护模范城市的意见，北京市出台了实施首都知识产权战略的意见，青海省出台了贯彻国家知识产权战略的实施意见，上海、贵州开展了地方知识产权战略评估工作，陕西、河南出台了地方知识产权战略推进计划。此外，哈尔滨、深圳、武汉、厦门、沈阳、贵阳、济南等城市也结合城市发展实际出台了城市的知识产权战略或实施意见。这些为湖北省的著作权战略制定提供了丰富的参考经验。

　　湖北省积极响应国家的创新发展驱动战略，目前正处于经济发展的关键时期，知识产权对于鼓励创新、增加经济发展的附加值、促进经济发展具有举足轻重的作用，同时，湖北省文化资源、教育资源丰富，蕴藏着巨大的经济能量，制定和实施著作权战略必将进一步规范和促进文化产业的发展，带动以文化产业为核心的文化产品的开发、文学作品的创新，进而将湖北省打造为一个文化经济强省，跻身著作权保护强省之列。

## 第一节　湖北省构建著作权战略的原因

　　著作权战略涉及版权创造、保护、管理与运用四个重要方面。版权在创新型国家建设和地区竞争力提升中的作用更加突出。著作权战略有利于湖北实现"文化强省""创新湖北"的战略目标。促进湖北从文化资源大省向文化经济强省转变。提高公民版权保护意识，建立和谐的版权保护环境。鼓励创新，有效发展先进、健康文化，提高湖北省知识产权保护在全国乃至国际上的地位。

## 一、《国家知识产权战略纲要》规范了湖北省著作权战略目标和方向

中国2008年制定的《国家知识产权战略纲要》是湖北省著作权战略制定的重要依据之一。国家知识产权战略是指通过加快建设和不断提高知识产权的创造、管理、实施和保护能力，现代知识产权制度正处于快速发展和建设的过程当中，并在实践中不断完善，这些对于实现经济社会协调发展的总体规划、培养一支高素质的知识产权人才队伍、挖掘专业高效的知识产权咨询机构起到积极的推动作用。国家知识产权战略的制定立足于全国知识产权发展现状的实际之上，对于各省分别制定自己的知识产权战略起到指导和示范作用，同时也规范了湖北省著作权战略的目标和方向。《国家知识产权战略纲要》就指导思想、战略目标、战略重点、专项任务、战略措施方面对湖北省的著作权战略规定了基本框架和最低标准。

在指导思想方面，《国家知识产权战略纲要》提出：要深入贯彻落实科学发展观，按照激励创造、有效运用、依法保护、科学管理的方针着力完善知识产权制度，积极营造良好的知识产权法治环境、市场环境、文化环境，大幅度提升我国知识产权创造、运用、保护和管理能力，为建设创新型国家和全面建设小康社会提供强有力的支撑。

在战略目标方面，《国家知识产权战略纲要》提出：在五年内要将核心版权产业产值占国内生产总值的比重明显提高；拥有一批高水平集成电路布图设计；传统知识和民间文艺等得到有效保护与合理利用；要使盗版、假冒等侵权行为显著减少，维权成本明显下降，滥用知识产权现象得到有效遏制；到2020年把我国建设成为知识产权创造、运用、保护和管理水平较高的国家。

在战略重点方面，《国家知识产权战略纲要》要求及时修订著

作权法等知识产权专门法律及有关法规、健全知识产权执法和管理体制、强化知识产权在经济文化和社会政策中的导向作用；加强传统知识、民间文艺的立法工作；完善知识产权制度、促进知识产权创造和运用、加强知识产权保护、防治知识产权滥用、培养知识产权文化；将知识产权指标纳入科技计划实施评价体系和国有企业绩效考核体系。

在专项任务方面，《国家知识产权战略纲要》要求完善制度，促进版权市场化；进一步完善版权质押、作品登记和转让合同备案等制度，拓展版权利用方式，降低版权交易成本和风险；充分发挥版权集体管理组织、行业协会、代理机构等中介组织在版权市场化中的作用；要依法处置盗版行为，加大盗版行为处罚力度；重点打击大规模制售、传播盗版产品的行为，遏制盗版现象；要有效应对互联网等新技术发展对版权保护的挑战；妥善处理保护版权与保障信息传播的关系，既要依法保护版权，又要促进信息传播；要加强民间文艺保护，促进民间文艺发展；深入发掘民间文艺作品，建立民间文艺保存人与后续创作人之间合理分享利益的机制，维护相关个人、群体的合法权益。

在战略措施方面，《国家知识产权战略纲要》要求提升知识产权创造能力，鼓励知识产权转化运用，加快知识产权法制建设，提高知识产权执法水平，加强知识产权行政管理，发展知识产权中介服务，加强知识产权人才队伍建设，推进知识产权文化建设，扩大知识产权对外交流合作等。

《国家知识产权战略纲要》所制定的战略目标、战略重点、专项任务和战略措施虽然是针对全国范围的，但是就目前湖北省的版权创造、保护、管理与运用的现状而言，这些目标、重点、专项任务和战略措施大多数没有完成，所以，《国家知识产权战略纲要》的制定必将规范我省著作权战略的目标和方向。

《国家知识产权战略纲要》自2008年6月5日颁布以来到现在已有9年之久，随着我国知识产权战略实施的不断深入，我国逐步踏上由知识产权大国向知识产权强国迈进的征程。知识产权创造对我国创新驱动发展的支撑作用愈发明显，值得注意的是，近年来，我国的知识产权创造质量进一步得到提高。据统计,2013年,我国受理的发明专利申请数量达82.5万件,同比增长26.3%,商标注册申请量达188.2万件,同比增长14.15%,著作权登记超过100万件,延续了近年来高速增长的势头。① 知识产权战略的实施,使全社会的知识创造、运用、保护和管理能力有了大幅度的提升,在知识产权战略的引领下,我国有效地避免了卷入全球金融风暴的危机之中,越来越多的企业成功实现"走出去"战略并参与到国际市场的竞争之中;同时,依靠自主知识产权,我国成功实现了"嫦娥"探月、"北斗"导航、主导4G通信、"蛟龙"深潜、进军高铁产业等一系列突破和新进展,令世界为之瞩目。当前的国际竞争很大程度上都是知识产权的竞争,只有致力于科技创新,打造具有自主知识产权的产品,才能提升一国经济发展的实力和该国产品在国际市场上的竞争力,使其不被轻易替代和淘汰。知识产权战略的成果实施,对于增强建设知识产权强国的社会氛围、继续提高我国在国际市场上的声誉,增强民族自信心和民族自豪感有着重要的意义,尤其是当前我国知识产权意识还相对薄弱、自主创新能力还有待提升的发展阶段。

## 二、湖北省著作权现状是战略制定依据

湖北省颁布了大量与著作权战略相关的政策法规,这些政策法规涉及湖北省版权创造、保护、管理与运用的方方面面,是湖北省制定著作权战略的重要依据。例如:《关于推动湖北文化大发展大繁荣的若干意见》《湖北省文化事业和文化产业发展规划(2004—2010)》《关于扶持文化产业发展的若干意见》《湖北省文化强省建设纲要(2002—2012)》《湖北省深化文化体制改革的实施方案》《关于省直文化体制改革的意见》《湖北省扶持优势文化产业发展专项资金》《关于扶持优势文化产业发展文化事业的若干政策规定》《文化

---

① 国家知识产权战略网.《国家知识产权战略纲要》颁布实施6周年"激励创造:提质增效 促进转型[EB/OL].[2015-08-03]. http://www.nipso.cn/onews.asp?id=21517.

体制改革单位社会保险试行意见》《省人民政府关于印发鼓励软件产业和集成电路产业发展若干政策的通知》《省人民政府关于加快软件产业发展的若干意见》《武汉市人民政府关于进一步鼓励软件产业和集成电路产业发展的意见》《文化部关于扶持我国动漫产业发展若干意见》《文化部关于设立文艺突出贡献奖奖励办法》《关于对重点文艺创作研究项目实行补贴的办法》《关于进一步加强湖北省舞台艺术创作的意见》《关于加大对优秀剧目奖励力度的通知》《关于优秀文艺人才专项资金管理暂行办法》《关于对在国家级舞台艺术活动中获奖作品和人才进行奖励的办法》《省直艺术院团一级演职员承担创作演出活动择优资助经费管理暂行办法》《湖北作家体制改革实施意见》《签约作家创作津贴执行标准》《驻会合同制作家工资待遇暂行办法》《湖北省关于加强重大科技经济活动知识产权评议工作的意见》《加强重大经济活动知识产权审查工作的意见》《关于建立知识产权保护行政执法与刑事司法协作机制的意见》《关于对县市知识产权机构建立工作的督查通知》《国家知识产权局、湖北省人民政府关于共建国家知识产权局专利局专利审查协作湖北中心的合作框架协议》《关于政法机关优化法治环境促进经济发展的意见》《关于开展全省春季专利行政执法维权工作的通知》《关于组建专利信息服务小分队和服务高新企业活动实施方案的通知》《湖北省知识产权战略实施推进计划（2014—2017）》《关于加强新时期知识产权工作的意见》《大力推进动力跨越，加快建设创新型城市纲要》《关于进一步加强新时期知识产权（专利）工作的意见》《关于强化激励措施促进市级经济跨越式发展的意见》《关于为"五个湖北"建设提供司法保障和服务的实施意见》等。著作权战略和相关建议只能在已有的政策基础上提出。

此外，为贯彻党的十八大精神，实施创新驱动发展战略，落实《关于推进创新湖北建设的实施意见》，湖北省制定了《湖北省知识产权战略实施推进计划》，明确2014—2017年湖北省知识产权战略实施重点任务和工作措施。其重点任务包括：提升知识产权创造水平、强化重点产业知识产权布局、促进知识产权运用、加强知识产权保护、提升知识产权管理能力、发展知识产权服务业、加强知识产权文化建设、提高知识产权战略组织实施水平。这一计划的目标和任务主要是为了提高知识产权质量和创造效率，增强知识产权创造主体的知识产权保护意识，加大重点产业知识产权战略的布局和引导力度，深化以创新为核心的知识产权创造力，增强创新成果的转化和运用机制。同时，着力培养和发展知识产权服务业的发展，在全社会大力宣传普及知识产权工作，营造良好的尊重知识、尊重人才、开拓创新、诚实守信的知识产权文化氛围。

为落实这一计划，湖北省一共制定了41条具体实施措施，执行主体包括湖北省知识产权局、湖北省财政厅、湖北省版权局、湖北省工商局、湖北省科技厅、湖北省国资委、湖北省发改委、湖北省知识产权工作领导小组办公室等多个单位和部门。由此可以看出，湖北省正积极认真地致力于知识产权战略部署，已经将知识产权提升到战略高度了。

总的来说，湖北省颁布的这些政策法规和实施条例对于具体落实和实施著作权战略的实践有着指导意义和法律依据，并且有数据证明，成果显著。《2012年全国知识产权发展状况报告》显示，2012年湖北省知识产权综合发展水平居全国第八，中西部第一。2007—2012年湖北省知识产权综合发展指数增长率高居全国第二，仅次于江苏。① 东湖国家自主创新示范区2012年专利申请总量首破万件大关，实现历史性跨越。② 截至2013年9月，湖北省有效专利累计量为80 000件，其中有效发明专利14 628件，企业有效专利50 848件。湖北省有效发明专利拥有量位居中部六省第一。③ 这些成果的取得为进一步规划著作权战略奠定了良好的现实基础，同时也为著作权战略的调整提供了事实依据。湖北省著作权战略的制定应立足当前，展望未来，努力把湖北省打造成为一个知识产权大省，通过对知识产权的投入和重视来引导经济的发展，转变经济发展方式，由粗放型向集约型转变，由资源消耗型向技术依赖型

---

① 湖北省知识产权局.工作简报［R］.2013（8）.
② 湖北省知识产权局.工作简报［R］.2013(13).
③ 湖北省知识产权局.工作简报［R］.2013（19）.

转变。

湖北省要始终将创新发展驱动战略与著作权战略结合起来,通过著作权战略的实施来激励和保护创新,同时努力提高创新能力,将无形的创新能力转化为具体的有形产品,通过著作权战略和知识产权战略的实施,保护创新成果。二者之间相互联系,相辅相成,携手推动知识经济的发展,开创经济发展的新渠道,极大地提升我省经济发展的活力和整体竞争力。

### 三、国际著作权战略实施为湖北省著作权战略制定提供了经验

在美国,"版权产业"也是文化产业的另一个代名词,具有商业和法律的双重意义,概括地说,版权产业是指与创作、传播、复制和发行文学、艺术和科学作品的行业和收集、储存与提供信息的行业,主要包括图书、报刊、音像、电子出版业,广播、电影、电视、音乐、戏剧、舞蹈等艺术表演与其他娱乐业,工艺美术、建筑艺术、园艺设计业,电脑程序设计与软件开发业,信息网络传播业、广告业,等等。简言之,版权产业就是使用智力作品并依靠版权保护进行经营和持续发展的产业。在知识经济大力发展的今天,版权产业构成了知识经济的战略组成部分,并成为知识经济持续发展的支柱和动力,也是现在出版业依然呈现出欣欣向荣前景的内在源泉。美国早在1977年就将版权产业从众多行业中独立出来,作为一种专门的产业加以投入和发展,这也是美国现在成为当之无愧的知识产权强国、知识产权大国的原因之一。[①] 美国在1976年修订了已历经半个世纪的版权法,目的就是为了加强版权保护制度的建设,促进版权产业的健康持续发展,这一举措也极大地推动了美国经济结构的战略性转变,即由过去以农业、重工业为主转变为优

---

① 韩洁,谭予涵,谭霞,等.美国版权战略对中国文化产业发展的启示[J].经济研究导刊,2009(21):95-98.

先发展信息业和服务业为主的产业结构①。这一转变的原因对我国今天的发展仍具有借鉴意义，因为我国还处于经济发展的初级阶段，面临转变发展方式的关键时期。

版权产业是文化产业的核心和基础因素，也是当今知识经济时代最重要的产业之一，其发展水平被国际社会认为是衡量一个国家或地区创新能力和核心竞争力的基本标尺。依照国际知识产权联盟的标准，版权产业可分为四类：第一类，"核心版权产业"，主要包括广播影视业、录音录像业、图书报刊出版业、戏剧创作业、广告业、计算机软件和数据处理业等，其基本特征是研制、生产和传播享有版权的作品或受版权保护的产品。第二类，"部分产权产业"，产业内的部分物品享有版权保护，较典型的如纺织、玩具制造和建筑业等。第三类，"发行类版权产业"，主要是以批发和零售方式向消费者传输和发行有版权的作品，如书店、音像制品连锁店、图书馆、电影院线和相关的运输服务业等。第四类，"版权关联产业"，其所生产和发行的产品完全或主要与版权物品配合使用，如计算机、收音机、电视机、录像机、游戏机和音响设备等产业。②

美国政府不断建构保护本国利益的法律基础，长期积累运用知识产权取得战略优势的经验和能力，为本国政府和企业谋得利益，其在实施国家知识产权战略中的主导作用有目共睹。我国刚刚加入WTO，政府在运用知识产权指导国际化市场竞争的经验和能力方面均十分欠缺，发达国家政府在实施知识产权战略方面的强硬做为应当是一种极好的借鉴和警示。③

版权制度在没有外在压力的情况下，可以对本国的经济、科技和文化发展起到推动和支撑作用。目前，世界上的主要发达国家都

---

① 张勤. 版权产业与版权贸易的发展：从美国经验看中国［D］. 北京：对外经济贸易大学，2003.

② 来小鹏. 我国版权产业存在的问题与完善［J］. 中国出版，2009（7）：69-72.

③ 卢宏博. 美国信息产业知识产权战略及给我们的启示［J］. 信息技术与标准化，2005（5）：41-45.

在积极部署知识产权战略。版权制度更是在提升科技竞争力、文化软实力和品牌影响力等方面起到了至关重要的作用。美国是一个典型的技术领先型国家，美国政府在2002年的一份报道中宣称：知识产权是美国创新政策的基石。目前美国出口第一的已经不再是波音飞机和通用汽车，而是版权业。美国的软件在国际市场上的份额占到2/3以上；美国大片在全球的票房收入占据着得天独厚的优势；美国音像制品的利润也在全球独占鳌头。在依靠电影业、软件业、音像业这些版权业获得巨大利润的同时，美国还将自己的文化和价值观念也一并向外输出渗透，可谓"一举两得"。苹果公司将世界各地变成它的生产基地却能够赚取产品的绝大部分利润就在于它拥有核心技术的专利。

日本则是典型的技术赶超型国家，从20世纪70年代到90年代，日本先后提出过贸易立国、技术立国，进入21世纪以后则明确提出知识产权立国，把知识产权作为转型发展的战略工具，调动日本创新能力，激发经济发展活力。

韩国则属于引进创新型国家，虽然早在20世纪七八十年代韩国也经历知识产权纠纷不断的局面，但随着其创新能力的提高和知识产权战略的部署，尤其近些年其影视业的发展更是为韩国向知识产权大国进军起到了功不可没的作用。近些年来，韩国的影视产业发展迅速，"韩流"之风随之在全球蔓延。版权制度不仅为韩国的影视产业带来丰厚的经济价值，同时还具有重要的文化影响，有利于提高文化软实力。所以，知识产权战略带来的利益是多元的、无形的、渗透性的。

可见知识产权战略是各国竞争制胜的关键策略，也是决定竞争胜败的核心因素。然而，我国还是一个发展中国家，还是一个技术引进型国家，对国外先进技术的依存度还相对较高，而对内研发经费的投入还比较有限，相比而言，我国在这方面还有很长的路要走，因此，湖北省更应该积极响应国家的政策号召，做好知识产权战略的相关工作。国家通过制定知识产权战略，多种措施相结合，鼓励让各级部门投身于知识产权战略的行动之中，不断增加知识产权总量、提高知识产权质量、提升创新水平。同时，制定合理的知识产权制度，鼓励技术创新、平衡利益关系、规范科技管理，创造有利于科技成果转化与产业化的机制和环境，扶持和保护具有自主知识产权的高新技术产业，提升国家创新能力和综合竞争力，推动我国经济发展迈上新台阶。①

## 第二节　湖北省著作权战略制定的意义

版权保护有利于充分调动文学、艺术与科研工作者的创作积极性，促进经济、社会与文化的协调发展。版权保护成果作为一种高附加值的重要财富资源，支撑着新闻出版、广播影视、文化娱乐、广告设计、工艺美术、计算机软件、信息网络等数量众多的产业群。② 湖北省经济发展是各种产业综合作用的结果，但是版权产业是其中的支柱产业和重要组成部分。特别是在知识经济时代，世界各国都在积极创造有利于版权产业发展的环境，并通过制度建设保证版权产业发展的顺利进行。

### 一、大幅度提高湖北省自主创新能力和核心竞争力发展

著作权战略定位于湖北省知识产权战略的一部分。著作权战略涉及版权创造、保护、管理与运用四个重要方面，不仅对文化繁荣至关重要也是文化产业发展的重要战略。著作权战略直接服务于湖北省社会、经济与文化建设，对于实现省委、省政府提出的"建设文化强省"战略，特别是落实《湖北省经济和社会发展第十二个五年规划纲要》提出的"繁荣发展文化事业和文化产业"具有十分重要的战略意义，也是建设创新型湖北的重要战略支撑。

"十二五"规划提出要"大力促进中部地区崛起"。促进中部地区崛起的重要战略支点是必须实现高位发展和高端发展。而实施

---

① 曹新明．美日知识产权战略对我国的启示［J］．中国高新区，2009（3）．

② 康建辉，郭雅明．我国版权产业发展中的版权保护问题研究［J］．科技管理研究，2012，32（4）：123-126．

著作权战略是实现高位发展和高端发展的内在要求。版权是知识产权的重要组成部分，是在市场经济条件下激励创新、鼓励竞争的一项基本制度。随着经济全球化和区域经济一体化进程的加快，著作权在国家和地区竞争力提升中的作用显得更加突出。

在历代经济社会的发展中，决定发展速度和发展质量的都是一些具有战略性的资源，如英国曾凭借工业革命资源称霸整个欧洲，美国凭借其在二战中获取的大量钱财和物质资源一跃成为二战后的霸主，现如今，美国更是凭借其先进的技术和知识产权战略在全球的布局成为世界经济领导者，著作权资源也成为经济发展的重要战略性资源。从某种意义上说，著作权可以作为一种战略性标志，用来衡量一个地区经济社会发展水平，换句话说，著作权的发展水平也是一个地区经济社会发展的缩影。所以，促进著作权的立法和实践发展、加快著作权保护的脚步，也是促进技术发展、科教进步、经济腾飞和文化昌盛的关键抉择。因此，加强著作权战略研究对于促进湖北省社会经济的发展，提高湖北省的综合实力、促进湖北省真正成为中部崛起的示范基地和模范省份有着不可小觑的现实意义。

《2014年湖北省人民政府工作报告》提出要"加快实施创新驱动发展战略，把创新驱动贯穿到经济社会发展的全过程，大力推动科技与经济紧密结合，加快把湖北省的科教资源优势转化为经济优势和现实生产力。深化科技体制改革，加快建立健全创新驱动发展的体制机制。"创新在很大程度上都与知识产权紧密相连，没有知识产权为创新保驾护航，创新就成为无源之水；没有持续的创新发展，知识产权也就徒有其表。知识产权保护与创新发展之间是相辅相成的关系。湖北省实施创新驱动发展战略，也必须同步实施知识产权战略，一方面激励创新，另一方面保护创新的成果，这样，才能够在鼓励创新和保护产权之间形成一个长效的激励机制。

推进区域自主创新是提高国家创新能力、提高国际竞争力的有效途径，国家非常重视区域自主创新能力，为此科技部日前就进行了相关调研工作，在东、中、西部地区分别选取试点，调查分析各地区区域自主创新能力建设情况，目的是为2020年中长期发展规划在指定各区域的社会经济发展模式与目标提供依据，促进地区经济核心竞争力的提升。推进区域自主创新，提高本地区的区域自主创新能力，知识产权战略至关重要。

## 二、促进湖北省从文化资源大省向文化经济强省转变

王国生省长在《2013年湖北省人民政府工作报告》中提出："推进文化大发展大繁荣，提升文化影响力。加强重大文化工程和文化项目建设，提高文化产品质量，完善公共文化服务体系，丰富人民精神文化生活。深化文化体制改革，加快完善文化管理体制和文化生产经营机制，基本建立现代文化市场体系，健全国有文化资产管理体制。推动文化事业全面繁荣、文化产业快速发展，增强文化整体实力和竞争力。到2017年文化产业增加值占生产总值比重达到5%以上。"

《湖北省经济和社会发展第十二个五年规划纲要》要求着力发展文化创意、影视制作、电影放映、出版发行、印刷复制、广告、演艺娱乐、古玩收藏与艺术品业、文化会展、动漫游戏等重点产业，加快发展数字出版、数字传输、新型文化装备制造等新兴产业，支持发展数字多媒体广播、手机出版、手机广播电视等，开发移动文化信息服务、数字娱乐产品等增值服务，为各种便携显示终端提供内容服务。充分利用湖北省科教文化富集和通信发达的优势，加快推动文化与经济、科技、旅游、教育等方面的融合与互动，不断催生新型文化业态，拓展文化产业空间，推动文化产业升级。

可以看出，湖北省已经将发展文化产业、文化经济作为转变经济发展方式、提高文化软实力的重要举措。从某种意义上说，文化资源也是经济资源，蕴藏着巨大的经济价值，如果能得到合理的开发和利用，将对湖北省经济发展起到举足轻重的贡献作用。然而，当前文化产业发展环境混乱，网络文化资源、数字文化资源泛滥，质量良莠不齐，盗版现象泛滥，这些都阻碍了文化经济的健康顺利发展。因此，需要有相应的法律法规措施来规范文化产业的发展环境、打击盗版、鼓励创新、激发文化产业的活力、保障社会公众的

合法利益。在这种背景下，著作权战略就显得极为必要和紧迫。

著作权战略的实施，能够增强湖北省文化产业的竞争力和活力，规范文化产业的发展秩序，有效地鼓励创新，保护创作人的合法权益。版权制度对于规范文化产业的发展、打击盗版、激励原创有着重要的推动作用。湖北省教育资源丰富，是一个文化资源大省，著作权战略的实施，将极大地调动各种文化资源的主体创造性，优化文化资源的配置，充分挖掘文化资源的经济潜力，将文化资源优势转变为文化经济优势，进而转变经济发展方式，将湖北省打造为一个文化经济大省。

### 三、提高公民著作权保护意识，建立和谐的著作权保护环境

提高公民的著作权意识有利于鼓励创新、促进社会经济发展，营造良好的投资环境。随着经济全球化的深入发展和知识经济的蓬勃兴起，随着我国加入WTO，加强著作权保护，整顿和规范市场经济秩序，建立法制社会和诚信社会，对于吸引外资、降低国际贸易风险、改善投资环境，具有重要的战略意义。

公民的版权意识是市场经济正常运转的重要基石。特别是在数字时代和网络环境的背景下，版权作品呈指数级增长，公民能够通过各种合法或非法的途径浏览、下载或使用版权作品，无论是软件产品、影视产品、文献资料，免费使用和欣赏在技术上变得极为便利，因此，侵权风险也就大大增加，特别是由于著作权意识薄弱而导致的无意识侵权也时有发生。因此，公民著作权意识的高低对于建立和谐的著作权保护环境至关重要。当前湖北省公民著作权意识不断提高，维权意识也逐渐增强。但是，目前盗版现象还十分普遍，盗版软件的使用更是数量众多，自觉抵制盗版还未形成气候等。总体来说，公民的著作权保护意识还有待提高。

我国是世界版权公约缔约国，支持各种形式的知识产权保护。但现实情况是，公民明显更偏向于使用盗版产品，特别是盗版软件，原因在于盗版产品价格低廉。长此以往，就会打击创新，挫伤权利人创作的积极性，使得我国的核心技术只能从国外引进。因

此，公民必须有长远的战略发展眼光，自觉抵制盗版，支持具有自主知识产权的产品，因为，保护版权最终保护的是我们民族的创新能力。如果任盗版行为肆意猖獗，到最后，我们只能以更高的价格购买使用国外的版权产品。因此，无论是从个人利益出发还是从国家战略考虑，都应该自觉学习知识产权保护的相关知识，提高自己的版权保护意识，一方面自觉避免各种侵权风险，另一方面，也要学会维权，对于自己创作的具有独创性的作品，要加以合法的维权。只有这样，才有利于创建和谐的著作权保护环境。

著作权战略的制定，首先对于规范著作权环境起到了法制作用；其次，规范的市场环境又有利于规范公民的使用行为、提高自身的著作权保护意识；再次，规范的市场和公民良好的著作权保护意识又能够有效地激励创新，自觉抵制盗版，形成良好的著作权市场氛围。总的来说，著作权战略的实施势在必行。湖北省在2010年发布《知识产权战略纲要》，并制定10年战略目标，旨在做好知识产权保护工作，营造一个浓厚的尊重知识、崇尚创新的氛围。实现这一目标需要全社会的共同努力，需要全体公民积极参与，努力提高自身的知识产权素养，培养自身的著作权保护意识，为最终创建一个和谐稳定、健康发展的著作权保护环境贡献自己的绵薄之力。

最后，著作权战略的研究也将有力推动"走出去"战略实施。实施著作权战略，对于促进先进文化建设，推动湖北文化走向全国、走向世界有着重要的作用。著作权保护不但可以激励人们创造出更多更好的精神产品，满足广大人民群众的精神文化需求，还可以保护湖北的地方文化特色，使湖北的地方文化焕发生机，使湖北从文化资源大省向文化经济强省转变。

### 四、保护文化安全，促进重点领域、重点产业的发展

在对外开放的过程中，国外的著作权作品大量进入我国市场，我们在享受国际先进科技成果的同时，也受到各种价值观的影响，特别是青少年在价值观念形成的过程中，更需要正确观念的引导。因此，实施著作权战略、重视著作权保护，不但可以鼓励创新，提

高本国文化的国际竞争力，而且可以有效发展先进文化、健康文化。同时，实施著作权战略，对于促进湖北重点领域、重点产业的发展，也具有重要的战略意义。

著作权作品主要包括：文学艺术作品、音像制品、影视作品、摄影作品等，其中有很大一部分属于文化产品。在经济全球化深入发展、全球市场愈趋开放的今天，经济输出已不再是单纯的商品输出，而是文化的输出了。我们在引进国外市场的产品，尤其是文化产品的时候，其实也是在引进他国的文化价值观念和意识形态。比如：韩国的影视产品在中国发展得如火如荼，除了引进这些版权作品时支付的大量版权费之外，这些作品传递的文化价值也在中国掀起一股"韩流"之风，影视作品中的食物、服装、化妆品都能成了众多国人尤其是青年男女热衷的事物，以及韩国明星代言的产品都在中国有着较好的市场，这就是版权作品的潜在威力和渗透力。

因此，在引进版权作品的时候要进行严格的审查，对于那些可能会带来价值观颠覆以及明显带有文化侵略的作品要限制其在我国市场的准入，保护文化安全。更重要的是，我们要扬长避短，重视著作权战略的实施，努力提高自主创新能力，打造一流的版权作品，使其能够进入国际市场，在获得版权利益的同时，也能将我国的文化价值观念向外输出，提升我国的国际影响力和竞争力。成功的著作权战略最终都能取得提升科技竞争力、文化软实力和品牌影响力的效果。

湖北省实施著作权战略，对于湖北省由一个文化资源大省向文化经济强省转变、提升湖北省文化资源的潜在价值、开发湖北省特色文化资源、保护湖北省文化产品的安全有着至关重要的作用。同时，著作权战略的实施，有利于规范市场秩序，激励创新，促进重点产业、重点领域的发展。总的来说，湖北省实施著作权战略是一项势在必行、百利而无一害的重要战略举措。

# 第二章 湖北省著作权的政府战略

湖北省政府结合本省实际先后颁布了《湖北省出版物市场管理办法》《湖北省文化市场管理暂行条例》《湖北省知识产权战略纲要》《湖北省著作权管理办法》《湖北省知识产权战略实施推进计划（2014—2017）》等地方性规章，并根据形势变化适时对这些规章进行了修订。湖北省新闻出版局根据我省发展需要，也先后制定了《湖北省出版物市场管理办法》《湖北省教育印刷企业等级管理办法》《湖北省行政单位软件资产管理暂行办法》《关于重申严格执行有关出版管理规定的通知》等规章，为加强新闻出版、版权行政执法提供了法律保障。2006年，湖北省颁布的《湖北省人民政府关于进一步加强知识产权工作的若干意见》（鄂政发［2006］21号）提出了"严格行政执法，加大知识产权保护力度"的要求。在此《意见》的指导下，湖北省知识产权工作在湖北省政府的统一指导下有条不紊地层层铺展开来，有效地保障了湖北省科技文化事业的长足、有效、繁荣发展。

## 第一节 湖北省内外著作权政府战略调研与分析

调研发现湖北省在政府保护知识产权方面有了重要进步，实施了一系列版权保护的行政措施，司法保护也在有序推进，版权人才培养也取得较大进步。湖北省版权行政还存在着如下问题：其一，湖北省现有的新闻出版方面的法律法规不够健全，目前仅发行了一部新闻出版方面的地方性法规,而且现行法律、法规原则性的规范比例较大,缺乏针对性指导操作的条例;其二,多个部门管理主体并存,职能时有交叉,如新闻出版与文化、广电、教育,公安部门与工商、通信管理,交通部门与民航、海关等主体,造成执法成本高,工作效率低,至今没有形成统一的综合执法管理体制,管理上的越位和缺位现象并存;其三,有的地区存在地方保护主义问题,对盗版、盗印等非法活动重视不够,有的还认为严格的管理破坏当地的投资环境,对本地区发生的非法出版案件瞒报或缓报,查处工作不得力,存在着"有案不查、立案不结、以罚代刑、重罪轻判"的情况;其四,侵犯版权行为仍很猖獗,比如盗版图书、软件、影视剧等侵权产品在武汉市各电脑城和一些超市仍有大量销售。

一、省内著作权政府战略调研与分析

湖北省政府对于著作权战略非常重视,发布了系列政策文件,例如《湖北省知识产权战略纲要》《湖北省知识产权战略实施推进计划》《湖北省著作权管理办法》等,提高了司法保护力度,推动了版权公共服务和人才培养,促进了地方特色和民族特色优秀版权作品的保护。

(一)省内版权保护的行政措施

行政措施主要体现发布了系列地方政府规章和政策性文件,推动企事业单位软件正版化工作、打击非法出版物和盗版工作等。

1. 发布湖北省新闻出版广电局机构设置和人员编制的通知

2013年11月7日,湖北省人民政府办公厅印发了《湖北省人民政府办公厅关于印发湖北省新闻出版广电局(湖北省版权局)主要职责内设机构和人员编制规定的通知》。该《通知》取消了湖北省新闻出版广电局对光盘、报纸、期刊、图书等出版物的评估审核工作,加强了其有关著作权保护管理、公共服务、国际应对和反侵权盗版等方面的工作,同时《通知》还明确了新闻出版广电局"制定著作权保护的地方性法规、省政府规章及行业标准,并实施和检查";"对互联网和手机报刊等数字出版物进行监督和管理";"加强企事业单位软件正版化管理"等方面的职责①。新闻出版广电局下设"版权管理处",其职责为"落实国家版权战略以及著作权保护措施";"对省政府的著作权作品进行管理,并对著作权登记和法定使用许可进行管理";"组织湖北省内版权产业基地和特色版权产业群的建设";"推进企事业单位的软件正版化工作"。下设"数字出版处",其职责为"对湖北省内的数字出版物及数字出版活动进行监督管理";"对移动出版物及网络出版物进行监管"等工作。下设"印刷复制处",其职责为"对湖北省内的印刷复制工作进行监督管理,查处相关违法违规行为";"对印刷复制领域的行业标准进行监督和实施"等工作。下设"出版管理处",其职责为"对湖北省的出版单位及出版活动进行监督和管理";"对出版物的内容和质量进行监督和管理"等工作②。

湖北省新闻出版广电局的设立使得湖北省各项版权工作的开展有了统一的规划与指导,保证版权工作能在政府的扶持与指引下有条不紊地开展下去,提升了社会对版权工作的重视程度,并在一定程度上增加了社会资产投资版权产业的可能性。

2. 发布《湖北省知识产权战略纲要》

2010年8月11日,湖北省人民政府发布了《关于印发湖北省知识产权战略纲要的通知》(鄂政发 2010[49]号),对全省的知识产权工作做了进一步的统筹与规定。《纲要》指出制定和实施湖北省知识产权战略是建设创新型湖北的战略选择,也是湖北省知识

---

① 湖北省政府办公厅. 湖北省人民政府办公厅关于印发湖北省新闻出版广电局(湖北省版权局)主要职责内设机构和人员编制规定的通知[EB/OL]. [2015-08-02]. http://gkml.hubei.gov.cn/auto5472/auto5473/201311/t20131115_478904.html.

② 湖北省政府办公厅. 湖北省人民政府办公厅关于印发湖北省新闻出版广电局(湖北省版权局)主要职责内设机构和人员编制规定的通知[EB/OL]. [2015-08-02]. http://gkml.hubei.gov.cn/auto5472/auto5473/201311/t20131115_478904.html.

产权事业快速发展的客观需要①。尽管湖北省的经济、文化事业取得了巨大的进步,但粗放式的经济发展模式以及自主创新能力不强依然是制约湖北省经济健康、高效、可持续发展的瓶颈。湖北省还存在着知识产权数量偏少,管理服务体系不完善、专业人才缺乏等问题,因此,制定《知识产权战略纲要》,对湖北省经济和社会的发展能起到提纲挈领的作用,切实加强政府对知识产权相关产业、行业的指引与扶持水平。

《纲要》明确指出,截至 2015 年湖北省的版权管理要实现"发挥湖北省在文化领域的优势,大力发展新型文化产业,扩大核心版权产业在省内生产总值中所占的比重,扩大著作权作品的登记范围和数量,力求使省内计算机软件版权登记水量进入全国领先行列"②的目标。该《纲要》第 21 条要求"全面实施版权战略,大力发展版权产业",具体表现为:"(1)促进版权应用与转化。完善版权评估体系,拓宽版权利用方式,利用公共服务为版权交易提供便利。充分发挥版权中介组织在版权市场化中的作用;(2)完善版权保护机制。积极应对版权保护所面临的技术挑战,妥善处理版权保护与保障信息传播的关系。大力打击盗版行为,加大惩处力度。"③进一步明确了湖北省于 2010—2015 年,在版权管理方面应实现的具体目标。《纲要》第 41 条规定,要"加强湖北省内知识产权部门的管理职能,完善知识产权管理的行政体系,加强各级政府知识产权部门的建设,逐步建立职责明确、权责一致、统一高效的知识产权行政管理体系",进而明确了湖北省各级人民政府在

---

① 湖北省人民政府.关于印发湖北省知识产权战略纲要的通知[EB/OL].[2013-09-16].http://www.hubei.gov.cn/zwgk/zfxxgk/zfwj/ezfwj/ezf2010/201009/t20100910.

② 湖北省人民政府.关于印发湖北省知识产权战略纲要的通知[EB/OL].[2013-09-16].http://www.hubei.gov.cn/zwgk/zfxxgk/zfwj/ezfwj/ezf2010/201009/t20100910.

③ 湖北省人民政府.关于印发湖北省知识产权战略纲要的通知[EB/OL].[2013-09-16].http://www.hubei.gov.cn/zwgk/zfxxgk/zfwj/ezfwj/ezf2010/201009/t20100910.

加强知识产权管理方面的职责与义务。

《纲要》明确提出了"实施版权战略,发展版权产业"的要求,这说明在科学文化事业持续发展的环境下,对知识产权的保护,特别是对版权的保护,已经受到了湖北省政府及各级地方政府的重视。湖北省的版权事业有望在政府的统一规划下逐步步入正轨,从而在全省范围内形成健康有序的出版发行环境,促进科学文化事业的大发展大繁荣。

3. 发布《湖北省知识产权战略实施推进计划(2014—2017)》

2013年8月26日,湖北省知识产权局发布了《湖北省知识产权战略实施推进计划(2014—2017)》,明确规定了2014—2017年湖北知识产权战略实施重点任务和工作措施。该计划中有关版权管理的战略主要包括以下内容:

(1) 加大作品登记工作力度;

(2) 完善版权统计制度;

(3) 设立版权管理办公室;

(4) 推进华中地区国家版权交易中心建设;

(5) 适时发布《湖北省版权及相关产业发展白皮书》。[①]

根据以上规定我们不难看出,2014—2017年湖北省版权管理工作的重点在于扩大版权统计的范围,完善版权统计制度,建立版权管理的公共服务平台,扩大版权行政管理的覆盖面,进而有效地保护企业及个人的著作权不受侵犯,减少版权纠纷,促进出版传媒业等相关产业的健康发展。

2014年6月9日,湖北省知识产权局发布了《2014年湖北省知识产权战略实施推进计划》,明确了2014年湖北省知识产权战略的实施重点在于"提高知识产权创造水平""提升知识产权运用效益""提高知识产权管理和公共服务水平""提高知识产权保护

---

① 湖北省知识产权局. 湖北省知识产权战略实施推进计划(2014—2017)[EB/OL]. [2013-09-16]. http://www.hbipo.gov.cn/show/30637.

效果""提高知识产权战略组织实施水平"① 五大方面。

4. 发布《湖北省著作权管理办法》

2011年5月5日，湖北省政府办公厅发布了《湖北省著作权管理办法》，对湖北省的著作权管理工作做出了明确、系统、详细的规定。《办法》在第一章第5条指出"著作权行政管理部门应当对本行政区域内有关著作权的法律、法规、规章的实施情况加强监督，维护著作权人及有关权利人的合法权益；著作权行政管理部门应当建立和完善著作权管理工作责任制，开展业务培训和宣传教育，规范有关登记、备案程序，为著作权人以及与著作权有关的权利人提供便捷高效的服务"②，明确规定政府有义务对行政区域内的版权情况进行管理和调节，版权管理部门有责任做好版权信息的统计工作，并要做好版权意识的宣传教育。《办法》在第二章第10条规定，"作品登记实行自愿申请原则。作品不论登记与否，作者或其他著作权人依法取得的著作权不受影响；计算机软件作品的登记按照国家有关规定执行"③。由此我们看出，著作权人是否进行版权登记由著作权人自己决定，其意愿不受相关法律或行政规定的约束。因此，加强版权意识的宣传和培养，加强版权人的自我保护意识，促使版权人主动进行版权信息登记，对著作权行政管理部门尽可能全面地掌握版权数据，进而促进版权的有效管理，起着至关重要的作用。

《湖北省著作权管理办法》是专门针对版权工作而提出的政府工作办法，《办法》中对"版权信息登记""著作权集体管理组织"等问题做出了详细的规定，鼓励版权人增强保护意识，通过

---

① 湖北省知识产权局.2014年湖北省知识产权战略实施推进计划[EB/OL].[2015-08-02].http://www.hbipo.gov.cn/show/31375.

② 湖北省政府办公厅.湖北省著作权管理办法[EB/OL].[2013-09-16].http://gkml.hubei.gov.cn/auto5472/auto5473/201112/t20111210_161597.html.

③ 湖北省政府办公厅.湖北省著作权管理办法[EB/OL].[2013-09-16].http://gkml.hubei.gov.cn/auto5472/auto5473/201112/t20111210_161597.html.

版权信息登记等途径,有效保护著作权不受侵犯;同时还要求各级政府通过各种渠道,建立各类型的版权保护组织,为版权人提供所需的支持与帮助。

5. 推进企事业单位软件正版化工作

为了全面推进湖北省企业软件正版化工作,湖北省人民政府先后颁布了《湖北省人民政府办公厅关于印发湖北省政府机关使用正版软件工作实施方案的通知》和《省人民政府办公厅关于开展2013年软件正版化督查工作的通知》。

2011年2月17日,湖北省政府办公厅发布了《湖北省人民政府办公厅关于印发湖北省政府机关使用正版软件工作实施方案的通知》,要求政府机关做好正版软件的采购工作,要加强对政府采购过程的监督管理,防止盗版产品流入政府采购渠道。对需要由政府进行集中采购的通用软件,要按照采购法的相关规定,由政府进行集中采购[1]。在《通知》的统一部署下,2011年6月省级政府机关完成了软件正版化工作的检查与整改,2011年8月和10月底,完成了湖北省内各市县政府的软件正版化工作的检查与整改。办公软件(微软Office,金山WPS等)和杀毒软件为此次检查整改的重点[2]。

2013年4月19日,湖北省政府办公厅发布了《省人民政府办公厅关于开展2013年软件正版化督查工作的通知》,对湖北省内大型企事业单位的软件正版化工作的成果进行检查,并推进企事业单位建立长效的工作机制以保证企事业单位的软件正版化工作得以维持并得到监督。此次督查的重点在于,政府监管落实情况、相关计划的制定与完成情况、资金安排及落实情况、长效工作机制的制定和完成情况等。

---

[1] 湖北省政府办公厅. 湖北省人民政府办公厅关于印发湖北省政府机关使用正版软件工作实施方案的通知[EB/OL]. [2013-09-16]. http://gkml.hubei.gov.cn/auto5472/auto5473/201112/t20111209_160413.html.

[2] 湖北省政府办公厅. 湖北省人民政府办公厅关于印发湖北省政府机关使用正版软件工作实施方案的通知[EB/OL]. [2013-09-16]. http://gkml.hubei.gov.cn/auto5472/auto5473/201112/t20111209_160413.html.

2014年3月19日，湖北省召开使用正版软件工作领导小组成员单位联席会议，对湖北省软件正版化整改工作的进展进行了总结通报。同时会议还指出未来发展的目标为：①加强政府机构的软件正版化工作，重点建立省级政府机关的软件正版化责任制度，建立全省的软件正版化管理系统；②加强新闻出版广电行业的软件正版化工作；③做好企业软件正版化的监督检查工作；④建立促进软件正版化工作的长效机制①。

6. 打击非法出版物和盗版工作

《湖北省知识产权战略纲要》第38条规定："提高知识产权执法能力。完善省、市、县三级知识产权行政执法体系，加强行政执法能力建设，建立行政执法监管系统，规范行政执法行为，建立健全知识产权保护举报投诉制度，畅通知识产权行政保护的救济渠道。开展各类保护知识产权专项行动，严厉打击各类知识产权违法犯罪行为，整顿和规范市场经济秩序，维护权利人及社会公众的合法权益。"②

湖北省人民政府、省新闻出版局制定了严格的行政执法责任制，通过制定执法考核指标和评议办法、错案和执法过错责任的追究办法等来规范执法人员的执法行为。同时将有关执法情况及行政许可事项在湖北新闻出版网上进行公示，将执法活动置于群众监督之下。完备的规章制度保证了出版行政执法的文明公正，有效减少了冤假错案及腐败现象的发生。

经过各级机关的共同努力，我省版权行政保护不断加强。通过开展"扫黄打非"，省内各种侵权盗版行为有效减少，推进企业软件正版化，发展环境得到优化。省内新闻出版和版权行政部门也增强了行业监管力度，完善了自身建设，版权保护的实践更加符合国

---

① 湖北省人民政府. 鄂部署软件正版化检查整改工作 将建立全省管理信息系统［EB/OL］.［2015-08-02］. http://www.hubei.gov.cn/zwgk/hbyw/hbywqb/201403/t20140322_493904.shtml.

② 湖北省人民政府. 关于印发湖北省知识产权战略纲要的通知［EB/OL］.［2013-09-16］. http://www.hubei.gov.cn/zwgk/zfxxgk/zfwj/ezfwj/ezf2010/201009/t20100910.

家要求。

2012年10月,湖北省加大了打击非法出版物、清理污秽文化环境的出版物和场所等类的查处力度,全省共查办各类案件280件,其中侵权盗版案件187件、其他非法出版案件65件,并于10月22日召开新闻发布会,公布了其中包括"武汉市江岸区刘秀书涉嫌侵犯著作权案""武汉华西医院非法出版期刊案""广水广播电台违规出版报纸案"等在内的11件重点案件。

2013年4月,湖北省召开了"扫黄打非"工作小组全体会议,会议主要讨论并审议了《省"扫黄打非"工作小组成员单位职责分工》《关于加强和改进"扫黄打非"工作的意见》《2013年全省"扫黄打非"行动方案》等文件。[1]

《湖北省知识产权战略纲要》第39条规定,"促进知识产权行政执法和刑事司法保护的有效衔接,强化部门间的定期沟通,建立重大案件会商、通报制度,探索建立行政执法和刑事司法的信息共享渠道,形成联合执法协调机制和纠纷快速响应机制。"[2]

湖北省建立了行政机构和司法机关的执法协作配合机制,共同打击非法出版、侵权盗版等违法侵权活动。2013年4月22日,湖北省人民法院召开2013年第一次新闻发布会,发布了包括"林春红侵犯著作权""'回天'著作权及不正当竞争纠纷案"等在内的2012年度湖北法院审理的十大知识产权典型案例[3]。

2015年1月19日,湖北省召开了"扫黄打非"工作电视电话会议,要求各地各部门高度重视"扫黄打非"工作,营造良好社

---

[1] 朱烨洋. 湖北要求"扫黄打非"抓源头抓常态[EB/OL]. [2013-09-16]. http://data.chinaxwcb.com/epaper2013/epaper/d5510/d2b/201304/32108.html.

[2] 湖北省人民政府. 关于印发湖北省知识产权战略纲要的通知[EB/OL]. [2013-09-16]. http://www.hubei.gov.cn/zwgk/zfxxgk/zfwj/ezfwj/ezf2010/201009/t20100910.

[3] 罗明正. 省法院召开新闻发布会通报知识产权司法保护情况[EB/OL]. [2013-09-16]. http://hubeigy.chinacourt.org/public/detail.php?id=23525.

会文化氛围。2014 年湖北省查缴非法出版物 52 万件,查办"扫黄打非"案件 126 起①。

**(二) 版权司法保护现状**

《湖北省知识产权战略纲要》第 37 条要求完善知识产权审判制度。具体内容为:(1) 健全知识产权案件人民陪审员制度,完善知识产权司法鉴定、专家证人和技术调查等诉讼制度;(2) 充实知识产权司法队伍,设置统一受理知识产权民事、行政和刑事案件的专门知识产权法庭;(3) 简化救济程序,充分发挥诉前禁令、财产保全、证据保全、先予执行和强制执行等措施在打击知识产权侵权方面的积极作用②。

《湖北省著作权管理办法》第 21 条规定,"发生著作权纠纷后,当事人可以协商解决,也可以向著作权行政管理部门申请调解;著作权合同中有仲裁条款或事后达成仲裁协议的,当事人可以向仲裁机构申请仲裁;著作权合同中没有仲裁条款或事后未达成仲裁协议的,当事人可以直接向人民法院起诉。"③

《湖北省知识产权战略实施推进计划(2014—2017)》第 18 条,要求省最高人民法院总结并推广知识产权审判庭集中审理知识产权民事、行政和刑事案件的"三审合一"审判机制改革经验,规范知识产权人民陪审员制度,推进以"三审合一"为主要内容的知识产权审判机制改革。为能更好地解决知识产权案件审理中的技术性、专业性难题,该计划提出了"建立审判实务智力库、审判理论智力库、专业技术智力库"④。1997 年,武汉市中级人民法

---

① 人民网. 湖北省扫黄打非工作电视电话会议召开[EB/OL]. [2015-08-02]. http://hb.people.com.cn/n/2015/0120/c194063-236 19353.html.

② 湖北省人民政府. 关于印发湖北省知识产权战略纲要的通知[EB/OL]. [2013-09-16]. http://www.hubei.gov.cn/zwgk/zfxxgk/zfwj/ezfwj/ezf2010/201009/t20100910.

③ 湖北省政府办公厅. 湖北省著作权管理办法[EB/OL]. [2013-09-16]. http://gkml.hubei.gov.cn/auto5472/auto5473/201112/t20111210_161597.html.

④ 湖北省知识产权局. 湖北省知识产权战略实施推进计划(2014—2017)[EB/OL]. [2013-09-16]. http://www.hbipo.gov.cn/show/30637.

院率先成立了专门审理知识产权案件的审判庭,2001年11月,湖北省高级人民法院成立了专门负责审理知识产权案件的业务庭。

据统计,2010—2012年,湖北省法院受理知识产权民事一审案件7 906件,受理知识产权民事二审案件628件,受理知识产权刑事一审案件197件,受理知识产权行政一审案件8件。2010—2012年,湖北省法院连续三年有案件入选最高人民法院评选的"中国法院知识产权司法保护50件典型案例",省法院知识产权审判庭审理的"江汉石油钻头股份有限公司诉天津立林钻头有限公司和幸发芬侵犯商业秘密纠纷"一案还入选了最高人民法院评选的100件"全国法院优秀调解案例"①。

湖北法院自开展知识产权"三合一"审判工作机制改革试点以来,不断探索和总结改革经验,试点工作不断深化,试点范围不断扩大。武汉市两级法院的成功经验被誉为知识产权审判的"武汉模式",武汉市江岸区法院被最高人民法院评为全国五家"知识产权审判基层示范法院"之一。部分中院已陆续成立知识产权审判专门机构。省法院审理的"熊四传假冒注册商标罪刑事附带民事诉讼"一案,入选了"中国法院知识产权司法保护50件典型案例"②。

(三) 版权公共服务与人才培养现状

1. 省内版权公共服务现状

《湖北省知识产权战略实施推进计划(2014—2017)》第33条要求省版权局"推进华中国家版权交易中心建设,建立集版权咨询、登记、鉴定、评估、交易等为一体的多功能版权公共服务平

---

① 罗明正. 省法院召开新闻发布会通报知识产权司法保护情况[EB/OL]. [2013-09-16]. http://hubeigy.chinacourt.org/public/detail.php? id = 23525.

② 罗明正. 省法院召开新闻发布会通报知识产权司法保护情况[EB/OL]. [2013-09-16]. http://hubeigy.chinacourt.org/public/detail.php? id = 23525.

台"①。

　　《湖北省知识产权战略纲要》提出要完善知识产权公共服务体系。《纲要》第46条要求加大知识产权中介服务机构建设力度，加快知识产权中介服务机构（如知识产权代理、信息服务等）的发展，并促进各中介服务机构提高服务质量，拓宽服务领域并形成相应的特色服务②。第48条要求，打造知识产权信息服务平台，重点在于打造五大类信息数据库，包括专利、商标、版权、生物遗传资源和非物质文化遗产等，构建公共信息服务体系。③

　　2007年8月湖北省成立了版权保护协会。全国知识产权维权援助公益服务电话12330在湖北省内正式开通。此外还成立了湖北、武汉、宜昌、襄樊4个知识产权维权援助中心，为市民提供知识产权相关法律法规、纠纷处理和诉讼咨询服务，并负责接收并转办侵犯商标权、著作权、专利权等知识产权的举报投诉。

　　湖北省成立了版权保护中心，主要负责版权代理、版权登记、版权使用报酬收转及版权侵权投诉。此外，湖北省版权保护中心还修订了《湖北省版权局作品自愿登记办法》，并制定《办理作品著作权登记全流程》。湖北省版权保护中心是省编办批准，省新闻出版局（省版权局）的直属事业单位，是综合性的版权社会管理和社会服务机构，具有独立法人地位。该中心的主要职能和业务范围是：著作权登记及版权代理；使用作品报酬收转；著作权法律服务；著作权鉴定；负责筹建文字、美术、摄影作品版权集体管理机构和开展著作权法律知识宣传，培训版权业务人员；建立湖北省反盗版联盟，收集和向各地反盗版联盟提供反盗版信息，为成员单位做好维权服务；开展其他有关版权保护和服务工作；办理湖北省新闻出版局、版权局委托的其他有关工作。

---

①　湖北省知识产权局. 湖北省知识产权战略实施推进计划（2014—2017）[EB/OL]. [2013-09-16]. http://www.hbipo.gov.cn/show/30637.
②　湖北省知识产权局. 湖北省知识产权战略实施推进计划（2014—2017）[EB/OL]. [2013-09-16]. http://www.hbipo.gov.cn/show/30637.
③　湖北省知识产权局. 湖北省知识产权战略实施推进计划（2014—2017）[EB/OL]. [2013-09-16]. http://www.hbipo.gov.cn/show/30637.

湖北省知识产权局与湖北省科技信息研究院联合开通了"湖北省知识产权信息服务平台",为省内的政府机关、科研机构、企业、高校和个人提供知识产权服务,搭建知识产权服务机构和服务对象信息交流的桥梁和纽带。平台主要包括知识产权信息数据库系统、咨询服务体系、培训辅导体系三个方面的内容。目前,知识产权信息数据库系统主要包括中外专利、中外标准、中国商标、地理标志、中国软件著作权、集成电路布图、中国植物种质资源、法律法规、服务机构、知识产权案例、知识产权图书等十一大数据库组成;咨询服务体系由一支高水平的知识产权专家团队、知识产权分析软件系统和相应的硬件支撑平台组成。

2015年3月5日,湖北省新闻出版广电局发布了《2015年湖北省学术著作出版专项资金资助项目申报指南》,对有重要社会和经济价值的、涉及古今中外社会科学、自然科学等学科门类的优秀学术性出版项目进行财政资助[1]。

2015年3月3日,湖北省新闻出版广电局发布了《关于开展2015年湖北数字出版专项资金项目申报的通知》。自2013年设立以来,湖北数字出版专项资金已连续两年向省内重点数字出版项目拨付了资助资金[2]。

2. 省内版权人才培养现状

《湖北省知识产权战略纲要》第50条要求加快知识产权人才培养。具体措施有:(1)发挥湖北省知识产权教育和研究优势,建设一支高水平的知识产权师资队伍;(2)实施"省百千万知识产权人才工程",培养知识产权高端人;(3)加大人才培养财政投入力度,开展知识产权培训活动,重点培养知识产权管理和中介服务人才;(4)支持行业协会、中介机构提供知识产权培训服务;

---

[1] 湖北省新闻出版广电局.关于开展2015年湖北数字出版专项资金项目申报的通知[EB/OL].[2015-08-02].http:∥www.hbnp.gov.cn/wzlm/zwdt/tzgg/gsgg/14618.htm.

[2] 湖北省新闻出版广电局.2015年湖北省学术著作出版专项资金资助项目申报指南[EB/OL].[2015-08-02].http:∥www.hbnp.gov.cn/wzlm/zwdt/tzgg/gsgg/14618.htm.

(5) 将知识产权相关知识的培训纳入对专业技术人员的继续教育内容①。

《湖北省知识产权战略实施推进计划（2014—2017）》第35条，要求省知识产权局、省人社厅和省教育厅，"加强知识产权人才队伍建设，依托国家知识产权人才培训基地，加快湖北知识产权人才库和专业技术人才信息网络建设，重点培养社会急需的企业知识产权管理和中介服务人才"②。

湖北省知识产权局于2007年发布的《"十五"期间湖北省知识产权局培训工作总结》中指出，要在国家知识产权局的支持下，通过全省各级知识产权局的努力，初步建成一支适应行业发展需要又具备专业知识的人才队伍。"十五"期间，湖北省知识产权局开展了知识产权管理机关的人员培训，企业领导、科技及管理人员培训，对各级政府领导干部的培训，行政执法人员的培训。与此同时，省知识产权局还实施了"人才继续教育工程"，与省内高校或学术机构联合办学，利用省内高校知识产权专家资源，培养知识产权代理人才，扩大知识产权中介服务队伍；利用中国知识产权培训中心远程教育平台，开展我省知识产权远程教育，做好知识产权知识的普及工作。"十五"期间，湖北省举办了"全省专利代理人考前培训班"，组织有关人员参加代理人考试，全省各类知识产权专门人才接受培训达200多人次。

除此之外，省知识产权局还重视培养中小学生的知识产权意识，在全省中小学校开展专利及知识产权知识普及教育，创建中小学知识产权教育活动示范学校。"十五"期间，省知识产权局协助国知局在宜昌举办了"全国中小学知识产权教育专题研讨及师资培训班"，组织相关教师及管理人员参加了教育培训。武汉市、宜昌市、襄樊市、黄石市、十堰市等在市教育局、市科协的共同组织

---

① 湖北省人民政府．关于印发湖北省知识产权战略纲要的通知［EB/OL］．［2013-09-16］．http://www.hubei.gov.cn/zwgk/zfxxgk/zfwj/ezfwj/ezf2010/201009/t20100910.

② 湖北省知识产权局．湖北省知识产权战略实施推进计划（2014—2017）［EB/OL］．［2013-09-16］．http://www.hbipo.gov.cn/show/30637.

下，开展青少年学生科技创新与发明创造专题的培训。

近年来，在省知识产权局及各级政府的努力与协助之下，我省知识产权人才的培养计划已经取得了不小的进步与发展。2011年9月28日，新闻出版总署武汉大学高级印刷人才培养基地在武汉大学正式成立，该基地以培养高级印刷人才为目的，由新闻出版总署批准、武汉大学组建，为新闻出版行业高层次人才培养增加了一块新的重要阵地。该基地力求培养数字印刷、绿色印刷等新兴专业人才，推动印刷专业的学科建设，研究新闻出版产业的政策、重大理论与实践问题，建立印刷行业产学研合作平台①。

2012年，湖北省知识产权局制定《2012年湖北省知识产权人才培训计划》。省知识产权局与华中师范大学、武汉理工大学和中南财经政法大学合作，针对高校在校学生举办了"知识产权高校巡讲"和"全国研究生知识产权暑期学校"等活动，为高校学生讲解知识产权基础理论、知识产权前沿问题、知识产权实务、知识产权创造与创业等专题。此外，省知识产权局还针对湖北省的实际情况，对行业和企业内的人员进行了相关的知识产权培训，如，"湖北省知识产权优势企业管理工作者培训班""湖北省上市后备企业知识产权管理与保护培训班""湖北省重大经济科技活动知识产权评议工作培训班""全省专利代理机构业务能力培训班""全省企事业单位知识产权工作者培训班""知识产权知识培训"等。

2013年8月20日，湖北省知识产权局和湖北省印刷协会在武汉联合举办一期绿色印刷培训班，邀请中国新闻出版研究院的专家，对绿色印刷的基本知识和发展规划目标进行了全面介绍，引导企业进一步强化绿色印刷意识，推动绿色印刷发展战略深入实施②。

3. 缺陷与不足

---

① 湖北省新闻出版广电局办公室.高级印刷人才培养基地落户武汉大学[EB/OL].[2013-09-16].http://www.hbnp.gov.cn/wzlm/hbnp/info/7745.htm.

② 湖北省新闻出版局.全省绿色印刷培训班在汉举办[EB/OL].[2013-09-17].http://www.hbnp.gov.cn/wzlm/zwdt/xwzx/10624.htm.

尽管湖北省知识产权公共服务与人才培养已大面积展开,并取得了相应的发展与进步,但仍存在着一些缺陷与不足:其一,版权公共服务体系尚不健全,公共版权服务部门较少,影响力较小,未能与群众之间形成有效的沟通机制,信息的提供与需求不对称。其二,现有版权公共服务体系服务质量有待挖掘,如"湖北省知识产权信息服务平台"中的知识产权案例数据库仅有专利复审委员会无效宣告请求审查决定,无一个版权案例;湖北省版权保护中心网站内容更新速度慢。其三,版权保护社会参与体系尚未建立。版权中介组织和集体管理组织付之阙如,版权协会的作用未充分发挥,未调动社会参与版权保护工作积极性,形成工作合力成效不明显。其四,人才培养未形成长效系统体系,人才培训随机性大,没有针对不同人群而开展的定期培训计划,大多是针对行业、企业内人员而进行的业务培训,缺少对社会公众知识产权意识的培训,特别是缺乏增强中小学生知识产权意识的培训,针对版权方面专门培训较少。

**(四) 地方特色和民族特色优秀版权作品的发展现状**

《湖北省知识产权战略纲要》第13条规定:"运用知识产权制度实现鄂西优势资源的权利化和产业化。切实做好相关领域的抢救和基础性保护工作,加强传统知识的利用与开发。运用知识产权制度激活和支撑鄂西地区生态、文化和民俗资源优势,以推进该地区经济社会发展。"[1] 第21条规定:"全面实施版权战略,大力发展版权产业。合理开发历史文化资源,大力弘扬荆楚特色文化,支持具有鲜明地方特色、民族特色和时代特点的作品创作,扶持优秀文化作品的创作。"[2]

2010年12月4日,湖北省政府办公厅发布的《湖北省人民政

---

[1] 湖北省人民政府. 关于印发湖北省知识产权战略纲要的通知[EB/OL]. [2013-09-17]. http://www.hubei.gov.cn/zwgk/zfxxgk/zfwj/ezfwj/ezf2010/201009/t20100910.

[2] 湖北省人民政府. 关于印发湖北省知识产权战略纲要的通知[EB/OL]. [2013-09-17]. http://www.hubei.gov.cn/zwgk/zfxxgk/zfwj/ezfwj/ezf2010/201009/t20100910.

府关于进一步繁荣发展少数民族文化事业的意见》(鄂政发〔2010〕76号)提出,要加强少数民族和民族地区公共文化基础设施建设。具体措施为:(1)保障民族地区基层文化设施有效运转,推进民族地区县级图书馆和文化馆、乡镇综合文化站和村文化室、农家书屋工程、文化信息资源共享工程等基层文化设施的建设;(2)政府在实施各项重大文化工程、安排基层文化基础设施建设资金时,加大对民族地区的财政倾斜力度①。

"十一五"以来,湖北省始终将民族文化研究及保护放在促进民族文化繁荣的先导位置。近年来,湖北省民宗委安排近百万元专项资金,联合省内科研院所、大专院校以及民族工作系统,开展民族文化课题研究。先后确定50多个课题展开,其成果陆续问世。恩施土家族苗族自治州和长阳土家族自治县、五峰土家族自治县先后出版了反映民族文化研究成果的系列丛书。截至2007年年底,恩施土家族苗族自治州民族部门共编辑出版了近10套计69本著作。

湖北省还积极开展民族传承文化抢救工作,恩施颁布了《恩施土家族苗族自治州民族文化遗产保护条例》,长阳自治县颁布了《长阳土家族自治县民族民间传统文化保护条例》,民族民间文化保护立法工作走在全国前列。

此外,湖北省还注重加强少数民族古籍整理工作,出版了民族文化研究的系列成果。《中国少数民族古籍总目提要·土家族卷》《苗族卷》《回族卷》(湖北省部分)的编纂工作已顺利完成。20世纪80年代以来,尤其是近10年来,我省编辑出版了近200部民族文化研究和资料丛书,《土家族大辞典》正在编撰之中②。

2013年1月22日,湖北省人民政府向省人民代表大会报告,2013年继续为人民群众办好"十件实事",承诺为2.9万个农家

---

① 省政府办公厅. 湖北省人民政府关于进一步繁荣发展少数民族文化事业的意见[EB/OL]. [2013-09-17]. http://gkml.hubei.gov.cn/auto5472/auto5473/201112/t20111207_159208.html.

② 中国民族宗教网. 湖北省民族文化工作回眸[EB/OL]. [2013-09-17]. http://www.mzb.com.cn/html/Home/report/309715-1.htm.

书屋每家征订10种以上报刊。截至2012年12月底,全省已累计落实专项资金6.8亿多元,建成农家书屋29 148个。2012年,湖北省在全国率先探索建立以财政保障为基础的农家书屋长效运行机制,安排财政专项资金2 000多万元,为2.8万多个农家书屋续订多种报刊;部署开展"创建模范农家书屋、争当优秀管理员"活动,全省共有21个农家书屋、20个书屋管理员和4个单位获全国表彰①。

2012年4月9日,由湖北省新闻出版局、湖北广播电视台、武汉市新闻出版局、中国移动湖北分公司承办的"书香荆楚 文化湖北"全民读书月活动启动仪式在武昌举行。为响应号召,全省各地均启动了全民读书月活动,武汉市在全民读书月期间将开展十项以上活动,包括图书优惠展暨图书换客大会;在全市设立了26个24小时流动图书馆,启动"图书漂流"活动;开展了"文学汉军"讲武汉暨知名作家签名售书、"武汉最受市民喜爱的读书角"创建评选以及"晒晒我家书屋"——"武汉首届书香门第"评选等系列活动②。

近年来,湖北省在地方特色和民族特色优秀版权作品的创作和出版上取得了巨大的成就,"农家书屋""书香荆楚·文化湖北"全民阅读活动与民族文化作品创作相辅相成,共同促进民族文化事业繁荣发展。

**(五) 政府信息目录查询的开发现状**

2013年8月16日,省政府办公厅发布《湖北省人民政府办公厅关于切实做好当前政府信息公开重点工作的通知》,要求大力推进重点领域的政府信息公开工作,并提出"凡是《中华人民共和国政府信息公开条例》规定应该公开、能够公开的信息,都要及时、主动公开,要进一步细化公开内容,用通俗易懂的表达方式让

---

① 湖北省新闻出版局."农家书屋工程"连续五年列入省政府为民"十件实事"[EB/OL].[2013-09-17].http://www.hbnp.gov.cn/wzlm/zwdt/gdxw/8571.htm.

② 湖北日报."书香荆楚 文化湖北"全民读书月活动启动仪式举行[EB/OL].[2013-09-17].http://www.gov.cn/gzdt/2012-04/10/content_2109835.htm.

公众看得懂"①，"在充分利用政府网站、政府公报、广播、电视、报刊等渠道公开政府信息的同时，要积极运用政务微博、移动互联网等新技术，为公众提供更加快捷、方便的服务"②。要使各类冗杂的信息以简洁清晰的方式呈现出来，使公众能够通过检索或浏览的方式快速地获取所需的政府信息，就涉及政府信息目录的建设。

国家信息化领导小组从2002年开始就对政务信息资源目录体系与交换体系的工作做出了一系列的部署。在国家信息化领导小组颁发的〔2002〕17号文件《关于我国电子政务建设指导意见》中，第一次提出要"研究和设计电子政务信息资源目录体系与交换体系"。2004年12月12日，中共中央办公厅国务院办公厅在《关于加强信息资源开发利用工作的若干意见》中要求："建设政务信息资源目录体系和交换体系，支持信息共享和业务协同。"国家信息化领导小组发布的《国家电子政务总体框架》把政务信息资源目录体系与交换体系进一步定位为国家电子政务总体框架的基础设施。《中华人民共和国国民经济和社会发展第十一个五年规划纲要》指出要"整合网络资源，建设统一的电子政务网络，构建政务信息网络平台、数据交换中心、数字认证中心。"《政府信息公开条例》第4条明确规定了政府信息公开工作机构的职责包括"组织编制本行政机关的政府信息公开目录"。

政府信息公开目录涉及政府信息的分类、编码、目录款目制作、目录编排、目录数据库技术架构等众多方面，具有较强的专业性，因此，需要专业标准。这些政策归纳起来是要求各地建立具有信息查询、信息共享、业务协同的政府信息目录体系。这个体系的建立对于版权产业人员获取信息、开发信息有重要意义。

以"湖北省政府信息公开服务系统"为例。该系统将"政府

---

① 湖北省政府办公厅. 湖北省人民政府办公厅关于切实做好当前政府信息公开重点工作的通知[EB/OL]. [2013-09-17]. http://gkml.hubei.gov.cn/auto5472/auto5473/201308/t20130829_466623.html.

② 湖北省政府办公厅. 湖北省人民政府办公厅关于切实做好当前政府信息公开重点工作的通知[EB/OL]. [2013-09-17]. http://gkml.hubei.gov.cn/auto5472/auto5473/201308/t20130829_466623.html.

信息公开规定"单独作为一个大类列出,然后将湖北省其他领域的政府信息按照"主题"和"体裁"两大分类标准进行划分。"主题"主要分为"综合政务","国民经济管理、国有资产监管","财政、金融、审计","国土资源、能源","农业、林业、水利","工业、交通","商贸、海关、旅游","市场监管、安全生产监管","文化、光电、新闻出版"等21个大类,各大类下又按照不同的部门及行业划分二级类目。"体裁"主要分为"政府令""决定""公告""通报""意见""会议纪要"等13个大类。除此之外,"系统"还按照各级机构的行政级别,将政府信息划分为"省政府信息""部门信息""市(州)信息""应急信息"四大类,除"应急信息"外,其他三大类之下又按照信息所涉及的部门与主题划分了二级类目。另外,"系统"还提供了政府各类"指南""目录""申请""年报"的链接,并按文件所属的部门进行分类,提供链接接口。"湖北省政府信息公开服务系统"的目录划分,以"主题"和"体裁"为主线,结合信息所属的机构和单位,为广大市民提供了简洁、明了的浏览查询方式。

**(六)湖北省版权产业投资指引目录**

《湖北省知识产权战略实施推进计划(2014—2017)》第16条,要求省知识产权局"完善知识产权投融资相关政策,制定商业银行知识产权质押贷款业务指导意见,加强各类知识产权投融资服务平台建设,开展知识产权许可权、股权与其他资产组合的新模式试点工作"[①]。要提升知识产权融资水平,鼓励各类社会资产投资版权产业,要对各类版权产业进行评估,根据湖北省经济和战略规划制定湖北省的版权投资指引方向,生成"湖北省版权投资指引目录",并规定对某些版权投资的优惠措施。

2008年6月18日,我省发布了《湖北省社会资本投资文化产业指导目录》。《湖北省社会资本投资文化产业指导目录》涉及新闻服务、出版发行和版权服务、文化演艺和广播电视四大类,共

---

① 湖北省知识产权局. 湖北省知识产权战略实施推进计划(2014—2017)[EB/OL]. [2013-09-18]. http://www.hbipo.gov.cn/show/30637.

55个行业。对社会资本进入文化产业进行了明确的界定，分禁止、限制、允许和鼓励四个类别。如报刊广告、发行及其他经营业务、书报刊印刷、包装装潢及其他印刷、只读类光盘及电子音像制品复制、电影发行、演出经纪机构、歌舞娱乐场所和营业性演出场所等，均允许社会资本投资；图书报刊批发（含省内连锁经营）零售、电影发行放映、动漫产业、广播电视节目制作和电视剧制作等，均鼓励社会资本投资。同时，还对如何进入，参考的文件条例、管理机关都作了明确标志①。

（七）华中国家版权交易中心在武汉运营

《湖北省知识产权战略纲要》第47条规定："发展知识产权交易市场，促进知识产权成果转化。充分发挥现有产权交易市场的作用，加快资源整合，鼓励有条件的地级以上市建设知识产权综合性交易平台。积极运用现代网络技术，重点建设省市联动、覆盖全省、面向国内外的知识产权展示交易平台，加强知识产权市场与金融市场、产权市场的衔接。②"

《湖北省知识产权战略实施推进计划（2014—2017）》第34条要求："推进华中国家版权交易中心建设，建立集版权咨询、登记、鉴定、评估、交易等为一体的多功能版权公共服务平台。③"

2012年12月28日，华中国家版权交易中心在武汉正式运营。该中心是继北京之后，经国家版权局批准建立的全国第二家、华中地区唯一一家国家级版权交易中心。华中国家版权交易中心将搭建版权公共服务平台、版权电子商务平台和版权产业聚集平台，把版权交易活动同时向物理空间和网络空间拓展延伸。该中心将有效整

---

① 荆楚网.《湖北省社会资本投资文化产业指导目录》解读[EB/OL].[2013-09-18].http://www.cnhubei.com/hbrb/hbrbsglk/hbrb04/200806/t348238.shtml.

② 湖北省人民政府.关于印发湖北省知识产权战略纲要的通知[EB/OL].[2013-09-18].http://www.hubei.gov.cn/zwgk/zfxxgk/zfwj/ezfwj/ezf2010/201009/t20100910.

③ 湖北省知识产权局.湖北省知识产权战略实施推进计划（2014—2017）[EB/OL].[2013-09-18].http://www.hbipo.gov.cn/show/30637.

合湖北及中部地区版权资源，培育版权要素市场，孵化版权企业，延伸版权产业链，搭建集版权展示、交易、投融资及各种商务活动为一体的多功能高端平台，实现版权资源使用效益最大化，为湖北文化产业发展打造新的经济增长点，形成华中地区版权产业高地。根据有关规划，华中国家版权交易中心暨产业基地计划投资 50 亿元，分期分批完成。投入正常运营后，预计每年版权交易品种达到 10 万个以上，版权交易量达 10 亿元以上，核心层主业收入达到 2 亿元，并通过版权产业延伸拉动关联产业收入达到 100 亿元以上[①]。

## 二、国外著作权政府战略调研与分析

国际上，制订专门的成文著作权战略的国家几乎没有，著作权战略基本是包含在知识产权战略或者政策之中。根据世界知识产权组织的统计，目前不包括中国，全球有 20 个国家以及欧盟、非盟制定有明确的有关知识产权的战略或政策文件，其中以政策文件居多。日本《知识产权战略政策大纲》（IP Strategic Policy Outline）是首次从知识产权创造、保护、利用、促进内容产业发展和知识产权人力资源发展的角度确立战略的纲领性文件。在地方性知识产权战略方面，印度喀拉拉邦制订有《喀拉拉 2008 年知识产权政策》（*Intellectual Property Rights Policy For KERALA* 2008），美国阿肯色州、科罗拉多州、路易斯安纳州、北卡罗来纳州政府部门制订了鼓励当地创意产业发展的一些战略性文件。

美国近期制定了面向 21 世纪的知识产权管理战略，日本则是出台了专门的《知识产权基本法案》，由首相小泉纯一郎亲任知识产权战略部的部长，率先提出了"知识产权兴国"的口号。韩国、新加坡等国也有类似举措。

观察知识产权的发展史，我们清晰地看到知识产权的发展轨迹。17 世纪以前是知识产权的垄断权时代。16 世纪中期至 20 世纪

---

① 长江日报. 华中国家版权交易中心在汉运营[EB/OL]. [2013-09-18]. http://cjmp.cnhan.com/cjrb/html/2012-12/29/content_5104641.htm.

是知识产权的个人权利时代。20世纪以来知识产权进入国际权利时代。其标志是1883年3月21个国家在巴黎签订《保护工业产权巴黎公约》，并建立了保护工业产权巴黎联盟。1886年9月在伯尔尼召开了世界第一次多边版权大会。这次大会建立了世界第一个国际版权联盟——伯尔尼联盟，缔结了世界版权史上第一个多边版权公约——《伯尔尼公约》。

在知识产权200年的发展历史上，1995年1月世界贸易组织达成的《与贸易有关的知识产权协议》（简称TRIPS）的生效无疑标志着国际知识产权制度进入了一个新阶段，并且无论知识产权如何动态发展，TRIPS协议对此领域的研究都将留下可供辨识的深刻影响。法学学科的进展从内部推动知识产权理论前进，技术创新的实现从外部给知识产权发展提供动力。事实上，作为国际经济、政治和外交力量折中的结果，TRIPS本身也留下了许多问题需要进一步研究。技术、贸易的进步与发展也使国际力量对比与利益砝码不断在发生变化。在数字时代，技术与法律的矛盾更加明显。在这样的背景下，国际知识产权研究也呈现出范围扩大、价值取向多元、研究视角多向等特点。下面简述著作权的一些政府战略。

**（一）美国著作权现状调研**

1. 美国版权产业发展与版权立法概况

美国知识产权制度，已经成为美国文化产业的重要依托，版权产业已经成为美国文化产业中的核心部分。20世纪80年代，美国在制造业和消费性电子产品、微电子和计算机领域技术方面的优势受到日本和其他新兴工业化国家的挑战，从1997年到2001年，美国核心版权产业的年平均增长速度为7%，而同期美国国内的生产总值年平均增长速度仅为3.2%。2001年，版权产业（包括新闻、图书出版业、电脑软件业、影视娱乐业、电视节目业等）在美国GDP中的增加值为7912亿美元，在GDP中所占份额为5.24%。在对外版权贸易上，据美国"国际知识产权联盟"的统计，2001年美国录音、录影制品、动画片、电视片、计算机软件和报刊书籍四类版权产品对外销售和出口额为889.7亿美元，平均增长速度为8.5%，超过了任何一个制造部门的平均增长速度，计算机软件的对外销售从 1991 年的 196.5 亿美元增加到了 2001 年的 607.4 亿美元，10 年间增长了 2.1 倍。在该背景下，美国的版权政策也进行了调整，对内提高了版权保护的标准，比如 1980 年颁布实施的《计算机软件保护法》；1982 年通过的《反盗版和假冒修正法案》；1993 年提出的建立"国家信息基础设施"（即 NII，俗称"国家信息高速公路"）计划；1994 年 3 月副总统戈尔在国际电信联盟（ITU）大会上宣布建立"全球信息基础设施"（GII，俗称"全球信息高速公路"的倡议）等；对外将版权保护的高标准以国际谈判的形式强加给其他国家，大力推动知识产权保护的国际化进程，通过《伯尔尼公约实施法》对成员国提供高水平的版权保护，利用《综合贸易与竞争法》中的特别 301 条款，迫使其他国家加强对美国版权的保护，还利用《关税和贸易总协定》乌拉圭回合谈判的机会，于 1994 年最终达成 TRIPS 协议，大大提高了国际保护版权的整体水平，使美国日益强大的文化产业获得了广泛有效的国际保护机制；此外，美国 1997 年和 1998 年先后通过了《反电子盗版法》和《数字千禧年版权法》，进一步适应网络环境下的著作权保护。

2. 美国 2006 年 SIRA 法案

为了便利在线音乐服务商取得数字传输的版权许可，2006 年 6 月 8 日，美国众议院司法委员会的法院、知识产权与因特网分委员会主席、议员 Lamar Smith 向第 109 次国会第二次会议提出了修改美国版权法第 115 条的议案（HR5553），该法案被称为"2006 年第 115 条改革法案"（SIRA），该法案保留了第 115 条原先对于制作发行录音制品的强制许可制度不变，新增加了第 115（e）条（共 15 款），从形式上看，该条只是将第 115 条的强制许可制度扩大到适用于音乐作品的数字传输，但是，为了适应数字音乐传输的要求，与原先的强制许可制度相比，新的音乐作品数字传输强制许可制度的设计发生了许多变化，主要包括以下三个方面：

第一，一揽子许可（Blanket Licenses）。

由于原第 115 条仅限于复制、发行权的强制许可，而且要履行各个通知的手续，使得这种强制许可难以适应音乐数字传输的需要。为了使合法的音乐服务商能够迅速并相对简易地取得消费者希望在网上获取的音乐的版权,第115条改革法案(SIRA)采取了以下两种做法:首先,一个合法的音乐服务商只要简单地提交一个许可申请,就可以取得在数字环境下使用所有音乐作品的许可。①其次,上述一揽子的强制许可既适用于原第115条规定的数字录音传送(DPD)行为,以及混合供应(Hybrid Offering)②,比如完全下载(Full Download)、有限下载(Limited Download)和交互式流式传输(Interactive Streams)③,又适用于所有对于完成上述数字录音传送来说是必需的最终用户的复制,以及中介性的复制——比如通过Server技术、Cache、Network和Ram Buffer等缓存技术的复制等。④

第二,指定代理机构(Designated Agents)。

第115条改革法案(SIRA)规定了授权指定的代理机构(包括总指定代理机构和附加指定代理机构)颁发一揽子强制许可的制度。⑤总指定代理机构是由占有音乐作品出版市场最大份额的、代表音乐作品出版企业的组织负责建立和运营的机构,该代理机构由版权局指定,负责代理颁发和管理许可、收取和分发使用费。⑥而那些占有15%以上音乐作品出版市场份额的音乐作品版权许可组织,则可以被版权局授予证书,作为附加的指定代理机构。⑦每一个版权人以及其拥有的音乐作品在一个年度内只能由一个指定代理机构来代理。⑧如果一个版权人没有选择附加的指定代理机构作

---

① SIRA,第115(e)(5)。
② 所谓"混合供应",根据第115(e)(14)(F)的定义,是指根据该条规定的音乐数字传输的强制许可进行的对录音制品的复制、发行。
③ 所谓"交互式流式传输",根据第115(e)(14)(G)的定义,是指音乐作品的流式传输,而含有该音乐作品的音乐录音的流式传输不适用第114(d)(2)条规定的音乐录音的法定许可的情形。
④ SIRA,第115(e)(1)。
⑤ SIRA,第115(e)(9)(A)。
⑥ SIRA,第115(e)(9)(B)(i)(I) and (II)。
⑦ SIRA,第115(e)(9)(C)。
⑧ SIRA,第115(e)(9)(E)(i)。

为自己的代表,那么,就由总的指定代理机构来代表该版权人以及其拥有的音乐作品。①这样,就确保了所有的音乐作品的数字传输许可都有一个指定的代理机构来代理,方便了数字音乐服务提供商取得数字复制和传送音乐作品的权利。

第三,使用费费率(Royalty Rates)。

首先,为了解决在线音乐服务商对于在同一种情形下使用音乐作品却要支付"双倍小费"(double-tipping)的抱怨,第115条改革法案(SIRA)对于非交互流式传输音乐作品时的中介性复制(包括sever以及cache、network、ram buffer等,和附随复制[Incidental Reproduction])规定了"免费许可"(royalty-free license)制度。②但是,该法案并没有解决当音乐作品的传输方式不能清楚地确认是发行还是表演的情形时,既要向表演权代理组织,又向复制发行权代理组织支付双重使用费的问题。③

其次,强制许可使用费费率一律由版权使用费委员会(Copyright Royalty Board,CRB)确定,这有利于提高效率。

最后,强制许可的取得与确定使用费的程序相互独立。也就是说,即使没有对音乐作品的某种特别的数字使用方式最终确定使用费费率,也不影响在线音乐服务商取得强制许可,因为这样才有利于其与非法的数字音乐服务商进行竞争。

总之,第115条改革法案(SIRA)确立了数字音乐传输的强制许可制度,为在线音乐服务商取得数字传输的版权许可提供了便利条件。因此,该法案得到了美国数字媒体协会(DiMA)、国家音乐出版商协会(NMPA)和美国录音工业协会(RIAA)的

---

① SIRA,第115(e)(9)(E)(iv).

② SIRA,第115(e)(3).

③ Marybeth Peters, Section 115 Reform Act (SIRA) of 2006, Statement of Marybeth Peters The Register of Copyrights before the Subcommittee on Courts, the Internet, and Intellectual Property, Committee on the Judiciary, United States House of Representatives, 109th Congress, 2nd Session, May 16, 2006 [C/OL]. http://www.copyright.gov/docs/regstat051606.html.

高度评价。①但是,也有一些代表美国消费者、信息产业和通信公司、广播组织、图书馆和教育机构的组织,如美国法律图书馆协会、计算机和通信工业协会、消费者电子协会、考克斯广播公司、电子前沿基金会、家庭录音权联盟、地方广播因特网联盟等,对该法案提出了反对意见,其反对理由主要在于强制许可的范围扩大到一些中介性的复制等方面,而不是反对该制度设计本身。②

3. 美国"337"调查

美国国际贸易委员会发起的"337调查",是除国会调查外,利用知识产权阻止一些发展中国家企业进入美国市场的重要手段。21世纪以来,发展中国家逐渐成为美国"337调查"的主要对象,以2012年上半年为例,美国发起"337调查"29起,其中涉及的绝大多数是发展中国家的企业。据专家观点,就本质而言,在对待知识产权的保护问题上,一些发展中国家与美国并无根本分歧,共同认可知识产权保护的重要性和必要性。各方分歧在于对发展中国家知识产权保护进程的认识不统一。

4. 美国2012年反网络盗版法的争议

网络法制问题由于涉及多方利益,在美国引起了较大争议。2011年10月26日,德州共和党众议员史密斯和12位两党众议员将标号为HR3261的《反网络盗版法》引入了众议院立法程序。该法希望"通过打击侵犯美国知识产权行为而推动市场繁荣、企业创新"。美国司法部可以通过寻求法院传票来关停有盗版内容的网站、阻止相关的付款渠道。也正是这部法案,引发了利益集团在知识产权立法程序上的争端。《反网络盗版法》得到了来自电影、音乐、出版等行业以及美国商会的大力支持,他们对反盗版的呼声最高;同时也受到很多互联网公司的反对,包括谷歌、脸谱、推特、维基百科都认为这些法案对他们产生威胁,称为"美国的防火墙",认为该法会扼杀互联网的创造性。2012年1月,在巨大的反

---

① NMPA. DiMA and RIAA Express Optimism for Passage of Landmark Digital Music Copyright Legislation[C]. June 8,2006.

② http://www.eff.org/IP/legislation/letter_on_draft_SIRA.pdf[EB/OL].

对浪潮下,美国国会宣布无限期搁置《反网络盗版法》(SOPA)的立法审议。

5. 美国著作权集体管理授权

美国版权集体管理组织主要分为两种类型:(1)非营利性组织,以版权结算中心(Copyright Clearance Center,简称 CCC)和美国作曲家、作词家和出版商协会(American Society of Composers, Authors and Publishers,简称 ASCAP)等为代表;(2)营利性组织,以广播音乐公司(Broadcast Music Incorporated,简称 BMI)为代表①。

美国版权清算中心(CCC)于 1978 年成立,目的是使科学、技术和医学刊物的出版者能够从中学、大学、图书馆、资料中心、企业等开展的复制服务中收取一定报酬。版权结算中心主要为上述出版物的权利所有者提供服务,也为杂志、信息简讯、书报等出版物的权利所有者提供服务。作为一个非营利组织,大大简化了版权内容的许可程序,使得商业性机构和学术机构能快速地获得授权,合法使用受版权保护的资料,同时,将作品的使用费分配给出版商和内容创作者。CCC 负责约 9 600 家出版商和数以千计的作者作品的使用授权。

美国对版权集体管理组织的治理采取了自由竞争模式。在美国仅音乐作品表演权就有 ASCAP、BMI 和 SESAC 三家组织来管理。美国推崇竞争,推崇集体管理组织之间以及版权人与集体管理组织之间的竞争,同时介入适当的司法和行政举措。这种机制较为有效地防止了版权集体组织滥用优势地位实施垄断,大大促进了这些国家版权集体组织的发展,同时也有助于维护版权人的利益。

美国版权集体管理组织根据美国垄断法的要求进行竞争型分散管理,每个领域内有多个机构团体可自由竞争,在该体制下往往自觉采用最有效的运作方式,减少成本支出,拓展更多权利人市场,

---

① ASCAP、BMI 和 SESAC 又称为表演权利协会,主要是对音乐作品等公开表演权的管理授权;CCC 又称为复制权组织,主要涉及复制权的管理授权。

使得著作权人利益得到最大保障的同时也得到了自身团体的生存空间①。

广播公司为了对抗 ASCAP，以获得更低授权费用，于 1939 年成立 BMI，目前已发展成为 ASCAP 最强劲的竞争对手。早在 2007 年 7 月，BMI 就已拥有超过 35 万人数的会员，在其管理范围内的音乐作品也超过 650 万首，管理成本占总收入的 12.7%，费用为历史最低。总授权收入为 8.39 亿美元，比 2005 年增长了 7%；预计分配的会员版税将超过 7.32 亿美元②。

目前美国并没有制定出针对集体管理组织的统一版税分配规定，分配数额与出版商和作者之间的协议有关，在具体计算时以版权作品的实际使用数量为主要依据。

对于版权集体管理组织而言，最为频繁的一项工作就是使用费的收取。版权集体管理组织与作品使用者之间往往容易就使用费标准和收取方法等问题发生争议。

在版税分配协调方面，美国通过发挥联邦法官、版税仲裁所的作用，协调解决版税争端问题并取得一定成效。联邦法官在版权集体管理组织与版权人的纠纷中充当费用分配仲裁的角色。当执行强制许可时，由版权局成立的版税仲裁所（Copyright Arbitration Royalty Panel，简称 CARP）调整裁决版税分配率并分配版税。

（二）欧盟著作权现状调研

欧盟国家对文化体制和文化政策进行了改革和调整。一是加大资金投入：《2000 年文化发展纲要》实施期间（2000—2006 年），整个欧盟文化投入总金额超过 23 亿欧元，用于发展文化创造，文艺传播，跨文化对话，丰富欧洲人民的历史文化知识；二是奉行文化多样性原则，鼓励各民族文化共同发展；三是引入竞争机制，提

---

① 赵杰．著作权集体管理制度及其立法研究［D］．重庆：西南政法大学，2002．

② Broadcast Music Incorporated. BMI Posts Record-setting Royalty Distributions, Revenues［EB/OL］．［2013-09-16］．http://www.bmi.com/news/entry/535402.

高效率，使欧盟各国文化产业各领域呈现出多元化格局。此外，还通过金融扶持、政府直接资助电影市场、奖金扶持、影视文化管制等政策，鼓励和刺激电影产业的发展。①

欧盟设立了一系列欧盟层面的文化支持项目和计划直接或间接地推动了欧洲文化的发展和文化多样性。Kaleidoscope（1996—1999），旨在鼓励艺术、文化创作及欧盟内部的合作"万花筒"；Ariane（1997—1999），旨在支持图书与阅读（包括翻译）"阿丽亚娜"；Raphael（1997—1999），对成员国保护具有欧洲特色的文化遗产方面的政策予以补充"拉斐尔"；此外还有"文化2000（2000—2006）""文化计划（2007—2013）"等都属于广义文化范畴的项目或计划，而"媒体计划""终身学习计划（2008—2013）""年轻人在行动计划（2007—2013）"、eContentplus、eTEN则分别侧重视听产业，艺术专业教育与职业教育，年轻人文化与语言多样性教育，数字图书馆、教育资料及地理信息数字化建设，泛欧电信网络建设等特定方面。其中，资助力度最大的是"媒体计划"，据估计，从1991年到2013年，总资助额将达20亿欧元。2008年，欧盟委员会发布绿皮书《知识经济中的著作权》（*Copyright in the Knowledge Economy*）（COM（2008）466/3）。

欧盟由一系列的成员国组成，成员国在著作权的立法及战略方面各有不同，法国的立法及保护有借鉴意义。2006年6月30日，法国通过了"信息社会中的著作权及邻接权"的法律草案，该法案包括五部分共52条。第一部分对2001/29/CE号欧盟指令的国内转化作了规定（共30条）；第二部分对国家、地方行政机构和行政公共机构人员的著作权问题提出了建议（共3条）；第三部分是对接收和权利分配公司的适用作了规定（共5条）；关于对版本的备案则规定在法案的第四部分（共9条）；最后一部分是其他规定（共5条）。从篇幅上看，该法案主要是完成了对2001/29/CE

---

① 高析．国际文化产业发展新趋势与新战略［J］．文化月刊，2010（2）：14-17.

号欧盟指令的国内确认。其具体内容有以下几个方面：

第一，网络环境下的著作权与邻接权限制。首先是合理使用的相关规定。新法案详细规定了临时复制、为残疾人需要而实施的行为、公众服务机构内部的就地查询等合理使用的情形。其次是有关权利用尽原则的规定。新法案确立了欧盟内部的"权利区域性用尽"原则，但同时也规定著作权人对作品的公众传播权及邻接权人向公众提供保护制品的权利不因一项公众传播行为或一项向公众提供的行为而用尽，也就是说网络用户将作品和制品合法下载后形成的物质性复制品不属于权利用尽的范围。

第二，技术措施与权利管理信息的保护与限制。新法案遵循了欧盟2001/29/CE号指令，对技术措施和权利管理信息予以保护，但同时也限制技术措施的使用，规定其不能在法律规定或权利人许可的范围内限制对作品和保护制品的自由使用。为了保证上述规定在具体执行中的实施，新法案第13条规定，在尊重著作权的基础上，技术措施不能产生阻碍相互兼容性原则实施的效果。此外，第14条还规定，在法律规定的条件下，技术措施的提供人应提供能实现相互兼容性的基本信息（包括必需的技术材料和程序编制界面）。

法国首先采用了立法形式要求技术措施权利人必须保证相互兼容性的实现，该项规定遭到了许多音乐和影像制品制作人的极力反对，他们认为此举将在事实上促进侵权的扩大，使网络音像制品成为非法下载的目标。美国苹果计算机公司甚至批评法国立法是对欧盟指令的扭曲，由此造成的侵权是在法国国家保护下实现的。[1]而有些学者则认为，法国该立法旨在保障权利人权利的同时实现对消费者权益的保护，是在两种根本利益冲突和矛盾之间找到的一个平衡点。[2]对此，法国文化部部长德瓦布尔表示，相互兼容性原则有可能迫使苹果或其他采用专有音乐格式的公司的产品与竞争对手的

---

[1] http://archquo.nouvelobs.com/cgi/articles? ad = multimedia/20060322. OBS1324. html&host; http: //permanent. nouvel-obs.com/[EB/OL].

[2] 任军民. 法国数字信息网络最新立法述评 [J]. 法商研究，2006 (6)：124.

数码随身听兼容,这有利于促进公平竞争,保障音乐作品的合法传播和公众的便捷获取,从而实现文化繁荣。

第三,网络著作权的刑法保护。为个人目的,未经权利人许可使用作品的,属于一般刑事违法行为。据此,法国一些议员、网络消费者和网络使用者保护协会认为它否定了法律所赋予的个人复制权。此外,对于P2P侵权行为实施泛罪化处理,即一律认定为犯罪,但是以罚金处罚为主,减轻了对普通终端用户非法共享文件的刑罚力度:对以个人使用为目的非法下载音乐或电影的行为,认定为轻微犯罪的第一级,处以38欧元的罚金;对将侵权文件向公众传播或提供的行为,认定为轻微犯罪的第二级,罚金数目为150欧元;对简单拥有和使用某一非法网络下载程序的行为,认定为轻微犯罪的第三级,处以750欧元罚金。[①]

(三) 日本著作权现状调研

日本制定了国家知识产权战略,将科技创新寄希望于推行知识产权公共政策的刺激。2002年7月3日,日本出台了《知识产权战略大纲》,2002年12月4日,日本颁布了《知识产权基本法》以法律的形式确立了知识产权财产立国的理念,推进实施创造、保护、利用知识产权的政策措施,达到振兴科学技术,提升国际竞争力,确保日本依靠知识经济创造财富而非体力生存的目标。这部法典将知识产权上升为国家管理事务,由首相小泉出任知识产权战略总部部长,强化了尊重发明创造这一国策。日本鼓励创新,并且激励全民参与创新。除了意识到知识产权是激发创造的推动因素,还强调继续发挥知识产权促进发明产生的重要作用。[②]

日本制定了三期中长期知识产权推进计划。第一期为2003—2006年,提出了知识产权立国的目标,推进知识创造的良性循环,基本措施包括设置知识产权高等法院、设置大学知识产权本部、修

---

① Rapport N308 (2005-2006) de M. Michel THIOLLIèRE[EB/OL]. http://www.senat.fr/rap/l05-308/l05-3081.pdf.

② 王绍媛. 日本知识产权战略特点与借鉴[J]. 现代日本经济,2009(6):40-44.

改职务发明的规定、制定数字内容产业促进法、制定知识产权人才培养综合战略。

第二期为2006—2009年，进一步推动知识产权立国的深化，要求深入各地支援中小风险企业、推动大学知识产权创造、转移和产学协作、改革申请制度以加速专利审查、振兴日本品牌、进一步加大知识产权人才培养力度。具体措施包括：制定国际标准综合战略；设置"知识产权避难所"；5年内录用490名任期制审查官；着手修改著作权法等。

第三期为2009—2013年，其目标在于突出"扩大和推进运用知识创造的循环"，并正式引进政策评估循环制度，旨在增强知识产权的国际竞争力。基本方针包括：促进知识产权战略创新；强化知识产权全球性战略；推进软实力产业知识产权战略阶段性成长；确保知识产权的稳定性和可预见性；构建以用户需求为中心的知识产权体系。计划除了上述五个方针性战略目标外，还提出3个政策目标，即在特定领域提高竞争力以获得国际标准、推进以强化内容产业为核心的成长战略、知识产权产业横断面的强化策略，并加强了与科技政策的结合。基本措施包括：大学知识产权本部和技术转移机构（TLO）的清理和专业化；解决权力滥用的问题；强化知识产权的高层外交；完成防止仿冒盗版商品扩散条约；完善数字内容的交易环境；研究审查运用外部智力资源的方法。①

2012年日本通过了著作权法修正案。在2012年6月，日本政府通过了《著作权修正案》用以刑事处罚非法下载、上传或仅仅查看版权作品的行为。这个法案同样也对数字作品做出了新的定义，如对于在DVD上规避DRM的惩治等。通过观察这次修正案可以给我们带来启迪。数字技术与网络技术的结合带来了信息使用方式的全面更新，包括整合文本、声音和图像等多种内容的多媒体产品，为版权制度建设打开了一片新大陆；信息与作品等通过网络进行多种形式的迅速传播；使用数字与网络版权事务的最新发展，等

---

① 黄葆春，梁心新．日本《知识产权推进计划》试析［J］．知识产权，2011（3）：101-104.

等。为此,在所谓"后TRIPS"时代,国际版权界尤其是世界知识产权组织(WIPO)更加强烈地意识到,应对数字化尤其是应对网络技术的挑战已成为版权制度改革面临的重要而紧迫的历史使命。这就促使人们提出了所谓版权制度的"数字议程"(Digital Agenda)。在日本,"数字议程"也同样是版权制度更新的主要课题,且与WIPO同步。而日本这10年之久的"数字议程"将版权问题集中于两个方面,即"重新检讨'权利'的概念及其限制"以及"重构'权利清算制度'",这包括改革集体管理制度,确立版权清算规则,建立版权信息服务数据库等。对比修订前后的《著作权法》,修订前的《著作权法》着重对非法上传的刑罚,包括三个方面:(1)向互联网上传授版权保护的音乐和影像;(2)向互联网上传涉及版权的图片、影像,甚至背景为受版权保护的绘画;(3)明知为非法上传文件仍下载(对此未设定罚则)。而修订后的日本著作权法更加注重对非法下载的刑罚,包括从网络下载未经授权的音乐和影像文件,以及从防拷贝DVD中压缩影像文件到个人电脑终端等下载行为。

**(四)国际知识产权联盟(IIPA)著作权现状调研**

国际知识产权联盟(IIPA)对中国知识产权的态度包括以下几个方面。

1. IIPA认为中国应在知识产权执法方面采取下列优先行动

详述最近以副总理王岐山为首的新国务院高层领导的专项行动(Special Campaign),包括反对网络和移动盗版(online and mobile piracy),商业软件的终端用户盗版和物理盗版的有效的行政、民事和刑事执法。

确保中国执行包括透明性能指标的机制,使当地政府官员负责执行侵犯知识产权行为,包括网络和移动盗版、商业软件的企业终端用户盗版。

增加刑事起诉的数量和有效性,包括反对网络盗版和促进盗版的那些服务,例如搜狐、搜狗和迅雷;对企业终端用户软件盗版进行刑事控诉;允许专门的知识产权法官审理刑事案件;把更多的刑事知识产权案件移交到中级人民法院(intermediate courts)。

确保国家广播、电影和电视管理局（SARFT）在戏剧印刷品中实施水印技术，并确保中国电影团体和参展商加大力度阻止违法录影。

将中美商贸联委会（JCCT）解决长期存在的控诉的承诺进行到底，这些控诉是有关参与学术、科学、技术和医学杂志的未授权复制和传输的行为。尤其是，教育部应该采取规则确保大学和政府获得/使用的所有图书和杂志是合法的复制件。

建立一个中央机构，负责编制正在进行的和已经完成的民事、行政或刑事执法行动的统计和涉及侵犯版权的案例。

增强国家广播、电影和电视管理局（SARFT）、新闻出版总局（GAPP）、MOC 和工业和信息化部（MIIT）撤销商业许可证和停止提供侵权材料获取的网络服务以及关闭参与这些活动的网站的作用（actions）。

通过建立自愿的、政府支持的网络版权公告板以加强电影、录音和其他作品的"预发布"（pre-release）行政执法。

打击移动网络上发生的盗版，例如促进用户实施对侵权音乐的未授权下载和流动到智能手机的未授权 WAP 网站和移动"应用程序"。

为了采取更多有效执法行动打击所有形式盗版，扩大国家版权局（NCAC）、各地版权局和法律和文化执法局（LCEA）上的资源，应当与盗版问题的规模相称。

允许外国权利持有人协会增加人员并参加反盗版调查。

如果必要的话，通过版权法修订案或新的司法解释的颁布，确定民事知识产权侵权审判的更短的、更合理的时间限制。

2. IIPA 认为中国应在知识产权立法和相关问题方面采取下列优先行动

将中美商贸联委会（JCCT）和双边承诺（bilateral commitments）进行到底，完成司法解释，因为司法解释会明确教唆网络侵权的那些人将要对这些侵权负责。

修订版权法及其附属法律法规，以确保完全遵从伯尔尼公约、

TRIPS 协议、WCT、WPPT，并与在此提交的建议相一致。

必要时通过立法改变，确保企业软件的未授权使用（终端用户软件盗版）、软件或其他版权材料的硬盘加载、包括任何作品或作品集的向公众传播或向公众提供的网络盗版和技术保护措施的规避的刑事定罪。至于软件的企业终端用户盗版的刑事定罪，2011年1月知识产权刑事意见（Criminal IPR Opinions）澄清了"营利"包括"通过使用第三方作品获利的其他情况"。

明确说明和降低民事版权侵权诉讼中证据保全的命令和禁令的证据要求。

将下列行为定为违法：从展览设施里这些作品的表演，使用或试图使用音像记录设备制作或传输电影作品，或其他视听作品，或其中的任何部分的复制件。

允许外国权利持有人进行附带民事索赔（Incidental Civil Claims），以对抗各地法院的版权犯罪。

降低制止侵权者（包括网络侵权者）刑事执法行动的门槛和为了不同于商业利益目的进行的侵权的刑事执法行动的门槛。

**（五）国际图书馆协会联合会（IFLA）著作权现状调研**

1. IFLA 对反伪造贸易协议（ACTA）的关注①

IFLA 的政策与宣传主任 Stuart Hamilton 提高了对反伪造贸易协议（以下简称 ACTA）的认真关注。图书馆关注不透明的 ACTA 谈判是因为它威胁到了版权平衡，Hamilton 在他的视频信息中如此强调。ACTA 的目标和方法危及版权平衡，并且与图书馆界对公平获取信息和文化表达的承诺严重冲突。

"IFLA 认真关注的是围绕 ACTA 谈判的极端保密，目标中介机构的潜在激冷反应（chilling effects）和以牺牲灵活性为代价的对执法的持续关注"，他说道，"在创造尤其是数字时代环境下版权灵活性方面，我们进步很少。ACTA 通过限制前进中的灵活性而使这个问题恶化了——在这点上我们不知道在下个十年什么技术会出

---

① IFLA. IFLA Raises Concerns about ACTA [EB/OL]. [2013-09-20]. http://www.ifla.org/news/ifla-raises-concerns-about-acta.

现,并且 ACTA 将要把我们限定在不适合现在的方法中,更不用说未来了。"

ACTA 是一个针对创造全球知识产权执法的更有力的框架的国际协议。ACTA 的规定超过了 TRIPS 协议中的目前国际公认的标准。谈判始于 2007 年。协议已经被澳大利亚、加拿大、日本、摩洛哥、新西兰、新加坡、韩国、美国和除塞浦路斯、爱沙尼亚、斯洛伐克、德国和荷兰外的所有欧盟成员国签署。

2. IFLA 共同签署表达对跨太平洋伙伴关系协议(TPPA)关注的声明[1]

由于最近几轮跨太平洋伙伴关系协议的谈判在新西兰奥克兰市继续,IFLA 加入了互联网社团(ISOC)和其他组织以表达对关于谈判过程的透明性和包容性的关注。

TPPA 是一个涉及澳大利亚、文莱达鲁萨兰国、加拿大、智利、马来西亚、墨西哥、新西兰、秘鲁、新加坡、越南和美国的自由贸易协议,它覆盖了这些国家之间商业关系的所有方面。

IFLA 在 2012 年 7 月发出了一个有关 TPPA 的程序、规定和优先事项透明度缺乏的声明,但是接下来的几个月中几乎没有改变。所有的谈判方正式支持多个利益相关者参与网络治理领域并注意到这样一个事实:TPPA 包含有关互联网章节。这时,应加入声明的其他签署方,允许所有当事人在谈判过程中积极地参与和提供输入。

为使这种情况发生,TPPA 谈判者能使协议具有更大的合法性并且它包括更广泛的技术、经济和社会视角。

**(六)图书馆版权联盟(LCA)著作权现状调研**

随着法官 Chin 拒绝了 Google 图书协议,影响图书馆各种各样版权问题的立法解决方案有了新的兴趣点,包括牵涉图书的大规模

---

[1] IFLA..IFLA Co-signs Statement Expressing Concern about the Trans-Pacific Partnership Agreement(TPPA)[EB/OL].[2013-09-16]. http://www.ifla.org/news/ifla-co-signs-statement-expressing-concern-about-the-trans-pacific-partnership-agreement-tppa.

数字化、孤本作品的使用、美国版权法 108 条（尤其是保存）的现代化的问题。由美国图书馆协会（ALA）、大学研究图书馆协会（ACRL）和研究图书馆协会（ARL）组成的图书馆版权联盟，已经评论了通过立法解决这些问题可能的努力。

第一，图书馆版权联盟的成员一向主张积极正面地变革版权法以支持文化记录的访问和保存。尽管这些努力，国会和受影响的利益相关者因为很多原因不能够就这些问题达成一致：这些问题是复杂的，有很多利益相关者；他们的兴趣分歧显著；一些人反对对现状的任何改变。意识到改变不是不可能，只是通过立法解决这些问题比较困难。

第二，第 110 届美国国会上参议院通过的孤本作品法案提供了关于大规模数字化项目，但很少地实际救济给图书馆。这个法律明显无助于图书馆。因此，图书馆的孤本作品立法应当重新开始。

第三，过去 25 年的合理使用裁决（finding）表示遵照美国版权法 107 条，法律很可能允许图书馆发起的涉及大规模数字化、孤本作品使用和大规模保存的项目。另外，美国版权法 504（c）（2）条规定当图书馆或档案馆有合理的理由相信它是合理使用时要求法院豁免法定赔偿。最近的合理使用判决和 504（c）（2）条中补救措施都建议图书馆增加信心进行大规模数字化、孤本作品和保存项目，他们不会招致版权赔偿的显著责任。

由于这些活动可能根据 107 条和 504（c）（2）在法院收到良好的处理（receive good treatment），图书馆支持修订版权法以有益于图书馆。这样做，一个提议必须包含至少下面的特征：

（1）当非营利图书馆或档案馆占有其馆藏作品的复制件，其作品的非商业使用不会受到法定损害赔偿；如果当图书馆或档案馆收到作品的版权持有人的反对时该使用停止，不会受到实际赔偿；当在图书馆或档案馆收到版权持有人的反对后该使用仍旧继续，会受到禁令救济。

（2）补救措施的限制会适用于图书馆或档案馆的雇员和图书馆或档案馆的协会。

（3）根据合理使用，版权持有人的反对不会对图书馆的权利产生影响。

这个提议的前提是法定赔偿阻止图书馆参与可能有资格作为合理使用的可能性或如果他们被识别到、找到和询问版权持有人不会反对。消除法定赔偿的可能性，会鼓励图书馆进行适当的使用。同时，移除（takedown）或实际赔偿的持续可能性与图书馆高度的可见性一起，要求图书馆实施适当的限制，尊重版权持有人的合法利益。

## 第二节 湖北省著作权的政府战略对策

建设创新型湖北是制定湖北省知识产权战略的战略追求，对实现湖北省委、省政府提出的"增强自主创新能力，建设创新型湖北"的战略目标具有重要意义。知识产权制度是推进自主创新和保护创新成果的重要法律制度，是创新体系建设的组成部分，充分发挥知识产权制度在促进自主创新和智力创作中的作用，全面提升自主创新能力。同时，知识产权战略又是科教兴鄂战略、人才强省战略实施的保障性战略。前湖北省省长李鸿忠同志在接受记者采访时曾坦言，湖北省区位、科教、资源、经济、文化优势明显，但发展不够仍是湖北省最大的现实劣势。因此，著作权战略对湖北省提高发展水平并最终实现创新型湖北、中部崛起战略和文化强省建设目标意义重大。

### 一、优化版权管理体制机制

进一步强化版权行政管理体系。从实际出发，整合文化、广电、新闻出版等版权行政执法资源，按照"横向理顺关系，明确定位；纵向落实责任，加强力量"的要求，加强版权行政执法体系建设，更可探索"三局合一"的行政管理体制，成立新的文化广播电视新闻出版局，建立集中统一的文化市场综合执法机构。

进一步建立健全版权行政管理机关内部工作体系。按照"职能明确、资源节约、效率提高"的原则，整合行政内部资源，理顺工作关系，充分发挥各职能部门在版权保护工作的作用，建立高效务实、运转顺畅、紧张有序的工作机制。

主要措施有以下几点：

（1）提高版权行政管理的自动化、网络化、信息化水平，简化管理程序，完善管理政策，创新管理方式，进而节约管理资源，提高管理效率。

（2）设置统一的综合版权管理领导机构，合理分配管理权限，避免机构职能重叠、冲突以及条块分割导致的灰色地带。

（3）精简各版权管理机构，减少行政层级，规范行政程序，降低行政成本，解决职责交叉、政出多门的问题。

（4）各部门之间建立沟通和协调机制，便于信息交流和相互配合，努力构建一个有机统一的、高效协调的版权行政管理系统。

二、加大版权保护力度

2013年全国政协委员、江苏省文联副主席言恭达在接受中国知识产权报记者专访时曾将我国版权保护工作总结为"三个不够"，分别是"地方各级政府的重视程度不够，体制机制建设的顺畅度不够，版权保护资源的投入不够"。加大版权保护力度需要各地政府和机构的高度重视和通力配合。

主要措施有以下几点：

（1）建立版权行政执法监管系统，加强省、市、县三级知识产权行政执法队伍和制度建设。

（2）提高版权的司法审判和执行能力。随着版权纠纷行政调解制度的建立与实施，深入探索司法与行政之间的版权纠纷诉调对接机制，减轻司法机关压力，提高化解版权矛盾的效率。不断强化版权行政执法手段的重要作用，加大行政执法的打击力度。

（3）强化版权司法和行政部门间的定期沟通和重大案件会商、通报制度，在确立相对统一的立案标准、执法规则和移送条件的基础上，完善公安机关、检察机关在个案中的提前介入制度，探索行政执法与刑事司法的信息共享和有效对接机制。

（4）加强版权保护的国际合作机制。针对中国具体国情，建立长远可持续的国际版权保护机制，在国际竞争与合作中积极应对版权挑战，开展和参与国际交流，鼓励和指导国内个人和组织应对国际版权竞争与挑战。

### 三、健全版权公共服务体系

版权公共服务是由版权行政管理机构或政府授权的其他组织，在公共领域内为了维护公共利益，围绕版权在创造、运用、保护和管理过程中产生的经济关系所提供的各种服务。构建版权公共服务体系，是版权行政管理部门的职责范围，也是促进智力成果创新、运用、保护和管理的客观需要。

扶持各类知识产权中介和服务机构，制定机构管理条例，规范管理并加强监督；推动各类知识产权行业管理组织的自律管理，提高诚信意识。通过政府支持、政策引导、全盘规划、规范标准、依法管理、市场运作的方法，构筑以融资服务、资产评估、中介交易、获权和确权代理、纠纷解决等为主的知识产权中介服务体系，更加有效地保护知识产权所有人利益，增强市场主体对知识产权的运用能力，为先进技术在湖北省内的创造和扩散打好基础。

进一步完善版权公共服务体系，建立版权公共参与体系。发挥版权公共服务功能，发展版权贸易，疏通作品使用多元化渠道，提高版权输出水平，扩大版权输出地范围，减少版权引进与输出逆差。完善市场机制，充分发挥中介组织、版权保护协会和集体管理组织在版权市场化中的作用。效仿福建省授予"莆田工艺美术城"省版权产业基地的做法，尝试创建"湖北省版权产业基地"，以及借鉴广东省、重庆市创建"版权兴业示范基地"做法，创建湖北省版权创新与保护示范基地或单位或群体。

主要措施有以下几点：

（1）发挥版权保护的激励机制，积极创建"版权产业基地"，并建成由各类文化创意园区、动漫创作基地、影视创作基地、数字出版基地、软件开发园区等共同参与版权保护工作的产业集群，相关部门协调争取投资、融资、税收、进出口等政策支持，为版权产业的发展作出积极贡献。

（2）发挥版权公共服务功能，进一步完善版权质押、作品登记和转让合同备案制度,不断提高服务质量和效率,确保登记备案制度的统一性、版权公共服务机构的健全性、版权公共服务的高水平、版权利用方式的多样性、版权交易的低成本和低风险,激发版权人的创作热情和作品传播者的运用能力。

(3) 积极发展版权贸易,利用中介组织促进版权增值和版权市场化,政府部门鼓励和支持各市场主体参与版权贸易基础建设,共同完善市场机制。

(4) 疏通使用作品的渠道,建立使用作品的合理有效机制。借助版权集体管理组织,充分发挥行业协会和权利人组织的作用并加强对其监督指导,切实保护著作权人和作品使用者的正当权益,促进文学、艺术和科学作品的广泛传播和运用。

(5) 积极创建版权创新与保护示范群体,充分发挥该群体在市场运作中的引导作用,努力扶持版权产业的特色发展,尤其注重创作、保护具有民族特色和时代特征的精华作品。该示范群体应以规范守法的市场主体角色,为提高我国文化和科技竞争力及国际影响力、加快转变经济发展方式、战略性调整经济结构作出先锋贡献。

(一) 建立湖北省版权信息网

在功能上,"湖北省版权信息网"是湖北省版权信息集散中心,是社会公众、版权产业、版权中介、版权公共服务部门之间的网络交互平台,能够实现版权登记、版权检索、版权交易、版权融资、公示宣传等一站式服务功能。

其基本功能包括:

1. 版权登记

目前的各种版权登记服务主要由湖北省版权保护中心负责。该中心提供了各种版权登记服务,例如进行各类作品自愿登记、计算机软件登记、版权质押合同登记;出版境外图书、境外音像制品合同登记,出版、复制境外电子出版物和计算机软件授权合同登记;提供与各项登记有关的咨询服务;代为起草与各项登记有关的文书,联系与登记有关的事务等。湖北省版权保护中心在版权登记方面建立了良好的平台。可以将该平台进一步优化,同时可以将其功能映射到"湖北省版权信息网"中,使得登记、检索、交易、融资和管理等功能能够一站式完成,对于提高版权人的作品登记率和交易备案率有重要作用,也有利于提高版权交易效率,从而推动版权创造和产业发展。在版权登记模块,在必要的情况下可以应用数字水印加密技术。采用数字水印加密和图像自动检索技术,使得数字作品在获得版权登记的同时也获得先进科技手段的技术保护,解决了安全性、隐蔽性、鲁棒性等技术问题,可在不改变原数字作品画面、大小的情况下加入隐藏的水印,而且可感应原作品像素的改变,就算作品被压缩、局部截取等都能受到保护。

2. 版权检索

版权检索可以采用多种途径。可以结合湖北省实际,利用该平台将重点的版权产业、版权企业、版权作品、版权创作者分类列举式展示,访问者可以层层点击获得更多的版权信息,这种方式既可以达到用户检索的目的,也同时提高了对湖北省重点版权产业、企业、作品和创作者的关注度;也可以设定若干检索点,例如登记时间、著作权人、作品类型等进行检索,同时要支持二次检索;还可以设立一站式检索方式,利用程序实现检索词在文档中的全文检索。在可能的情况下,还可以实现图像检索和检索结果关系图显示方式。

3. 版权交易

版权交易模块囊括作品从创作到传播再到使用的不同阶段,从版权登记开始就进入了版权交易的潜在市场,根据不同作品特点和市场需求采取不同的策略,如作品衍生品市场的开发、版权代理及拍卖等,该模块实现了多种载体形式、多种经营模式共存的版权交易功能。版权交易信息平台为版权持有方和版权需求方搭建了一个常态化的交易平台,交易系统包括大宗交易、集中交易、电子商务平台等模块,由经纪机构代理,版权买卖双方在专业机构充分参与的情况下,达到了法律保障下的信息对称、诚信公开、充分竞价的市场买卖条件,未来可以进一步推出版权电子商务和数字版权分发平台等创新交易模式。在开发过程中,要以信息资源整合为内容,扩大产业链中各个环节之间的联系。版权经营通过合理分工、权利明确、规范操作,在稳定的市场规则下得以实现版权的增值,并推动产业化发展。版权交易涉及的信息资源除了作品以外,还包括以作品的创作、传播和使用的权利行使为动力,与创作者、权利人建立的广泛联系,这种联系不仅疏通了与作者直接沟通的渠道,使投资者与权利行使人之间联系更加紧密,还建立起作品创作与出版之间的互补关系,促进了资本、技术与资源的结合和整个出版产业的发展。投资者在版权交易中是重要角色,关注制作、生产以及版权运转的整个过程,为了利润回报需降低风险,扩大传播,进行市场合理分工下的专业化操作。

4. 版权融资

可以利用湖北省的金融机构、政府和信托公司出资推动建立该模块。版权信托模式是版权融资领域的首创之举,通过征信建设和监管,重点以借款企业的版权信托为担保,以对贷款项目全过程监控作为手段,通过版权信托的金融创新模式,规范版权交易、促进版权流动,为拥有自主版权的文化创意企业提供融资服务,开发和延展创意企业的核心价值,既为广大创意企业的发展提供资金支持,也为规范版权产业健康发展起到积极作用。这种新的融资方式的优越性在于打破了以往拥有自主版权的文化创意公司很难凭借版权等无形资产作抵押物去贷款的情形。当信托公司介入后,文化创意公司把作品版权信托给信托公司,信托公司再以这部分信托资产做抵押物,协助申请贷款。当资金出现问题时,信托公司对信托资产有全权处置权,既降低了银行的风险,也降低了贷款的门槛。湖北省可以在版权产业融资模块建设中为之预留空间。

5. 其他功能

在以上四个核心功能之外,对于"湖北省版权信息网"而言,还有一些必不可少的模块,那就是法律法规、版权要闻、法律服务、报酬收转、版权论坛等功能。

(二) 建立著作权集体管理组织湖北省代办处

著作权集体管理是一种通行于国际的著作权管理制度。传统的著作权管理方式是著作权人自己行使权利,或许可他人使用并收取相关版权费用。随着现代社会的发展,作品使用人和使用方式日益扩大，著作权人控制不了作品所有方式的使用，这就必然导致著作权人对作品的管理越来越困难。在这种背景下，著作权集体管理制度随之产生。

建立著作权集体管理组织，被认为是我国政府加大版权保护工作的重要举措之一。国家版权局版权司司长王自强在"著作权集体管理与著作权保护研讨会"上表示，著作权集体管理是衡量一国著作权保护水平高低的重要标志之一，著作权集体管理组织不仅仅保护作者的利益，还保障了使用者合法传播作品，保护公众能够及时有效地接触到文化领域的内容。在我国，著作权集体管理还是解决著作权纠纷较为及时便捷有效的手段。

我国先后成立了中国音乐著作权协会（1992）、中国文字作品著作权协会（1997）及中国音像著作权集体管理协会（2008）等相关著作权集体管理组织，分别对音乐作品、文字作品及音像节目作品的著作权及与著作权相关的权利实施集体管理。我国版权集体管理组织均为非营利性社团法人。

湖北省争取能够设立各类著作权集体管理组织在湖北省的代办处，处理湖北省内对音乐作品、文字作品和音像节目作品的代行相关著作权集体管理组织对作品使用者进行授权许可和报酬收转等事宜，同时对于相关的使用者进行相关指导，从而可以提高作品流转的速度，增加作品的社会价值和经济价值。

（三）扩大湖北省版权保护联席会议

2013年3月15日，由湖北省新闻出版局举办的"打造一流平台、服务数字出版"——华中数字出版论坛在武昌举行。与会代表实地考察了华中国家数字出版基地，围绕"打造一流平台，服务数字出版"主题，开展了深入的研讨。在论坛座谈中，各位与会代表高度评价了湖北数字出版产业发展和华中国家数字出版基地建设所取得的成绩，并就如何顺应产业发展规律，结合当地实际，做好国家级数字出版基地规划、建设、管理和服务等介绍各地的相关经验和做法，提出了一系列切实可行的建议，表示要加大对数字出版产业发展规律的研究，加快完善国家级数字出版基地建设发展机制，加强多边合作，共同推动国家级数字出版基地建设，携手共创数字出版产业的美好未来①。

2013年9月15日,由湖北省版权局、中南财经政法大学联合举办的华中国际版权高峰论坛在湖北武汉举行。来自中外期刊出版、版权业的专家学者齐聚一堂,共商加强版权保护、推动产业发展大计。论坛期间,来自中南财经政法大学、"台湾"政治大学以及韩国著作权委员会、日本北海道大学、韩国韩中知识产权学会等单位的相关负责人发表主题演讲,并回答观众提问。其演讲内容涵盖创意经济时代的版权策略、数字化时代著作权制度的再探讨、文化产业发展与版权战略、如何定义知识产权侵权及其损害等各个方面②。

湖北省版权保护联席会议,可由与版权密切关联的作家协会、音乐家协会、软件协会、动漫协会、编辑出版协会、广播电视协会、教育厅、公安、工商、专利、商标等组成,由湖北省版权局召集,每半年召开一次会议。形成的会议决议发布到相关单位,促进版权的创造、使用、管理和保护的有序进行。

**(四) 建设湖北省版权产业投资指引目录**

版权产业投资指引目录,对各类版权产业进行评估,鼓励各类社会资产投资版权产业,有助于提升知识产权融资水平,促进版权产业的快速发展。2008年6月18日,湖北省发布了《湖北省社会资本投资文化产业指导目录》。对社会资本进入文化产业进行了明确的界定,分禁止、限制、允许和鼓励四个类别。同时,还对如何进入、参考的文件条例、管理机关都作了明确标志。但要进一步促进版权产业的快速发展,鼓励更多的社会资产进入版权产业,就要针对版权产业制定"版权产业投资指引目录"。

主要措施有以下几点:

(1) 生成"湖北省版权投资指引目录",并规定对某些版权投

---

① 湖北省新闻出版局. 华中数字出版论坛在武汉举行[EB/OL]. [2013-09-21]. http://www.hbnp.gov.cn/wzlm/zwdt/xwzx/8797.htm.

② 网易新闻. 华中国际版权高峰论坛在武汉举行[EB/OL]. [2013-09-21]. http://roll.sohu.com/20130917/n386719452.shtml.

资的优惠措施。根据湖北省经济和战略规划而不断调整湖北省的版权投资指引方向，同时推出相应的优惠政策，例如相关部门为其发展提供的投资、融资、税收、进出口等政策的支持；鼓励社会资本、海外资本、国家财政、风险资金等对湖北省版权产业的投入等。

（2）发挥政府采购的政策功能，对具有地方特色和民族特色的优秀版权产品或制品实行政府采购。

### （五）设立湖北省版权经纪人制度

版权经纪人制度在中国一直难以确立的原因在于政策性制约，中国出版业长期以来是一个非自由竞争的市场；盗版问题严重，难以保证收取佣金的出版经纪人的利益；图书出版市场相对狭窄，作者养不起专门的经纪人，经纪人无法养活自己。但近些年来，制约版权经纪制度因素开始改变。首先是政策性调整，无论是国有出版社还是民营出版社策划公司，市场意识大大加强，开始接受国际出版理念，按照国际惯例运作。版权保护意识和信用制度也在加强。随着互联网的发展，传统纸书的销售虽然增长放慢，但是其他形式的阅读大幅度提高，提供内容资源的作者将有更多的渠道发表自己的作品，获得更多的收益。

随着现代出版过程的复杂化、版权产品的多样化、交易方式的专业化，版权经纪人的作用越来越重要。湖北省可以培养版权经纪人，版权经纪人的作用表现在：①挖掘作者资源。作为版权经纪人，发掘作者资源是其最主要的工作和最基本的业务。发现有潜力的作者，与其签订经纪合同，对作者进行包装，然后再从他身上收取回报。②负责处理作者相关版权事务。例如，对于出版行业而言，经纪人负责处理寻找出版商、进行出版合约谈判、安排市场推广等事务，减轻很大一部分与版权有关的繁杂工作，为作者节省时间和精力，使其得以专心创作。③帮助版权人获得最大回报。版权经纪人应该为代理人争取最大化利益。例如对重要书稿采取招标方式选择出版社，使作者的预付版税再创新高。

## 四、加大知识产权宣传普及力度

制定并实施知识产权文化建设行动计划,建立政府主导、媒体支撑、社会广泛参与的知识产权宣传体系。开展面向党政领导干部、公务员、企事业单位等的知识产权定期培训活动,提高其知识产权意识;通过开展科普宣传、知识竞赛、举办知识产权宣传周和宣传年、开展知识产权年度大事评选等多种方式,引导公众树立知识产权自我保护观念,培养维权意识和能力,提高全社会的知识产权意识。

主要措施有以下几点:

(1) 加大宣传力度,形成打击假冒伪劣活动的社会风气。向社会公众普及打假治劣的方针政策,引导企业树立商品质量意识,严防假冒伪劣商品进入流通领域。

(2) 加强新闻媒介监督,提高市民自我法律保护意识。

(3) 加大联合整治力度,切实维护好市场经济秩序。

(4) 把著作权法宣传深入到大学、中学、小学的教育制度中,尤其是在与作品创作和传播有关的专业中更应设置版权法课程。

(5) 对著作权战略实施情况进行定期评估,建立湖北区域著作权战略实施监督与反馈机制,及时公布实施情况,并根据实施现状及时调整版权战略,使其能更好地适应我省的版权发展情况。

### (一) 建立"湖北省版权数据库"

建立湖北省版权数据库有利于政府进行著作权战略规划、有利于私营企业投资版权行业、有利于银行审核版权质押、有利于版权产业部门对市场的动态把握。湖北省版权数据库可以把版权登记信息、版权产业统计数据、版权权利人相关信息、版权司法信息等整合成一个功能完善的数据库系统。该系统具有良好的查询、检索、协同操作和智能匹配功能。

### (二) 举行"湖北省版权大赛"

在湖北省和地方举行版权大赛,可先在各地级市初选,以吸引各版权产业、各科研教学人员、相关专业学生参加,提升版权保护意识。

### (三) 制作湖北著作权战略成就和挑战的电视节目

制作湖北省著作权战略相关电视节目,介绍湖北省的版权产业的成就、版权园区的建设规划、版权产业遭受的挑战等内容。

### 五、加强知识产权人才队伍建设

依托省内重点院校,强化政策引导,推动知识产权师资和学科建设,大力培养知识产权高端人才;加强对知识产权法律服务人员的再培训教育,提高其业务能力;鼓励理工科院校与政法院校进行联合培养,争取培养出一批法律知识过硬、理工科知识兼备的高端复合人才;鼓励和支持跨地区和国际的业务和交流,提高湖北省知识产权人才的业务素质和能力。

主要措施有以下几点:

(1) 建立政府部门协调机制和人才培养基地,为知识产权人才队伍建设提供政策和资源支持。各级政府要着手建立部门协调机制,包括人才培养、使用、管理等,部门共同参与知识产权人才协调,把"高度重视知识产权人才队伍建设在实施知识产权战略中的重要作用"转化到实际操作中,把知识产权教育纳入相应专业教育或普及教育计划中,把培养知识产权紧缺人才作为一项重要工作落到实处。

(2) 加快高层次知识产权专业人才和实务工作人才培养。专业人才培养方面,支持有条件的高等院校设立知识产权二级学科硕士、博士学位授权点,培养面要广,涉及知识产权各级各类,培养针对性要强,着重培养精通国际国内知识产权规则的高级人才,在人才培养模式与合作培养机制上要有所创新。实务人才培养方面,要充分利用知识产权人才培养基地和高校的教育资源,积极开展面向党政领导干部、公务人员、科研和文学艺术工作者、企事业单位经营管理人员等实务工作者的知识产权培训,同时为解决企业旺盛需求,培养专门的知识产权管理人才、知识产权中介服务人才等。

### (一) 建立"湖北省版权高级人才培训基地"

培训基地可以利用省内的优秀师资,也尽可能的聘请省外专家和国外专家授课。对于版权产业领域的高级管理人员倡导其参与该培训,并发给相应的结业证书。基地需要开发出和湖北省著作权战略和版权产业相应的教材体系。该基地可以是省内版权理论人才和实务人才的交流平台,从而推动著作权战略在湖北省的高效实施。

**(二) 支持和推动知识产权研究中心培养硕士生和博士生**

武汉大学、华中科技大学、中南财政政法大学、华中师范大学、武汉理工大学等都有知识产权教学的院系和研究中心。可以根据这些院系和研究中心的擅长领域推动其招生硕士生和博士生,给予政策上的支持和经费上的帮助。硕士生的培养以实践课程为主体,强调其应用性思维的培养;博士生的培养以理论创新和国际课程为主体,强调其战略性思维的培养。要对博士课程结业人员和曾就读博士研究生的人员在获得实务、实践能力方面提供支援。要培养知识渊博、专业性强的研究人才,能够同时活跃于大学、公共研究所与企业之间,满足各方需求。应针对相关培养方案充分讨论并发表意见,总结为实现这一目的的方法和途径。

**(三) 编写"著作权战略培训系列教材"**

面对版权人才培养的任务与需求,就我国版权发展现状中的重大问题编写系列教材,如,"中国著作权战略的政策体系""主要发达国家的著作权战略""版权产业与市场战略""涉外版权业务理论与实践""版权代理业务理论与实践""版权融资业务理论与实践""版权评估业务理论与实践""版权诉讼业务理论与实践""版权开发业务理论与实践""版权市场业务理论与实践"等。

**(四) 建立"湖北省版权人才数据库"**

湖北省需要建立版权人才库。在建立版权人才库时,需要考虑人才的层次性和连续性。湖北省是教育大省,高校的研究人员中从事版权研究的人员是重要的人才资源。从事著作权贸易、诉讼等都应该列入人才库。目前,湖北省正在进行专家库的建设,邀请版权方面的专家参加、参与湖北省知识产权战略制定和实施工作中的各类项目的研究、评审、评比等活动;为湖北省知识产权战略的疑难问题、重点问题提供咨询服务。相信这会对以后的著作权战略的实施提供良好的基础和平台。

**(五) 建立"湖北省著作权战略研究会"**

该战略研究会可由湖北省有关版权的教学、科研、立法、行政和司法人员组成。可为湖北省的版权产业发展，版权创造、保护、管理与应用提供咨询和决策建议；可与国内外有关政府机构、学术团体、非政府组织等建立良好的合作关系，在民间外交领域发挥重要作用；可定期出版《湖北版权》等出版物；可组织国内国际著作权战略领域的研讨会，研究国家版权政策在湖北省的实施，提出湖北省有关版权的立法提案或其他规范性文件草案。

## 六、推动版权信息化建设

充分利用现有版权信息资源，构筑一个管理有序化、资源利用最大化、服务个性化、检索智能化的省级跨系统版权信息网络系统和信息共享平台，实现各类版权信息数据的互联互通，为包括市场主体在内的社会公众提供版权信息查询服务，并积极探索为政府、企业、科研院所提供版权现状分析、战略制定、实时监测与主动预警等专业化、综合性的增值服务。

主要措施有以下几点：

（1）进一步完善政府网站，实现政府版权战略的实时跟踪与更新，满足公众查询、检索版权信息和法律状态的需求，提高了版权公众服务的水平。

（2）在结合地方和民族特色的基础上，分步建设我省重点版权信息专题数据库。

（3）重点任务为数据建设，包括对数据的采集和收集、存储和加工、质量控制及交换标准、维护和管理等方面。

（4）由政府领头，与企业和高校之间建立沟通渠道，及时更新有关版权信息化建设现状数据，并根据企业发展和高校研究的需求，及时提供所需的增值信息。

## 七、探索建立多层次的版权激励和绩效考评机制

版权激励和绩效考评对于发挥版权功用，实现版权价值、科学管理版权有着重要意义。激励机制重在利用各种要素来促进版权量

上的增长,而绩效考评机制则强调版权质上的优化。

主要措施有以下几点:

(1) 将版权创造和拥有情况纳入科技计划实施评价体系,作为认定高新技术企业、企业技术中心、工程实验室和研究中心的重要指标和申报项目立项、科技奖励的重要条件。

(2) 将技术研发投入、科技成果转化等技术创新情况逐步纳入国有企业业绩考核范围,积极引导、支持国有企业申报有关版权资质认定、资助奖励、政策优惠等扶持项目,建立健全技术要素参与分配的国有企业薪酬制度和技术创新纳入考核范围的国有企业业绩考核办法。

(3) 设立并完善版权发展基金制度,在版权的创造、运用、保护与管理等环节给予权利人或运用人以一定的补贴和资助。

(4) 探索建立版权绩效考评机制,对版权战略实施各项任务、目标进行科学分解,制定具体、详细的评判标准,由省版权工作领导小组定期组织专项考核,并将专项考核纳入各单位的年度综合考评,坚决贯彻"一票否决"对不符合责任目标要求的实际效力,推动版权战略深入高效实施。

## 八、政府打造良好版权发展的市场环境

政府在版权战略中扮演重要的角色。其作用主要体现在其规划功能、引导功能、协调功能、管理功能四个方面。其规划功能在于,政府要将版权战略纳入宏观的规划,要充分考虑到本区域的特点和优势,和本区域的优势行业结合起来,做到统一规划,抓住重点,搞好骨干工程,同时也要具有开放性。其引导功能主要体现在对于几大特殊领域的产业指导,这些领域包括公用品的技术研究开发领域、影响国家安全的战略性领域、长期社会效益领域等。对这些领域,政府要加强引导,要对该领域的投资予以引导和鼓励,并设定一些投资保障措施。其协调作用主要在于使企业、高校、科研院所、银行等有机配合,共同推进版权发展。企业是区域自主创新的主体,是版权成果"试验场";大学和科研院所拥有知识产权创新的人才,是版权成果的"孵化器";金融机构提供资金,是版权

成果的"催化剂"。三者之间的协调,主要靠市场和政府,在早期,政府扮演更重要的作用,政府可以建立一些知识产权与技术转移中心,完善知识产权中介服务,建立创新科技平台;随之应该市场跟进并且发挥主导作用。政府实施管理功能应该主要靠制度,减少直接的行政指令。制度包括明晰的产权界定,稳定的激励政策,有力的保护措施等。

主要措施有以下几点:

(1) 尝试建立多元化版权产业投融资体系,促进版权创造与创作成果产业化。稳定增加财政文化投入,并优化其投入结构。进一步鼓励民间资本投资版权产业,发展版权产业创业风险投资,建立和完善创业投资法规政策体系,出台《创业投资企业管理暂行办法》的地方配套法规,鼓励创业投资类企业投资支持版权产业。重点关注政策性金融机构对重大版权项目提供贷款支持,利用担保基金、贷款贴息、投资补助等方式,引导各类商业金融机构支持版权创造与创作成果产业化。

(2) 改进对版权产业的外汇服务,为版权产业"走出去"开辟绿色通道。鼓励和支持版权产品无形资产质押贷款融资方式[①]。

(3) 效仿国际版权交易中心的北京版权产业融资平台,适时开通我省版权产业融资平台。

---

① 2007年10月31日,交通银行北京分行推出文化创意产业中小企业版权保证贷款业务,并于该年11月初对北京天星际影视文化传播有限公司《宝莲灯前传》电视连续剧制作项目发放600万元贷款,该公司以该电视剧的未来版权作为质押。目前,交通银行北京分行对版权保证贷款最高贷款金额为3 000万元,最长贷款期限可达3年,授信额度可循环使用。

# 第三章　湖北省著作权的产业战略

著作权也称版权,是知识产权的一种类型。著作权是指著作权人对自己所创作的文学、艺术、自然科学、社会科学、工程技术等作品所享有的各项专有权利,涉及文化领域的方方面面,是文化产业发展的灵魂。从知识产权的角度来看,文化产业是以版权产业为核心的提供精神产品的生产和服务的产业①。狭义的文化产业即版权产业,包括出版业、新闻传媒业、广播电视业、影视制作业、音像制品业、文艺创作与表演业、文化娱乐业、广告业、信息网络业、计算机软件业等以版权为核心的文化产业。只有拥有良好的版权保护环境,文化产业才能健康发展,著作权人的合法利益才能得到保护。本章将对湖北省版权产业战略进行调研,并和全国版权产业发展战略进行比较分析,从而得出湖北省版权产业发展的若干对策。

## 第一节　省内外著作权产业战略调研

近年来,在我国大力实施知识产权战略的背景下,版权产业迅速崛起,在我国经济发展中发挥着越来越重要的作用。移动互联网时代的到来,给版权保护带来了新的挑战,文化发展需要更多的原

---

① 丛立先.国际版权制度发展趋向探论［J］.国外社会科学,2010(2):26-33.

创作品。本节将湖北省与全国的版权产业战略调研情况进行对比分析,从文化产业概况、版权产业相关政策、各个产业政策和版权创造能力现状三个方面,选取文学艺术作品创作与版权情况、广播影视产业、软件产业、动漫产业和新闻出版产业五个方面为代表分析文化产业的政策、现状及湖北省面临的问题与不足。

一、省内著作权产业战略调研

湖北省作为中部"文化大省",素有科教大省、文学大省、报刊大省、文博大省和出版大省的称号。在"实施知识产权战略,建设创新型湖北"的号召下,湖北省在广播影视产业、软件产业、动漫产业、新闻出版产业等以版权为核心的文化产业中取得了巨大的成就,版权产业呈现快速发展的趋势。本小节通过对湖北省版权产业战略进行调研,旨在通过对湖北省版权政策和版权创造能力现状进行分析,从而总结出湖北省版权产业的成绩和不足之处。

(一) 湖北省文化产业概况

湖北省素有"文化大省"之美誉,山水文化资源、历史文化资源、民族文化资源、革命文化资源和现代科技文化资源的优势明显。自 2004 年湖北省委、省政府制订了《湖北省文化事业和文化产业发展规划（2004—2010）》以来,湖北省委、省政府提出了《关于推动湖北文化大发展大繁荣的若干意见》（2009）,并采取了一系列有效措施发展文化事业和文化产业,湖北省之科教大省、文学大省、戏剧大省、报刊大省、文博大省、出版大省的优势得以进一步增强,基本实现了中国共产党湖北省第八次代表大会提出建设中西部文化强省的目标。为贯彻实施《中共中央关于深化文化体制改革、推动社会主义文化大发展大繁荣若干重大问题的决定》中提出的"努力建设社会主义文化强国"长远战略,湖北省委、省政府出台了《湖北省著作权管理办法》（2011）、《湖北省"十二五"时期文化改革发展规划纲要》（2012）、《湖北省知识产权战略实施推进计划（2014—2017）》等一系列政策,以期不断提高全省文化的整体实力。全省文化软实力明显提升,文化产业不断壮大,湖北省向文化强省逐步迈进。

在省委、省政府的推动和扶持下,湖北省文化产业快速发展,产业规模不断扩大,综合实力稳步提升。一批文化集团和文化企业在改革中发展壮大,长江出版传媒股份有限公司、湖北知音传媒集团、湖北日报报业集团、湖北省新华书店集团有限责任公司、今古传奇报刊集团、湖北支点文化传播有限公司等大型文化集团发展繁荣。武汉江通动画制作股份有限公司、百步亭国际传媒、湖北支点文化传播有限公司、武汉大田影视文化传播有限公司等民营文化企业发展迅速,现已形成报业、期刊业、出版发行业、广播电视业、文娱演艺业、文化旅游业、印刷复制业、文博业、动漫游戏业九大优势文化产业[①],基本造就了以《湖北日报》为代表的党报品牌和以《楚天都市报》《武汉晚报》为代表的都市报品牌,以《知音》《特别关注》《今古传奇》为代表的期刊品牌,以湖北作家协会为代表的文学创作品牌,以省京剧院为代表的演艺院团品牌,以长江文艺出版社为代表的出版品牌,以银兴、天河为代表的电影院线品牌,以荆楚网、大楚网等为代表的新媒体品牌,以湖北卫视、经视频道为代表的电视品牌,以江通动画为代表的动漫品牌等九大文化品牌[②]。一批精品力作不断涌现,《筑城记》《家住长江边》《张居正》《十二月等郎》《建安轶事》等文学艺术作品获得国家文华大奖,《兴国之魂——社会主义核心价值体系释讲》《江河恋》《青春派》《格桑花开》《楚国八百年》《宇宙锋》六类文艺作品获十三届精神文明建设"五个一工程奖",实现图书、歌曲、电影、广播剧、电视剧(片)、戏剧六大文艺门类全覆盖。动画电影《民的1911》和动画电视《天上掉下个猪八戒》共同入选文化部、广电总局、新闻出版总署共同实施的"2011年国家动漫精品工程"。一批产业园区(基地)正在崛起,全省投资163亿元启动并建成了武汉中国光谷文化创意产业园、木兰湖明清古民居风俗园、出版文

---

① 高斌.文化立省:湖北由文化大省向文化强省转化的必要前提[J].党政干部论坛,2012(1):18-20.
② 陈敦亮.湖北省文化支柱性产业的发展空间探讨[J].价值工程,2011(14):15-16.

化城、知音文化科技园、华中印务包装工业园等一系列大型文化产业园区。目前，武昌长江文化创意设计产业园成为湖北省首个国家级文化产业试验园区，湖北省民间艺术团、湖北三峡非博园发展有限公司、海豚传媒股份有限公司等8家单位被评为国家文化产业示范基地，华中师大文化科技创意产业园等10家企业成为湖北省首批文化产业示范园区，101家单位获省级文化产业示范基地，为满足人民群众多样性精神文化需求，推动湖北省经济社会发展作出了积极贡献①。

2014年，湖北省国家级文化产业示范基地总营收超过100亿元，文化产业产值占全省GDP比例为2.8%。湖北区域旅游业竞争力全国排名第11名，比上年度上升两位，武汉综合旅游竞争力城市排名第5名，已进入副省级旅游城市第一梯队。动漫游戏产业总产值约60亿元，7部动画电视剧登陆中央电视台，创造年度在央视播出作品数量最好纪录。在财政部发布的《2014年度文化产业发展专项资金拟支持项目》总计800项中，湖北拟获支持的项目有34个，其中包括"重大项目"16项，"一般项目"18项。截至2014年末，全省共有国有艺术表演团体86个，群艺馆、文化馆120个，公共图书馆112个，博物馆139个。电影放映管理机构89个，放映单位1 543个。广播电台7座，电视台8座，广播电视台75座，有线电视用户1 068.43万户。全年出版报纸19.05亿份，各类期刊2.92亿册，图书2.69亿册②。2015年，湖北省相继举办了中国首届新媒体动漫游戏产业博览会、第二届中国国际文化创意产业博览会等文化节庆活动。由万达集团倾力打造的汉秀受到大众欢迎，自2014年12月20日首场演出至今，先后接待了超过21万名观众。同时，湖北省积极构建与金融机构的战略合作，获得了大量文化产业投资，进一步扩大了湖北文化的影响。

---

① 中国文化产业网．湖北首个国家级文化产业试验园区获批[EB/OL]．[2015-01-22]．http://www.cnci.gov.cn/content/2015-01/22/content_11088847.htm．

② 荆楚网．2014年湖北省国民经济和社会发展统计公报（表）[EB/OL]．[2015-02-17]．http://news.cnhubei.com/xw/zw/201502/t3187026.shtml．

## （二）湖北省版权发展宏观政策与存在的问题

为全面贯彻党的十七届六中全会精神和中国共产党湖北省委第八次代表会议提出的"加快文化事业和文化产业发展"重要任务，湖北省委、省政府于2012年4月22日颁布了湖北省文化事业和文化产业发展的纲领性文件——《湖北省"十二五"时期文化改革发展规划纲要》。有关文化体制改革和促进文化产业发展的省级扶持政策此后陆续出台。随后，各市州也先后制订了本地的文化发展规划，如《中共武汉市委、武汉市人民政府关于打造"文化五城"、建设文化强市的意见》《武汉市文化产业振兴计划》（2012—2016年）、《汉阳区引进和扶持文化（广告）创意产业奖励办法（试行）》《武汉市汉阳区人民政府办公室文件阳政办》（［2012］67号）、《武汉市关于加快文化产业发展的若干政策》（2012），给文化产业注入了资本活力。上述政策文件的颁布为我省版权发展提供了良好的宏观政策环境。

《湖北省知识产权战略实施推进计划（2014—2017）》[①] 中明确了2014—2017年湖北知识产权战略实施重点任务和工作措施，提出"加大作品登记工作力度，完善作品登记数据统计、报送和公布制度，扩大作品登记数量和覆盖面"；"完善版权统计制度，开展年度版权相关产业对社会经济贡献调研工作，加强对版权交易活动的指导和管理"；"做好软件正版化工作，全面完成政府机关软件正版化工作，积极推动企业软件正版化工作，建立和完善长效运行机制，抓好《湖北省行政单位软件资产管理暂行办法》的贯彻落实"；"持续开展打击网络侵权盗版'剑网行动'，集中打击软件、网络等问题突出的侵权盗版行为，着力解决重点地区、重点领域存在的突出问题，抓好重点案件的查处。对各级版权行政执法部门实行工作目标定量化"；"以各级政府及行政管理部门为依托，在主要创意产业园区、大型出版传媒集团、大型专业市场等条件相对成熟的场所设立版权管理办公室，代理版权登记，处理版权纠

---

① 湖北省知识产权局．湖北省知识产权战略实施推进计划（2014—2017）[EB/OL]．[2013-08-26]．http://www.hbipo.gov.cn/show/30637．

纷,建立涵盖主要版权市场的管理网络。充分发挥版权示范试点城市和试点单位、园区示范带头作用";"推进华中国家版权交易中心建设,建立集版权咨询、登记、鉴定、评估、交易等为一体的多功能版权公共服务平台。举办华中国际版权高峰论坛。适时发布《湖北省版权及相关产业发展白皮书》"等版权政策,为湖北省文化产业的发展提供了政策支撑。

《湖北省"十二五"时期文化改革发展规划纲要》将"发展文化产业"作为文化改革发展的重点内容,从优化文化产业发展空间布局、大力扶持传统文化产业、积极培植新兴文化产业、着力培育文化市场主体和合理优化文化园区布局等五个方面进行了具体规划,提出要大力扶持传统文化产业,积极培植新兴文化产业,实施文化市场主体培育工程,建设一批重点文化园区①。《纲要》提出,到"十二五"期末,全省文化事业文化产业发展壮大,文化软实力明显提升。公共文化服务体系基本完备,精神文化产品更加丰富,文化消费在城乡居民消费结构中的比重明显提高,人民群众基本文化权益得到有效保障;现代文化产业体系和市场体系基本建立,产业增加值占全省生产总值的比重达到6%左右;文化创新能力进一步增强,人才队伍结构进一步优化,基本建立符合科学发展观要求、充满生机活力的文化体制机制,形成有利于出精品、出人才、出效益的文化发展环境,努力把湖北建设成文化事业繁荣、文化产业发达、文化人才荟萃、文化实力雄厚的文化强省。

武汉市第十二次党代会提出建设国家中心城市、复兴大武汉的奋斗目标,明确了打造"文化五城"、建设文化强市的文化建设中心任务。《武汉市文化振兴产业振兴计划》中也提出了"到2016年,文化及其相关产业总收入突破3 000亿元,增加值突破1 000亿元,文化产业增加值占地区生产总值的10%以上,成为全市先导性、战略性、支柱性产业;武汉成为世界'工程设计之都'、全国

---

① 中华人民共和国文化部.《湖北省"十二五"时期文化改革发展规划纲要》出台[EB/OL].[2012-05-11].http://www.mcprc.gov.cn/fxlm3/201205/t20120511_289521.htm.

文化科技创新示范城市、国家文化产业发展基地和现代化区域性国际文化交流中心"。

《湖北省国家税务局关于落实税收政策推动文化大发展大繁荣的意见》(鄂国税发〔2010〕86号)提出了文化产业的税收减免政策,促进了文化产业发展的积极性。印发《中央补助地方农村文化建设专项资金管理暂行办法》的通知(财教〔2013〕25号),极大地缩短了城乡之间的文化发展差异。《关于深入推进湖北省文化金融合作的实施意见》(2014)重点关注了文化产业流转与金融体制及金融产品多维创新。

然而,湖北省版权产业在宏观政策方面仍存在一些不容忽视的问题。其一,部分配套政策尚付阙如。如仍缺乏劳动人事、社会保障等推动经营性文化单位转企改制的政策,仍缺乏有关文化建设的土地征用、规费减免等政策,《湖北省民族民间文化保护工程专项资金管理办法》未如期制定。其二,事业产业发展不平衡。文化事业发展成绩显著,在全国具有一定的影响和地位,但文化产业的发展水平相对较低,规模不够大,全国知名的文化产业品牌和文化产业集团还不多。其三,经营性文化事业单位转企改制阻力较大,"等、靠、要"思想仍较严重,文化产业部门分割现象还比较严重,资源整合难度较大,文化发展投入渠道单一,吸纳社会资金相对较少[①]。其四,民族民间文化资源整合与开发不够,文化资源优势不能很好地转化为文化产业优势。其五,2014年湖北文化产业GDP占比落后全国平均水平,文化创意成果没有大面积转化为生产力,缺乏文化与金融"对接"的平台。

(三)湖北省版权发展产业政策与版权创造能力现状

2012年,湖北省委办公厅、省政府办公厅印发《湖北省"十二五"时期文化改革发展规划纲要》。《规划纲要》[②]提出"十二

---

① 文谷网. 湖北省文化发展十二五规划[EB/OL].[2012-10-25]. http://www.hubeici.com/zcfg/201306/t20130618_7951.shtml.

② 中华人民共和国财政部. 湖北省"十二五"时期文化改革发展规划纲要[EB/OL].[2013-06-18]. http://www.hubeici.com/zcfg/201306/t20130618_7951_4.shtml.

五"期间全省文化产业增加值增幅高于全省生产总值的增幅，2015年全省文化产业增加值比2010年翻一番，占全省生产总值的比重明显提升，成为全省重要支柱产业；到2015年，湖北省文化整体实力力争领先中部，进入全国第一方阵，总产值达到3 000亿元。

针对不同类型的文化产业，湖北省分别制定与实施了不同的产业政策和相应的扶持制度，为湖北省版权创造能力的提升提供了较为坚实的微观政策保障。

1. 文学艺术作品创作现状

俗话说"巧妇难为无米之炊"，文化事业和文化产业的发展必须以文学艺术作品创作繁荣为前提。为鼓励高质量、具有地方文化特色的文学艺术作品的创作，《2015年中央和地方预算草案》中指出文化方面的主要支出政策是：支持繁荣文艺创作和文化人才培养，推动创作更多有筋骨、有道德、有温度的优秀作品。《关于设立文艺突出贡献奖奖励办法》和《关于对重点文艺创作、研究项目实行补贴的办法》提出要加大扶持与奖励作家创作的力度。湖北省委省政府将文艺精品生产列入"五个湖北"建设的重要内容。全省上下、体制内外呈现出关注文化、参与文化、共享文化的高度热情，文艺精品创作空前繁荣，被全国文艺界称为"湖北文化现象"[1]。

在文学作品创作方面，湖北省文学艺术队伍不断发展壮大。目前，省文联共有县以上会员5万余人，其中省级以上会员17 191名（含省作协会员1 977名），全国文艺家协会会员2 132名，省级文艺家协会会员15 059名。在经济社会发展研究方面出版了《中华人民共和国经济史》《财经大辞典（新编）》《湖北社科学术成果文库》《太平天国财政资料汇编》《民间文书系列丛书》《国家形象传播》《湖北省情》《三农中国丛书》《湖北经济社会发展年度报告》《湖北省社会科学院文库》等。在文化建设研究领域编辑出版

---

[1] 别鸣，杜海波，曾怡. 文艺精品繁盛的"湖北现象"[N]. 湖北日报，2014-06-13：010.

了《荆楚全书》《中国图书文化史》《中国美学史》《湖北文物典藏精华》《湖北文学通史》《汉水文化史》《长江文库》《荆楚文化源与流》等,组织楚文化"五大系列"研究(即文献研究系列、考古研究系列、地域史和专门史系列、重大课题研究系列、文艺精品创作系列),出版《世纪楚学丛书》《楚学论丛》系列学术文集等。形成了以池莉、刘醒龙、汪洋、方方、周光斗等作家为代表的荆楚文化人才。

在艺术作品创作方面,湖北省成功举办或承办了第22届中国金鸡百花电影节、第八届中国艺术节、全国地方戏曲优秀剧目南方片展演、第九届楚天文华奖剧本文学评奖、第九届楚天文华奖全省音乐舞蹈比赛、首届湖北地方戏曲艺术节、第六届和七届湖北省黄梅戏艺术节、第四届湖北省楚剧艺术节、第六届中国京剧艺术节等多项国家和省级文艺赛事。文艺精品硕果累累,在全国性文艺评比中成绩名列前茅。图书《兴国之魂——社会主义核心价值观宣讲》、电视纪录片《楚国八百年》、广播剧《格桑花开》、电影《青春派》、歌曲《江河恋》、汉剧《宇宙锋》获第十三届"五个一工程"奖,实现行业大满贯;动画片《中华鲟历险记》获中国文化艺术政府奖;《个人史》获第六届鲁迅文学奖;京剧《建安轶事》、黄梅戏《妹娃要过河》入选国家舞台艺术精品工程;电影《青春派》《全城高考》获国家电影华表奖。在第十届中国艺术节中获优秀表演奖3项、文华单项奖4项,文华表演奖2人,全国优秀美术作品22件,文华奖获奖剧目数和名次综合排名全国第二,群星奖作品类获奖数量全国第三[①]。此外,一批极具地方特色的文艺作品竞立舞台,大型美术创作项目、水彩、雕塑、国画、书法等研究创作表现优异,在北京、上海等地举办了"丹青楚韵——湖北中国画作品展""神游东方——周韶华艺术大展"等艺术展会。2014年,由文化部、湖北省政府主办的"荆楚风·中俄情"系列文化交流活动,让荆楚文化精品走进俄罗斯,赢得广泛赞誉。

---

① 别鸣,杜海波,曾怡.文艺精品繁盛的"湖北现象"[N].湖北日报,2014-06-13:010.

网络文学作品发展前景光明。2009年3月6日，湖北省作家协会首开先河，修改《湖北省作家协会入会条件细则》，从体制上认可了网络作家的身份。2010年，湖北省在全国率先成立网络文化协会文学分会，首次纳入网络文学。2012年，由湖北众多网络文学爱好者联手打造的《长江网络文学》杂志面世。作为湖北省第一本网络文学刊物，该杂志以荆楚网、长江网和汉网为依托，将3家网站论坛中网络文学爱好者的精华帖文以季刊形式结集出版，莫言、王蒙、方方等知名作家担任杂志顾问。荆楚网东湖社区是湖北省内最大的网络论坛，日发帖量稳居1.2万帖，下设有12个文学类版块，是湖北网络文学爱好者的大本营，汇聚了全省各地的网络文学作者、作协会员和文联会员[1]。2013年，长江中文网正式上线，签约作品1 000余部，得到了作家、媒体、同行的大力支持[2]。自2009年至今，湖北省连续举办了七届网络文化节，吸引千万网民参与，发掘了一批网络优秀创作人才，推出了一批网络精品力作。迄今为止，全省网络作家和作品数量均居全国前列，涌现了"猫腻""当年明月""误落尘网""王子游""匪我思存"等闻名全国的网络作家，形成了各具特色的网络文学鄂军。

湖北省拥有丰富多彩的文学艺术作品和一大批各具特色的文学艺术人才，但也存在着一些问题：一是文学艺术作品版权意识不高，缺乏版权运营和链式发展的思路；二是网络文学缺一流的文学网站、引领运营文化的策划人才和出版、刊物对网络作家的扶持[3]；三是文学作品使用、改编等的授权问题亟须讨论。这些也是我国文学艺术作品普遍存在的问题。

2. 广播影视产业政策与现状

《湖北省广播电视管理办法》（湖北省人民政府令 第168号）第23条规定"广播电视行政部门应重视提高广播电视节目的制作

---

[1] 荆楚网. 湖北第一本网络文学杂志《长江网络文学》面世[EB/OL]. http://news.cnhubei.com/xw/wh/201212/t2397336.shtml.

[2] 长江中文网. 打造网络文学新经典[EB/OL]. [2014-03-04]. http://www.gdnews.gov.cn/system/2014/03/04/010057519.shtml.

[3] 王芳. 网络写手淘金？没那么容易![N]. 楚天金报, 2013-06-13.

能力和质量，鼓励和支持优秀节目的制作及自制优秀节目的台际交流";《湖北省十二五时期文化改革发展规划纲要》确立了"大力培植广播影视内容产业""积极发展广播影视动漫产业""重点推进数字广播影视服务产业"等主要任务。中共湖北省委、湖北省人民政府于2015年3月印发的《关于加强和改进新形势下全省民族工作的意见》提出"发展民族地区新闻出版和广播影视事业，深化文化体制改革，促进少数民族文化产业发展"。上述法规和专项规划对促进我省广播影视作品的创作起到了一定的作用。

然而，目前我省现行有效的广播影视方面的法律主要是《广播电视管理条例》《电影管理条例》《广播电视设施保护条例》等7个行政法规，地方性法规仅有1985年制定的《湖北省有线广播设施保护条例》和1999年制定的《湖北省广播电视管理办法》。而《湖北省广播电视管理办法》与省广播电视局先后制定的《湖北省广播电视系统行政执法责任制实施办法》《湖北省广播电视系统行政执法过错责任追究办法》《湖北省广播电视系统行政执法责任制考核评议办法》等广播影视管理方面的规范性文件与广播影视作品的创作、版权运用与版权保护关联度不大，而且制定于十多年前，规范内容已不适应形势发展，特别是不适应实施国家知识产权战略的需要。此外，湖北省也缺乏相应的鼓励广播影视作品创作的扶持措施，仅有广电总局的《关于鼓励数字电视产业发展的若干政策》，而湖北省却无相应的配套专项资金奖励与扶持。

湖北省在广播影视产业领域发展迅猛。2014年，全省广播电视产业总创收收入89.02亿元，同比增长21.75%，呈现出强劲增长的态势。在广电产业广告收入普遍下滑的情况下，湖北省广电产业广告收入较上年增长9.24亿元，占总创收收入的比重上升了3.88个百分点。广播电视节目创新创优，《电视问政》《大王和小王》《荆楚楷模》《平凡人·中国梦》《民选新闻人物》等栏目形式内容不断创新，公信力、影响力、渗透力不断增强，广受群众好评。全省启动145万户广播电视"户户通"工程建设，落实省级配套资金1.45亿元；完成5 480个行政村"村村响"建设任务。投入资金9 107万元，为县级电视台更新改造采编广播设备3 000余台套。完成14个高山广播电视无线台站基础设施项目建设。电影全年实现票房14.3亿元，同比增长33.71%，名列全国第七、中部第一。在移动互联发展的背景下，湖北省紧跟时代潮流，推出一批新闻客户端。如湖北广播电视台成功推出的"经视摇摇乐""笑啦"等客户端，"经视摇摇乐"APP注册用户已突破30万人。襄阳广播电视台将在开放新浪微博、微信公众平台的基础上，建设襄阳移动电视平台，推出移动手机客户端，打造以移动客户端、车载视频终端等为主要载体的移动电视平台，推出为受众量身定制的原创版块①。

湖北省广播影视产业在蓬勃发展的同时，也存在着一些问题：一是与先进地区相比，湖北省广播影视产业综合实力不强，产业总量在全国产业内和全省经济中的比例都不高；二是相关鼓励政策偏少，广播影视管理方面的规范性文件与版权运用、保护的关联度不高，不适应实施国家知识产权战略的需要；三是体制机制与市场配置资源不适应，不能完全适应融合发展的新要求，创新能力有待提高；四是地区特色不足，缺少高质量的节目，全国知名度不高；五是产业地区发展不平衡。

3. 软件产业政策与现状

《关于鼓励软件产业和集成电路产业发展若干政策实施意见》（鄂政发［2001］58号）、《关于加快软件产业发展的若干意见》（鄂政发［2004］1号）、《关于加快软件产业发展有关鼓励政策的实施意见》（鄂政办发［2004］173号）、《武汉市人民政府关于进一步鼓励软件产业和集成电路产业发展的意见》（武政［2004］71号）、《计算机软件保护条例》（第632号）以及《关于进一步推进软件和信息技术服务业发展的意见》（鄂政办发［2014］20号）等政策文件确立了使我省成为全国软件产业的重要研究、开发、生产和出口基地的发展目标。

---

① 湖北省新闻出版广电局湖北省版权局．湖北省新闻出版广电传媒融合发展报告［EB/OL］．［2015-05-19］．http：//www.hbnp.gov.cn/wzlm/cs/ggfzc/csjx/15428.htm.

## 第一节 省内外著作权产业战略调研

湖北省委、省政府高度重视软件产业发展,先后制定出台了一系列贯彻落实"国发18号文"、推进软件产业发展的政策措施。特别是2013年5月湖北省启动了部省市共创武汉中国软件名城工作,这是新形势下进一步推动湖北省软件产业跨越式发展,推动经济结构调整和发展方式转变的标志性事件。湖北省软件产业经过近十年快速发展,已经粗具规模,形成以地理空间信息、服务外包、信息安全、工业和嵌入式软件等为特色和优势的领域,以烽火科技、天喻信息、达梦、开目信息为代表的骨干企业,全省软件公共服务平台已初步建成投入使用,以光谷软件园、花山软件新城等为代表的产业载体先后吸引众多优质软件企业入驻,成为湖北省重要的软件与信息技术服务基地。2013年以来,全省软件和信息服务业特色产业园区建设全面提速。光谷软件园现有一百多家企业,近万名员工,是我国中西部地区规模最大的软件和服务外包产业园。武汉软件新城成为软件产业新的核心增长区,已成功签约美国IBM、荷兰飞利浦、法国阳狮集团、深圳明源软件、上海新致软件等15家世界500强和行业百强企业[①]。"十二五"期间,全省软件和信息服务业规模年均增长达37.72%。2013年,湖北省软件业务收入达到709亿元,增长92.7%,规模全国排名11位,中部第一。2014年,全省软件和信息服务业主营业务收入突破1 000亿元大关,成为新的千亿产业,规模稳居中部第一。未来几年,湖北省仍处于重要战略机遇期,软件和信息服务业具有进一步实现跨越发展的坚实基础和广阔空间。

但与国内其他先进地区相比,湖北省软件产业仍存在较大差距,推进湖北省软件产业跨越式发展还存在不少困难和挑战。湖北省软件业务收入占全国的比重较小,核心骨干企业少,高端和领军人才缺乏,业务转型和整合缓慢,技术优势转化为产业优势能力较弱等,这些问题亟须得到解决。

---

① 荆楚网.湖北软件产业规模突破千亿元"十二五"以来年均增长37.72%[EB/OL].[2015-01-25].http://news.cnhubei.com/xw/jj/201501/t3164915.shtml.

4. 动漫产业政策与现状

从2005年开始，湖北省迎来了动漫产业发展的春天。创立于2000年的江通动画，凭借《天上掉下个猪八戒》一炮打响，成为国家级动画产业基地之一。自此，湖北省动漫产业开始进入规模化发展。2009年年初，武汉市和东湖高新区两级政府成立产业振兴工作组，制定了动漫产业发展规划，将发展动漫创意产业正式列入主导产业①。

近几年来，湖北省给予的各种政策激励层出不穷：2009年，湖北省出台了《关于推动全省动漫产业发展意见的通知》（鄂政办发［2009］86号），从财政、税收、信贷扶持、基地建设等各个方面提供了优惠条件和扶持措施，其后，武汉动漫产业出现追赶之势；2010—2012年省财政每年均安排专项资金以扶持动漫产业发展。此外，为提高资金使用效益，湖北省财政厅、省文化厅研究制定了《湖北省扶持动漫产业发展专项资金管理办法（试行）》；2011年，东湖高新区发布了《促进动漫创意产业发展的若干政策》，区财政在3年内拿出专项资金3 000万元，用以扶持动漫创意产业的发展，这是湖北省首个在动漫创意领域设立的专项资金②。

为进一步加快湖北省动漫产业发展，2012年《湖北省动漫产业"十二五"发展规划》提出湖北省动漫产业发展的目标是："建立湖北动漫产业投融资平台，培育一批动漫龙头企业。到'十二五'末期，打造5个具有竞争力的龙头动漫企业，培育12个具有较高市场价值的动漫品牌，原创精品生产规模进入全国第一方阵，实现动漫产业产值100亿元。充分挖掘湖北文化资源，研发和制作原创性的具有自主知识产权的动漫产品。推动动漫图书、报刊、电影、电视、音像制品、电子出版物（含互联网游戏作品）、舞台剧和基于现代信息传播技术手段的动漫新品种的开发与生产。鼓励企

---

① 王可，刘妮丽. 湖北瞄准机遇打造中部动漫强省［N］. 北京商报，2010-03-08：F09.

② 荆楚网. 湖北动漫产业突破瓶颈立足原创"动漫之都"在崛起［EB/OL］．［2011-11-10］. http://news.cnhubei.com/ctjb/ctjbsgk/ctjb14/201111/t18802 00.shtml.

业生产制作与动漫形象有关的服装、玩具、电子游戏等衍生产品。"

以原创动漫为依托,以网络游戏、应用动漫和衍生产销为支撑,武汉已经初步形成"大动漫"产业体系。武汉动漫协会会长张敏认为:"作为最具创造力、带动力和发展潜力的核心产业之一,'大动漫'正在成为我省文化产业结构调整图谱中的一颗新星。"2014年,全省生产动画电视片17部近6 000分钟,7部汉产动画作品登陆中央电视台。三维动画电影《闯堂兔2》票房总收入逾2 000万元,创造湖北本土动画电影票房收入最高纪录。漫画期刊出版发行总量超过1亿册,继续保持中国第一的领先地位。《知音漫客》月发行量750万册,连续5年位居中国第一。楚天尚漫全年发布原创新闻漫画作品2 000余篇,有效探索主题宣传创新与市场需求相结合的实现路径。20余款汉产游戏产品进入网络游戏、手机游戏和棋牌游戏发布运营主渠道。70%的汉产动漫作品进入互联网和手机终端新媒体进行推广和运营,新媒体动漫产值约1亿元。拥有国家动画产业基地1家,国家重点动漫企业3家,国家文化产业示范基地5家[①]。2015年元旦前后,湖北省主办首届新媒体动漫游戏产业博览会暨亚洲动漫游戏嘉年华,促成新媒体动漫游戏企业顺利签约3 000多万元,提升了武汉作为区域性中心城市的国际国内地位。

湖北省动漫产业也存在一些问题。其一,湖北省自主动漫品牌不多,尤其是对民族传统、荆楚文化和现代精神进行挖掘创作的原创动漫产品依然很少,在全国范围内知名度不高,缺乏核心竞争力;其二,与国内一些中心城市相比,武汉市动漫产业整体实力和影响力不强,在发展理念、促进政策、推进力度等方面还存在一定差距,商业模式不够独特和清晰;其三,湖北省动漫产业盈利模式单一、产业结构不合理,缺乏链式发展和集群发展的环境氛围;其

---

① 荆楚网.[湖北文化产业调查]武汉动漫产业期待持续扶持[EB/OL].[2015-05-17].http://news.cnhubei.com/xw/2015zt/2015wbh/201505/t3259 657.shtml.

四、与其他省市相比,湖北省动漫产业的扶持政策尚不充分,政策力度减弱,稳定性下降,实施机制不够健全,动漫产业存在融资难、贷款难、资金投入不足等问题。

5. 新闻出版产业政策与现状

湖北省出台了一系列发展规划:《2007—2012年湖北报刊业发展规划》《湖北省新闻出版产业2007—2012年发展规划》《2007—2012年湖北省图书、音像、电子和网络出版产业发展规划》《出版物市场管理规定》,面向图书、音像、电子出版单位的《湖北省社会公益出版专项资金管理暂行办法》(鄂财教发〔2008〕76号)以及面向数字出版领域的《关于促进湖北省数字出版产业发展的意见(政府办公厅审核稿)》(鄂政办发〔2012〕79号)。在《关于促进数字出版产业发展的意见》中明确了数字出版业的发展目标:"到'十二五'末,数字出版总产值占同期全省新闻总产值27%以上;到2020年左右,全省数字出版企业达到800家,数字出版总产值占同期全省新闻出版总产值30%以上,培育2至3家年收入超过50亿元,具有较强竞争力的数字出版核心企业,建成结构合理、技术先进、充满活力、效益良好的数字出版产业体系。"同时,湖北省还出台了9项优惠政策,助推数字出版产业跨越式发展;为加强版权管理,加大执法力度,2014年依法查处了《知音漫客》侵权案等一批挂牌督办案件。

湖北省目前已经形成包括图书、报纸、期刊、音像、电子出版、网络出版、版权贸易等门类齐全,编辑制作、印刷复制、发行、教育、外贸、物资供应、版权等各个环节相配套的比较完整的新闻出版产业体系[①]。"十一五"期间,湖北省组建了九大报刊传媒集团,打造了十种百万报刊,培育了十种湖北名刊,十大有影响的湖北学术期刊,实现了千人拥有日报107份,人均消费期刊3.2册[②],高于全国平均水平2.4册。2014年,全省新闻出版广播影视

---

① 耿瑞华.关于发展湖北出版产业的思考[J].出版科学,2003(2):26,27-28.

② 张云宽.打造中部报刊强省[N].湖北日报,2010-10-22:005.

产业规模继续扩大，收入达637.74亿元，同比增长11.63%。全省共出版图书15 187种2.8亿册、报纸130种19.1亿份，期刊409种2.9亿册。全年出版发行业销售总数达54.32亿册，销售收入219.55亿元，同比增长14.7%和15.2%，双双实现"六年增"。印刷复制业产值达372.6亿元，增长17%。

以长江出版传媒集团、湖北日报传媒集团、省广播电视台、知音传媒集团等为代表的新闻传媒、图书出版品牌作为我省文化产业品牌的排头兵，年利润全部过亿元，综合实力位列全国新闻出版产业"第一方阵"。同时，长江出版传媒股份有限公司、湖北日报传媒集团、湖北省广播电视信息网络股份有限公司连续两年入选"世界媒体五百强"，2014年营业收入分别为6.95亿美元、5.27亿美元、1.91亿美元，净利润分别为6 246万美元、1 328万美元、3 037万美元。

在数字媒体方面，湖北日报传媒集团作为湖北省最大的新闻信息平台，拥有7个百万级媒体，日均新媒体受众3 000多万人。荆楚网是湖北互联网站第一品牌和最大的外宣工作平台，已逐步从单一的新闻传播载体，向多元化的传播、分享、交流的全媒体平台迈进；腾讯·大楚网跻身"中国新媒体30强"和"十大品牌价值商业网站"。《湖北手机报》《楚天都市手机报》《湖北早晚报》《惠农手机报》等多份短信、彩信手机媒体，作为数字出版的内容提供商，有着百万受众，信息量巨大，信息传递及时便捷，扩大了湖北的影响力，是湖北数字出版的核心力量之一。

湖北省新闻出版产业存在的问题主要有：自主创新能力不足，与湖北省文化大省地位不相匹配；拥有自主产权的出版物品种数量不多，质量不高，获得国家级奖励数量小且获奖层级低；版权贸易签约量小且引进仍大于输出，版权贸易收入额低，与"走出去"战略的要求差距颇大。

## 二、省外著作权产业战略调研

在知识经济蓬勃发展的今天，创新成为推动经济社会发展的重要动力，版权产业进入全面发展的时期。尊重原创、鼓励原创成为时代永恒的主题和版权发展不变的宗旨。近年来,我国版权产业实现大跨步发展,正在成为国民经济新的增长点。同时,国家大力实施文化"走出去"战略,我国版权输出数量逐年增长,有利于提升民族文化的国际竞争力。本小节通过分析我国版权产业的整体情况,旨在为湖北省版权产业发展献言建策,提供参考价值。

(一) 我国文化产业概况

近年来,在党十八大精神的引导下,以建设社会主义文化强国为目标,我国各项文化建设工作取得了新的成就。文化体制机制改革稳步推进,现代文化市场体系进一步健全,文艺创作丰富多彩,文化遗产得到有效保护传承,公共文化和文化产业均衡发展,经济效益和社会效益同步提高,文化对外影响力进一步增强。《中华人民共和国文化部2014年文化发展统计公报》显示,截至2014年年底,全国文化系统所属及管理的文化单位共有28.74万个,从业人员204.02万人。公共图书馆3 117个,人均藏书量0.58册,比上年增加0.03册;全年总流通人次53 036万,比上年增长7.7%。全年全国群众文化机构共组织开展各类活动147.20万场次,比上年增长13.8%;服务人次50 668万,增长14.7%。艺术表演团体8 769个,全年演出173.91万场,比上年增长5.3%;国内观众91 020万人次,增长1.1%;赴农村演出114.04万场,增长8.5%。

在良好的发展环境中,文化产业健康快速发展,产业规模不断壮大,集聚化水平进一步提高。近年来,文化部为改善文化产业的发展环境,会同相关部门制定和推动出台了多项政策措施,如动漫产业税收优惠政策、文化产业创业创意人才扶持计划、深化文化金融合作、加快发展对外文化贸易、支持小微文化企业的相关文件,文化产业的财政支持力度进一步加大。此外,文化部还发布了"文化金融扶持计划"专项资金和文化金融合作债券融资项目库,为我国文化产业发展提供财政支持。2014年,文化部修订印发《国家文化产业示范基地管理办法》,年末全国共有10个国家级文化产业示范园区,10个国家级文化产业试验园区和339个国家文化产业示范基地,这些骨干企业在我国文化产业中发挥着示范带头作用。

在国家"保护版权、尊重原创"的号召下,我国目前已经形成了一批版权示范城市、园区和单位。在全国版权保护示范城市创建中,杭州、苏州、昆山、厦门、青岛、成都等城市高度重视版权工作,打造了各具特色的版权发展之路。杭州市自2007年提出要打造全国文化创意中心以来,大力推进文化创意产业发展,高度重视版权工作,目前已经形成了门类较为齐全、具有区域特色的杭州文化创意产业发展模式,新闻出版业、文化娱乐、信息网络、动漫游戏等版权相关产业在全国具有领先地位。苏州市将"版权强市"作为目标,通过实施一般作品版权免费登记服务、计算机软件著作权登记补助、积极开展版权登记宣传、提升版权登记服务水平等版权登记措施为作品穿"防护衣";制定出台《苏州市版权工作示范单位推进计划项目管理办法(试行)》,不断带动新兴业态的创新发展。昆山版权部门牢固树立"保护版权、助推发展""版权引领转型、创新促进发展"的理念,紧紧围绕全市经济转型升级,将发展版权产业作为文化产业的重中之重加以推进。厦门市走在两岸版权交流前沿,充分发挥现有对台科技、新闻出版等交流合作基地作用,以海峡论坛、海峡两岸文博会、海峡两岸图书交易会等品牌活动为平台,以建设对台科技创新交流合作基地、闽南文化生态保护区和厦门海峡两岸文化创意产业园区为契机,积极推进厦台计算机软件、动漫网游、影视、创意设计等方面的产业对接整合,促进厦台版权产业优势互补、合作创新、共同发展。青岛市相继在创意100产业园、市南软件园、高新区软件园、动漫创意基地、中联2.5创意产业园等设立版权工作站,建立专门的联络员,为园区企业提供个性化版权工作公共服务,促进了动漫产业迅速发展,已成为全市版权产业集群化发展的重要标志。成都市围绕版权战略的实施,积极起草和印发了《成都市深化全国版权示范城市建设推进计划》,从提升全市版权创造、运用、保护和管理能力出发,着力围绕版权文化培育、保护机制健全、服务体系完善、政策引导、正版化推进以及重点项目实施等方面,对示范城市建设工作进行了部署和安排。各地涌现出一批优秀的版权出版单位和版权示范园区(基地),如绍兴县中国轻纺城花样登记管理保护办公室、安徽省版权交易中心、广交会、青岛市创意100产业园、南京市徐庄软件产业基地、安徽省版权教育基地、四川大学文化产业研究中心、成都高新技术产业开发区、上海张江高科技园区、北京大学等，在版权保护和利用方面成为学习的典范。

随着文化产业方面的利好政策频出，在版权示范城市、园区和单位的带动下，从中央到地方的文化体制改革势在必行，文化活力显著提升，市场机制日臻完善，文化产业整体开始升级转型。版权产业战略可以为文化产业改革保驾护航，为我国文艺繁荣发展提供富有创新活力的动力机制。

（二）省外著作权产业战略相继制定

2011年4月20日，国家版权局正式发布了《版权工作"十二五"规划》，该规划根据《中华人民共和国国民经济和社会发展第十二个五年规划纲要》及《国家知识产权战略纲要》而编制，紧紧围绕科学发展这个主题和加快转变经济发展方式这条主线，在总结"十一五"时期版权工作经验的基础上，对今后5年的版权工作进行了总体部署和规划。该规划明确了"十二五"时期版权工作的主要目标是[1]："'十二五'时期，版权工作要同我国经济社会发展水平基本相适应，版权法律和政策体系更加完备，版权监管体制和机制更为健全，版权法治和社会环境进一步改善，版权公共服务体系和功能进一步加强，版权相关产业进一步发展。通过激励创新与加强保护，版权创造、运用、保护和管理能力不断增强。大力支持具有鲜明民族特色、时代特点的优秀作品创作，培育一批有重大影响的版权相关产业和版权企业，版权相关产业产值占国内生产总值的比重明显提高，版权的国民认知度达到80%以上，侵权盗版行为明显减少，版权保护的社会环境和版权相关产业发展的市场环境明显改善，为我国进入创新型国家行列打下坚实基础。"

在《版权工作"十二五"规划》的基础上，为切实保护以版权产业为核心的文化产业发展，国家还出台和修改了多项政策。

---

[1] 国家新闻出版广电总局. 版权工作"十二五"规划[EB/OL]. [2011-04-20]. http://www.gapp.gov.cn/govpublic/77/106.shtml.

2013年1月,《国务院关于修改〈信息网络传播权保护条例〉的决定》通过,修改了侵犯信息网络传播权的罚款规定,明细规范了处罚层次,对完善信息网络传播具有重要意义。2014年,由国家知识产权局等28个国家知识产权战略实施工作部际联席会议成员单位共同制定的《深入实施国家知识产权战略行动计划(2014—2020年)》出台,成为推动国家知识产权战略深入实施的指导性文件。2013年8月31日,第十二届全国人民代表大会常务委员会第十次会议通过《关于在北京、上海、广州设立知识产权法院的决定》,将三家知识产权法院作为我国知识产权司法体制改革的试点,旨在推动实施国家创新驱动发展战略,进一步加强知识产权司法保护,切实依法保护权利人合法权益。同年,在中国文字著作权协会和广大作者的推动下,国家版权局和国家发改委制定了《使用文字作品支付报酬办法》,为保护文字作品著作权人的合法权益提供了法律依据。2015年,国家版权局发布了《关于规范网络转载版权秩序的通知》,明确互联网媒体转载他人作品必须经过著作权人许可并支付报酬。

我国各省市自治区高度重视版权问题,纷纷出台相关版权政策促进文化产业发展。为推进贵州省文化产业的发展,《贵州省知识产权战略纲要》提出了今后10年的作品知识产权战略目标是:"实施版权战略,鼓励文化创新,促进文化产业的发展。做好各类作品著作权登记工作,形成一批有利于文化产业培育和发展的作品知识产权。以打击盗版书刊、教材教辅以及学术著作剽窃、网络侵权等侵权盗版行为为重点,加大作品知识产权保护力度。积极推进新闻出版、广播电视、文化娱乐、工艺美术、信息网络、计算机软件等产业建立和完善著作权保护机制,促进文化产业的发展。"北京市出台《北京市促进文化创意产业的若干政策》(京政发[2006]308号)、《北京市鼓励计算机软件著作权登记办法》加快软件产业发展,维护著作权人合法利益。山西省版权局制定《山西省版权示范单位和示范园区(基地)管理办法》,推动本省版权保护工作的进行。四川省颁布《四川省版权战略(2011—2020年)》,明确了版权的战略目标是"建设成为西部第一、全国前列的版权产业强省"。2015年7月,黑龙江省出台《黑龙江省深入实施知识产权战略行动计划(2015—2020年)》(黑政办发［2015］39号),成为继山西、吉林、甘肃、浙江、北京等省市之后第6个出台"行动计划"的省份,标志着黑龙江省知识产权战略实施工作已进入全面推进,横向拓展、纵向延伸新阶段①。

**(三) 省外版权发展产业政策与版权创造能力现状**

国家知识产权局于2014年发布了《全国地方知识产权战略实施总结评价报告》,报告中提到自国家提出知识产权战略以来,各地方开始实行从要素驱动,效率驱动向创新驱动的提升,全国范围内有八成以上的省份实现了对知识产权保护、创新、管理、运营水平的全面提升,有效地完成了既定目标②。我国在深入实施知识产权战略,努力建设知识产权强国的道路上奋力前行,在广播影视产业、软件产业、动漫产业、新闻出版产业等核心版权产业取得了巨大的成就。诸多著作权政策为文化产业保驾护航,推动文化产业高速发展。

1. 我国文学艺术作品版权发展概况

为保护民间文学艺术作品的著作权,保障民间文学艺术作品的有序使用,鼓励民间文学艺术传承和发展,国家版权局于2014年9月起草了《民间文学艺术作品著作权保护条例(征求意见稿)》,公开向社会征求意见③。同年10月,国家主席习近平在人民大会堂主持召开全国文艺工作座谈会,与来自社会各领域、各年龄段的文艺工作者共商我国文学艺术繁荣发展大计,给予了全国艺术家和广大文艺工作者巨大的精神鼓舞和鞭策。中国音乐著作权协

---

① 黑龙江省人民政府.《黑龙江省深入实施知识产权战略行动计划(2015—2020年)》出台［EB/OL］.［2015-07-30］. http://www.hlj.gov.cn/zwdt/system/2015/07/30/010733234.shtml.

② 人民网. 最新报告显示:我国已成知识产权大国［EB/OL］.［2014-11-26］. http://culture.people.com.cn/n/2014/1126/c172318-26093790.html.

③ 中华人民共和国国家版权局. 国家版权局关于《民间文学艺术作品著作权保护条例(征求意见稿)》公开征求意见的通知［EB/OL］.［2014-09-02］. http://www.ncac.gov.cn/chinacopyright/contents/483/225066.html.

会、中国音像著作权集体管理协会、中国文字著作权协会、中国摄影著作权协会等著作权集体管理组织为我国原创音乐、音像制品、文字、摄影等文学艺术作品提供了版权保护支撑。我国广大文艺工作者坚持以人民为中心的创作导向,以社会主义核心价值观为引领,以中国精神为灵魂,以中国梦为时代主题,以中华优秀传统文化为根脉,精心组织,潜心创作,文艺创作逐渐取得新进展、新成效[①],形成"百花齐放"的繁荣景象。

文学艺术作品的创作离不开版权保护。只有在全社会形成尊重原创、抵制盗版的良好氛围,文学作品才能更好发展,创作人的合法权益才能得到保护。据国家版权局统计,2013 年,中国作品登记量呈现突破性增长态势,全年登记数量超百万件。版权合同登记共计19 521份,其中图书17 205份,期刊226 份,音像制品183 份,电子出版物150 份,软件1 161份,电影、电视节目53 份,其他543 份。作品自愿登记共计834 569件,版权输出10 401种,版权引进18 167种。我国版权相关产业行业增加值逾2.63 万亿元,占全国GDP 的6.57%。版权产业保持平稳增长态势,在经济发展中正发挥着日益重要的作用。

伴随着时代的进步,网络文学借助现代科技,发展势头一日千里,拥有着旺盛的生命力。例如2013 年10 月在北京成立的中国首家培养网络文学原创作家的公益性大学——网络文学大学,由诺贝尔文学奖得主莫言出任名誉校长,表示对网络文学发展的支持。但是,正是由于网络文学传播的便捷性,也导致了知识产权容易受到侵犯。著作权问题是关系到网络文学发展的一个难点问题。"中国网络侵权第一案"1999 年王蒙、毕淑敏等6 位作家状告"北京在线"网站侵权案,曾引起文艺界和网络界广泛关注,法院判决6 位作家胜诉的结果对于保护网络文学著作权有着相当深远的意义。

---

① 中华人民共和国文化部. 从2015 年全国艺术创作工作会议看文艺界可喜变化[EB/OL]. [2015-05-07]. http://www.mcprc.gov.cn/whzx/whyw/201505/t20150507_440615.html.

2. 我国广播影视产业政策与现状

2011年,国家广电总局新政不断,"限娱令""限广令""限剧令"即《关于进一步加强电视上星综合频道节目管理的意见》《〈广播电视广告播出管理办法〉的补充规定》《省级卫视电视剧播出管理意见》等规定作为电视媒体战略决策的依据,为我国影视节目进行了规范和整改。

2014年,广电总局出台"一剧两星"政策,直接波及电视剧投资、生产、销售、播出等多个环节。由于首轮剧只能卖给两家卫视,卖片收入减少,意味着电视剧投资风险加大。受销售利润下降影响,电视剧投拍趋于保守,限用明星、起用新人、遏制高片酬成为共识,叫停"劣迹艺人"引起连锁反应,淘汰过剩、低质产能,使电视剧产业经营朝着精细化、法制化方向转型,一系列举措有力地净化了电视剧的生态环境。一些实力不强、专业性欠缺的制作公司开始退出市场,民营公司兼并、重组时有发生,电视剧制作产业面临重新洗牌,产业集中度趋于提高①。

据公开数据显示,2014年电视剧产量总体平稳,全年生产完成并获准发行剧目共429部近1.6万集,市场交易额超过100亿元,与上一年持平。电视剧创作题材更加多样、贴近现实、关注社会的现实题材成为创作主流。全年生产现实题材剧目达243部8 335集,分别占总部数、总集数的56.64%和52.52%;历史题材剧目达178部7 383集,分别占41.49%和46.19%;重大题材计8部265集,占1.86%和1.66%。其中15部在播剧目构成社会热点。广电服务业总收入4 056亿元,其中经营性收入达3 569亿元,较2013年增加271亿元,增幅7.59%,略高于国内生产总值(GDP)7.4%的增速,实现了对国民经济的预期贡献率。电视广告收入1 150亿元,较上一年增加31亿元,增幅2.77%。电视广告增长趋缓,进一步拉大了各家电视媒体经营实力方面的差距。全国有线电

---

① 人民网. 中国广电产业走势及预测[EB/OL]. [2015-05-05]. http://media.people.com.cn/n/2015/0505/c395934-26950569.html.

视用户数达到 2.31 亿户，数字化程度超过 80%，有线电视数字化整体转换步入中后期，为"全国一张网"提供了整合的可能和基础。

同时，随着政策和市场不断开放，形成社会化资本在产品、人才等多个维度分食传媒市场的局面，省级卫视纷纷调整体制机制，以应对环境变化。上海广电改造东方卫视，形成扁平化管理架构，确立以独立制作人和节目团队为中心的机制，激活生产能量；将"大、小文广"合并，统一品牌、统一经营和统一战略思维；百视通和东方明珠两家上市公司合二为一，千亿市值传媒航母浮出水面，资本运作平台实现整合。湖南卫视实施自有产权节目仅供其网络平台——芒果 TV 专享的"独播战略"，并投 10 亿元巨资扶持芒果 TV 发展新媒体业务，"芒果 TV Inside"实体店相继落地，线上线下推广终端产品。2015 年元旦假期热播的《我是歌手 3》，把芒果 TV 送上 Apple Store 免费排行榜首位，内容优势的价值得以体现。北京卫视成立京视卫星传媒有限责任公司，形成"一个中心、两个本源、三个核心"格局。浙江、东南、江西、辽宁等卫视纷纷推行内部制片人中心制，调整分配机制和激励机制。以体制机制改革为核心、以生产力释放为目标、以合作共赢为方向，成为各地改革举措的共同特征[①]。

3. 我国软件产业政策与现状

近年来，国家高度重视信息化工作，加快推进信息化建设，建立健全信息安全体系已成为保障经济社会发展的核心工作。而建好信息服务平台的关键就在于加快软件产业发展。软件和信息服务业是国民经济的基础性、战略性、先导性产业，是典型的绿色产业、民生产业和高效产业，具有高成长性、高带动性、高层次就业和生态环保等显著特征，其发展水平已成为衡量一个国家和地区综合实力的重要尺度和标准。国家高度重视和支持软件产业发展，将其作

---

① 人民网. 中国广电产业走势及预测[EB/OL]. [2015-05-05]. http://media.people.com.cn/n/2015/0505/c395934-26950569.html.

为实现跨越式发展的重要战略性新兴产业来抓①。2000年6月，国务院颁发《鼓励软件产业和集成电路产业发展的若干政策》（国发［2000］18号），在投融资政策、税收政策、产业技术政策、出口政策、收入分配政策、人才吸引与培养政策、采购政策等方面制定了一系列优惠措施，通过政策引导，鼓励资金、人才等资源投身软件产业，推动我国软件的产业发展。并提出了在2010年力争使我国软件产业研发和生产能力达到或接近国际先进水平的发展目标。2011年又出台国发［2011］4号文进行延续和升华，继续鼓励软件产业做大做强。2015年，国务院办公厅印发《2015年全国打击侵犯知识产权和制售假冒伪劣商品工作要点》，指出健全各级政府机关软件正版化制度，开展中央企业使用正版软件检查。要求深入推进法规制度建设，依法加强市场监管和集中整治，营造公平竞争、放心消费的市场环境。

2000年以来，全国软件产业发展环境不断优化，发展质量和水平不断提高，实现了年均35.6%的持续快速增长。2013年全国软件业务收入超过3万亿元。2014年我国软件和信息技术服务业实现软件业务收入3.7万亿元，同比增长20.2个百分点，增速比2013年下降3.2%，但仍高于电子信息制造业10%。党的"十八大"提出要坚持四化同步，加快两化深度融合，国家有关部委陆续出台推进信息消费的相关意见，为软件产业提供了更为广阔的市场空间。各省市高度重视软件产业发展，围绕软件产业发展、创建软件名城，在人才、技术、市场和政策环境等方面的竞争越来越激烈。北京、上海、南京等7个城市已经获批"中国软件名城"，武汉、杭州、大连等城市也积极争取打造当地中国软件名城。江苏、上海、福建等软件产业发展先进省市先后出台了进一步推进软件产

---

① 湖北省经济和信息化委员会. 省人民政府办公厅发布《关于进一步推进软件和信息技术服务业发展的意见》［EB/OL］.［2014-04-30］. http://cs.hbeitc.gov.cn/rjc/gzdt/55816.htm.

业发展的政策意见①。

《2014年中国软件著作权登记情况分析报告》显示，2014年中国软件著作权登记218 783件，这是继2011年中国软件登记量超过10万件后，又一重大突破，表明中国软件登记量处于高速增长期。从热点领域软件登记情况来看，以APP、物联网、嵌入式、地理信息等为代表的热点领域软件登记量在2014年均呈现出了不同程度的快速增长。其中，APP软件登记30 742件，登记量较2013年增加20 120件。目前，APP软件已成为中国增速最快的热点软件类别之一②。随着互联网+、大数据、云计算、物联网技术的发展，软件企业面临着脱胎换骨的历史性机遇，有望步入高速发展期。

4. 我国动漫产业政策与现状

动漫产业作为新兴文化产业的支柱型产业，以其"低耗能、高产值"的独特优势，创造着巨大的经济财富，对于提升文化软实力及经济硬实力有着重要作用。为保障动漫产业发展的良好环境，我国从中央到地方出台、发布了多项政策和措施鼓励动漫产业发展，包括税收、财政、金融等扶持政策。

2006年4月，国务院下发了《关于推动中国动漫产业发展的若干意见》（国办发［2006］32号），从创作研究、体制管理和市场运营三个方面提出了推动我国动漫产业发展的一系列措施，强调要加强动漫产业知识产权保护。2008年8月，文化部发布了《文化部关于扶持我国动漫产业发展的若干意见》（文市发［2008］33号），提出文化部关于扶持我国动漫产业发展的三大具体措施。2010年，北京市文化局与北京银行签署《支持文化创意产业发展全面战略合作协议》、《推动北京市动漫游戏产业发展框架合作协议》。"十一五"以来，北京银行已成功向动漫游戏企业贷款近2

---

① 湖北省经济和信息化委员会.省人民政府办公厅发布《关于进一步推进软件和信息技术服务业发展的意见》［EB/OL］.［2014-04-30］. http://cs.hbeitc.gov.cn/rjc/gzdt/55816.htm.

② 中国报告大厅.2015年我国软件产业政策及环境分析［EB/OL］.［2015-05-07］. http://www.chinabgao.com/k/ruanjianchanye/16483.html.

亿元；同年，上海出台了《上海市动漫游戏产业发展扶持奖励办法》《动漫影视剧本创作项目资助实施细则》《动漫游戏创作项目资助实施细则》等专项扶持政策，上海动漫产业总产值达到50.9亿元，位居全国第二。2007年以来，江苏省现代服务业（文化产业）发展专项引导资金对动漫原创作品生产、动漫基地及动漫公共技术服务平台、动漫影视频道建设等进行资金扶持，累计超过8 000万元。重庆市结合实际情况，制定了《重庆市鼓励和扶持动漫产业发展发展的实施办法》。2012年7月，文化部发布《"十二五"时期国家动漫产业发展规划》，首次对我国动漫产业进行了单列规划。《规划》立足动漫产业发展实际并结合市场需求，确定了"十二五"时期我国动漫产业发展的基本思路和主要目标，从指导思想、发展思路、内容建设、产业结构、动漫企业与品牌培育等方面进行了阐述，对动漫产业今后五年的发展有着重要的指导意义①。2013年年底，经国务院批准，财政部、国家税务总局连续两次发布文件——财税〔2013〕98号、财税〔2013〕106号，对动漫产业税收优惠政策作了延续性的规定，涉及增值税与营业税两个税种。2014年，上海、福建、杭州等地政府制订出台了动漫产业发展三年计划，杭州动漫专项扶持资金年支助总额在7 000万元至上亿元②。

据统计，目前我国共有4 600余家动漫企业，近22万名专业人员，50余万名从业人员，24家年产值在3 000万元以上的动漫企业，13家年产值超过1亿元的大型企业。我国动漫产业已形成以广东、上海、北京为首，珠三角、长三角和环渤海地区协同发展的核心区域，以及以奥飞动漫、华强动漫、腾讯动漫、中南卡通、炫

---

① 中国动漫产业网. 解读《"十二五"时期国家动漫产业发展规划》[EB/OL].［2013-03-11］. http://www.cccnews.com.cn/2013/0311/24936.shtml.

② 荆楚网.（湖北文化产业调查）武汉动漫产业期待持续扶持[EB/OL].［2015-05-17］. http://news.cnhubei.com/xw/2015zt/2015wbh/201505/t3259 657.shtml.

动传播、淘米动画、央视动画等大型企业为代表的"第一阵营"①。2014年,我国动漫产业总值超过1 000亿元,与2013年相比增长14.84%。

我国动漫产业整体呈现出如下特点:

一是内容形式多样。电视动画产量走低,动画电影票房高升。在电视动画"低龄化"的形势下,动画电影表现不俗,积极探索"全龄化"路线。国产动画电影2014年的总票房已经超过11亿元,增幅达67%。全年将有约30部国产动画电影上映,年度总票房将比上年的逾6.6亿元翻一番(见图3-1)。截至2015年7月28日,国产动画电影《大圣归来》电影票房达到7.03亿,超越《功夫熊猫2》成为中国内地电影史上动画电影票房冠军。同时,出版物生产稳定,衍生品市场规模呈现逐年增加的趋势。2014年我国衍生品市场达到380亿元。动漫衍生品以动漫玩具、动漫服装和动漫出版物为主,其中动漫玩具占比最高,其市场规模达到我国动漫衍生品整体市场的一半以上(见图3-2)。

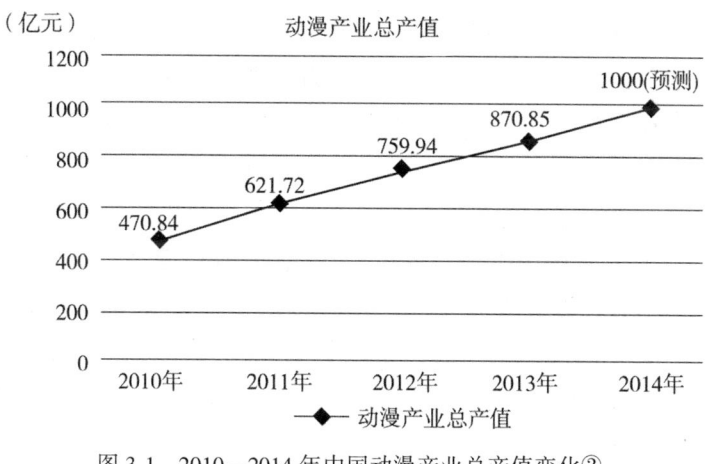

图3-1 2010—2014年中国动漫产业总产值变化②

---

① 王珏殷,辛晓彤,杨威.2014年度中国动漫产业发展报告[J].北方传媒研究,2014(6).

② 王珏殷,辛晓彤,杨威.2014年度中国动漫产业发展报告[J].北方传媒研究,2014(6).

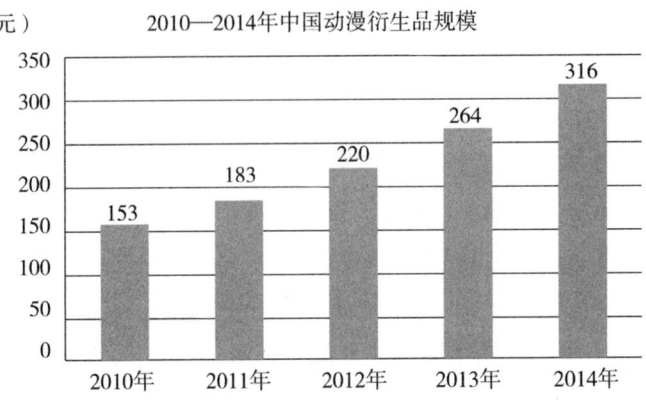

图 3-2　2010—2014 年中国动漫衍生品规模增长情况①

二是动漫展会和交易市场活跃。近年来，国内动漫展会在规模上和频次上都有较大发展。主办方涵盖国家和省级政府、省会城市、企业等各个层次。在主题和形式方面，以特定动漫角色和动漫情景命题的展会增多，如上海樱桃小丸子 25 周年博览会、成都哆啦 A 梦展览、长沙喜羊羊公仔实景主题展等。从活动开展地域来看，以北京、上海、广州等为代表的一线城市动漫展会举办频次和规格较高，部分省会城市的动漫展会规模有较大发展，如第七届深圳动漫节集商家形象展示、贸易成交、产业链对接和信息交流于一体，为参展企业带来了巨大的商机，扩大了品牌影响力。2014 年国内动漫界举行了包括全国动漫原创作品大赛、全国第四届动漫真人秀大赛等在内的评奖活动 20 余项，对推动国产动漫的创作、生产起到了较好的鼓励作用。在交易市场方面，动漫市场借各类博览会和展会活动发展迅速，如第四届"动漫北京"活动三天就吸引十万影迷，现场收入达三千余万。据统计，2013 年国内动漫节展动漫项目交易和对接签约意向金额总计超过 300 亿元。

---

①　王珏殷, 辛晓彤, 杨威. 2014 年度中国动漫产业发展报告 [J]. 北方传媒研究, 2014（6）.

三是互联网与动漫结合更加紧密,新媒体动漫前景广阔。在当今互联网迅速发展的时代,动漫、游戏、电影等产业高度融合,并且凭借网络技术和信息技术的优势,移动动漫市场的开展如火如荼。据中国互联网络信息中心(CNNIC)2015年2月发布的第35次《中国互联网络发展状况统计报告》显示,截至2014年12月,我国网民规模达6.49亿,互联网普及率为47.9%。其中手机网民规模达5.57亿,占我国网民总人数的85.8%。亿万手机网民给中国动漫带来转型升级的新路径。根据早前文化部及行业企业等统计,2011—2013年,手机动漫市场增长率分别达到33%、40%、32.9%,远高于中国动漫产业整体增长率。2014年,手机动漫游戏市场规模高达230亿元,较上一年增长约1倍。新媒体动漫,包括系列动画短片、漫画、手机主题、手机游戏、手机动画和表情等,随着IPTV、数字电视、4G等技术的应用及普及给动漫企业带来了巨大商机①。游戏、动漫成为网络新宠,中国网络电视台、爱奇艺、优酷、乐视、迅雷看看等多家主流网络视频网站纷纷开设动漫频道,动漫成为国内各大视频网站既电视剧、电影和综艺节目之后的第四大内容板块。

四是动漫产业IP热,业界开始重视动漫产业的版权问题。2014年以来,IP(知识产权)热成为动漫产业呈现的最大特点,在动漫游戏、动漫电影、电视动漫、网络漫画等方面受到广泛关注。2015年第四届"动漫北京"专门举办知识产权授权洽谈活动,正式启动了动漫游戏版权交易服务平台。活动期间将专门制作知识产权手册,明确"动漫北京"提供的版权交易平台服务内容,如版权拥有者介绍、版权内容描述、版权被授权领域概述、版权交易需求等,通过明确版权供需,提供线下洽商环境,对接版权供需双方的合作交流②。在动漫电影、电视方面,《喜羊羊与灰太狼》系

---

① 人民网.视点:大数据下的动漫产业转型升级之路[EB/OL].[2015-07-23]. http://game.people.com.cn/n/2015/0723/c213917-27349793.html.

② 人民网.动漫北京24日开幕产权交易促动漫游戏业创新[EB/OL].[2015-07-22]. http://ip.people.com.cn/n/2015/0722/c136655-27342182.html.

列和《熊出没》系列成功从电视走向大银幕,并带动了周边产品开发业务,比如授权、玩偶售卖和主题游乐园开发等①。

然而,目前我国动漫产业产权保护意识普遍不高,基于版权进行深度开发的工作远远不够。市场上随处可见的孙悟空、喜羊羊、灰太狼等卡通形象大多是未经授权使用,全国首例网络漫画侵权案涉案金额高达180余万元,央视新版《大头儿子小头爸爸》被告侵权更是引发社会的高度关注和讨论。

5. 我国新闻出版产业政策与现状

2009年,新闻出版总署发布《关于进一步推进新闻出版体制改革的指导意见》,提出要积极实施"走出去"战略,打造具有重要影响力的国际出版版权交易平台。加强出版物内容和形式的创新,采取多种措施鼓励版权输出和实物出口。2010年,新闻出版总署出台《关于进一步推动新闻出版业发展的指导意见》(新出证发〔2010〕1号),明确新闻出版产业发展的五大目标、重点任务和四项主要措施,涉及数字版权、版权创意、版权输出、版权代理、版权交易平台、版权保护等多项措施。2011年,《新闻出版业"十二五"时期发展规划》出台,指出"十二五"时期新闻出版业要大力发展五大产业,包括图书、报纸、期刊等纸介质传统出版产业,以数字出版为代表的战略性新兴出版产业,动漫游戏出版产业,印刷复制产业和新闻出版流通和物流产业。争取到"十二五"期末达到全产业总产出29 400亿元,实现增加值8 440亿元,版权输出品种数7 000种,版权登记数量70万件。2012年,新闻出版总署发布《关于加快出版传媒集团改革发展的指导意见》,提出要加快出版传媒集团改革发展的若干建议。

在数字出版方面,2010年,新闻出版总署出台《关于加快我国数字出版产业发展的若干意见》(新出政发〔2010〕7号),提出要把数字出版产业打造成出版业的支柱产业。在"加快数字出

---

① 中国知识产权资讯网. 动漫节国产动画电影票房超11亿元版权成热词[EB/OL].[2015-04-28]. http://www.iprchn.com/Index_NewsContent.aspx? NewsId=85055.

版产业发展的主要任务"中特别提到要积极探索出版资源数字版权授权解决方案、加快建设数字版权保护技术研发工程、制定关于版权保护的数字出版业标准化体系、加强版权保护等措施。上述政策为我国新闻出版业的版权发展明确了方向，有利于推动我国新闻出版产业的大发展大繁荣。

目前，我国新闻出版产业呈现中高速增长的良好趋势，产业规模继续扩大。数字出版产业方兴未艾，产业地位不断上升。国家数字出版产业基地（园区）继续较快增长，产业集约化水平进一步提高。在莫言获2012年诺贝尔文学奖的鼓励与带动下，越来越多的优秀出版物品牌开始实施"走出去"战略。版权贸易结构进一步优化，出版物版权输出持续增长。市场管理力度继续加大，版权保护环境持续向好。出版发行集团实力稳步壮大，规模化程度进一步提高。上市公司效益快速提升，全面阅读推广工作效果明显。据统计，2014年全国出版、印刷和发行服务实现营业收入19 967.1亿元，较2013年增加1 720.7亿元，增长9.4%。数字出版实现营业收入3 387.7亿元，较2013年增加847.4亿元，增长33.4%，占全产业营业收入的17.0%，提高3.1%，总体经济规模跃居产业第二。21家报送数据的国家新闻出版产业基地（园区）共实现营业收入1 424.1亿元，利润总额217.7亿元，比2013年增长24个百分点。有3家数字出版产业基地（园区）营业收入超过100亿元。全国版权输出品种与引进品种比例由2013年的1∶1.7提高至1∶1.6。26家在上海和深圳上市的出版发行和印刷公司共实现营业收入932.6亿元，较2013年增加128.1亿元，增长15.9%。同时，传统纸媒整体呈下降趋势。图书出版品种增速连续大幅回落，报刊出版深度下滑，经营困难加剧，传统报刊出版面临严峻挑战。印刷复制在全产业中所占比重继续下降（见图3-3、图3-4）。

2015年7月，国家新闻出版广电总局发布《2014年新闻出版产业分析报告》，分析了新闻出版产业的四大特点为：一是数字出版经济规模跃居行业第二；二是报刊业出版量和营收继续下滑；三

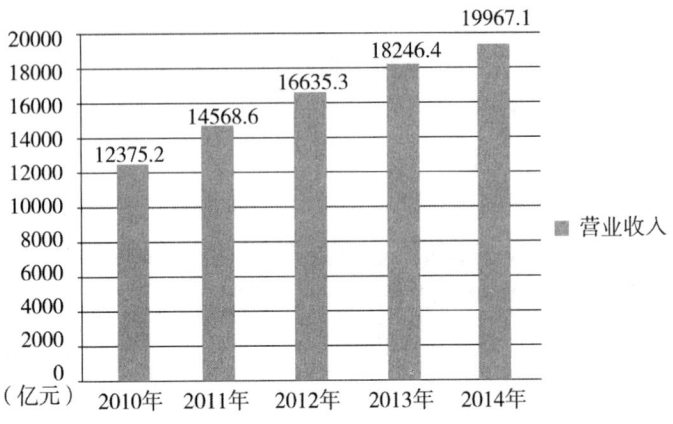

图 3-3　2010—2014 年新闻出版产业增长情况

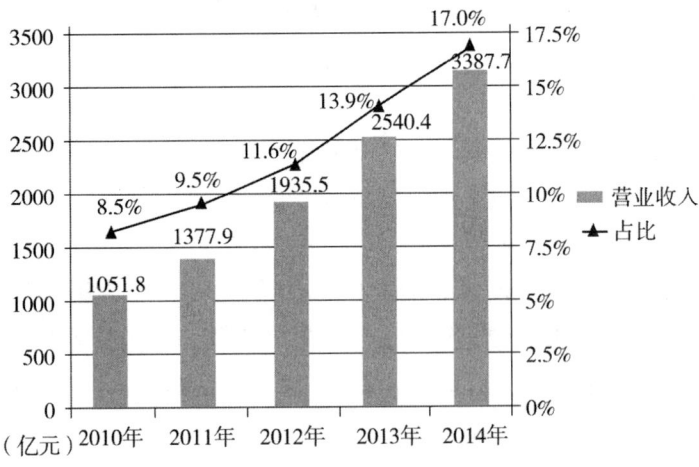

图 3-4　2010—2014 年数字出版营业收入增长情况

是图书出版和版权贸易结构进一步优化；四是支持引导民间资本有序参与新闻出版经营活动的效应进一步显现①。

---

① 涂桂林.《2014 年新闻出版产业分析报告》发布——出版印刷发行业营收近 2 万亿元 [N].中国新闻出版广电报，2015-07-16.

## 第二节 湖北省著作权的产业战略对策

纵观我国版权产业的发展情况，借鉴其他省市的版权产业发展经验，可以归纳出湖北省著作权的产业战略对策主要包括推动核心版权产业领域的体制改革、推动文化创新工程及文化产业园区建设、大力推动楚文化、湖北知名文化品牌等具有地方和民族特色的版权作品创作、加强网络出版产业与公共部门信息产业发展、扩大版权输出等方面。

### （一）推动核心版权产业领域的体制改革

主要目标：推动核心版权产业领域的行业体制改革，逐步降低市场准入门槛，在发挥国家宏观调控的前提下，注重市场在文化资源配置中的主体作用，突出版权资源运用和文化创新两个重点，通过对资金融通、管理优化、人才培养、技术革新的重视和支持，从全局上有效整合文化资源，提高产业集中度，实现集约化经营，有选择地将有重要影响的文化产业项目纳入省级重大科技、文化创新工程，推动文化产业集团化发展。

主要措施：

（1）进行体制改革，培育文化产业的市场主体，在国有经营性的文化单位中引入竞争机制，进行市场化改革。

（2）有步骤的科学的降低准入门槛，放宽市场准入政策，积极鼓励民营资本参与文化产业的建设。

（3）从全局出发对文化资源整体进行整合，在充分发挥国家宏观调控作用的前提下，强调市场对文化资源配置的基础性作用。进而突破存在于地区、部门、行业、所有制之间的界限，促进文化产业的集中度，实现集约化经营。

（4）积极鼓励出口的文化产品和文化服务，采用税后减免、财政支持等措施为文化产业开拓国际市场，提高文化产品市场份额，提升文化产业的国际竞争力。

（5）建立和完善知识产权投融资体制，积极探索面向市场的投融资机制，努力实现投融资主体多元化、资金筹措市场化，建立和健全以政府引导的、以企业为主体的、以直接融资和间接融资相结合的科技投融资体系，形成全社会、多元化、多渠道、多层次的科技投入格局。

(二) 推动文化创新工程

主要目标：积极扶持公益性强、经济效益高、社会效益好的文化产业自主创新项目和重大工程，整合区域内优质资源，进行统筹规划，形成一系列产业群的协同发展，通过扩展效应、提升效应和辐射效应，推进形式灵活、层次分明的文化产业示范园区建设。

主要措施：

(1) 切实加强对版权产业或文化产业发展的重视程度，提高版权产业在创新型湖北建设中的战略地位。比较而言，《关于增强自主创新能力建设创新型湖北的决定》对高新技术产业、汽车、钢铁、化工等支柱产业的重视甚于版权产业或文化产业，对科技创新和专利、技术标准等其他技术含量较高的知识产权类别重视程度远甚于版权。这种认识与版权产业在国民经济中的重要地位明显不相符。

近年来，我国文化产业总值呈持续增长趋势，GDP所占比重进一步提高，对国民经济发展的拉动作用正在逐步增强。文化与科技融合已经成为实现文化产业整体升级转型的重要突破口。在这一趋势下，我们应当重视版权产业或文化产业，切实提高其战略地位。

(2) 将版权产业纳入湖北区域技术创新体系。鉴于版权产业或文化产业与现代高新技术结合日益紧密，一些行业，如软件行业、数字出版行业、动漫行业、影视行业等的技术含量日益增加的现实，应综合采取财务税收方面的优惠措施鼓励企业增加技术研究与开发投入。在企业自有资金有限的情况下，政府应借鉴建立软件开发测试公共服务平台的方式，建立版权产业发展急需的公共技术服务平台。比如，可借鉴北京市政府拟出资3亿元建立动漫制作高端技术平台，以提高中小型动漫企业的生产制作水平。

(三) 推进建设大型文化产业园区

主要目标：支持湖北省的报刊出版、文化娱乐、动漫游戏、创意产业、广播影视、会展博览、网络文化、文化旅游等版权产业的发展。壮大一批拥有自主知识产权、市场竞争力较强同时富有创新精神的大型文化产业集团。推动核心版权领域的行业体制改革，提升版权创造能力和运用能力。提高文化产业增加值在全省生产总值中的比例，发挥版权在文化强省中的作用。建设一批文化产业示范区，将武汉建设成为中西部地区重要的文化中心之一，着力打造以武汉城市圈和鄂西生态文化旅游圈为支撑的文化发展空间布局。重点建设生态文化基地、文化创意产业基地和文化科技融合示范基地。重点建设华中国家数字出版基地、湖北影视基地（影视产业园）、湖北广告创意产业园、华中印刷包装物流产业园、楚天传媒与文化创意产业园、传奇文化产业园、知音动漫创意基地等重大项目以及江通动画产业园、武汉华侨城东湖欢乐谷等文化园区。

主要措施：

（1）引导鼓励多方资本参与投资。除了吸收政府给予直接和间接的投资外，首先要鼓励各种非营利机构与组织、各类地区性开发计划、经济开发团体、私营企业、社会团体以及发展基金进行投入。其次，运作形式要灵活多样。既可以有政府或学术机构主办的官方性较强的园区，也可以有私人主办或公私合营的以盈利为目的的园区。再次是园区建设需分工合理，结构明晰，可分为初创项目孵化器、企业创办孵化器、企业升级孵化器以及跨国经营孵化器等层次。

（2）发掘城市区域优势，统一规划文化资源。湖北省在对文化产业园区进行规划之际，需要注重辐射效应，以点带面，实现相关产业群的协同发展，同所在地区经济发展相互促进，实现符合产业和市场发展的现代化管理。

（3）产业园区服务要满足专业性和多层次的要求。园区的设立目标是为企业、个人创业提供平台支持。其运作原理是为初创企业提供研发、生产、经营的办公场所，通信与网络等共享设施，先进的咨询服务。通过提供政策、管理、法律和融资等中介服务，有效减少创业企业的创业成本和风险，提升企业创办的成功率；为创业者提供良好的创业环境，帮助创业者把发明成果尽快形成商品进入市场；为社会培养成功的企业和企业家。

（4）园区需注重自身人才队伍建设。园区发展不仅需要高文化涵养和专业水平的从业人员，同时需要具有现代化企业管理经验的经理人的经营和管理，才可以使园区走向正轨的产业化道路。

**（四）支持楚文化作品的创作与版权保护**

主要目标：引导和支持楚文化作品的创作和传播，鼓励群众性的文化创造，培养相关专业人才。深入发掘楚文化中的民间文学艺术作品，加强民间文艺保护，形成湖北楚文化品牌。

主要措施：

（1）加强湖北省地方文化资源建设。鼓励利用地方文化资源进行创作，特别是楚文化资源的整理与保护力度，加大创作与运用的奖励额度，为具有鲜明楚文化特色作品的创作与运用提供良好的激励机制。

（2）实施对版权作品的创作与运用的财政扶持奖励措施，营造鼓励版权创作与运用的良好环境，逐步提高现有财政扶持力度。

（3）发展湖北中华文化创作交流基地。建设好湖北中华文化创作交流基地，推进文化与旅游相结合、文化发展与生态保护相结合的特色发展模式。进一步畅通项目建设的"绿色通道"，进一步加强与省直部门的对接，为基地建设提供优质的服务，切实把这一项目建成文化产业的示范工程，使之成为湖北省一张闪耀全国的文化名片。

**（五）打造湖北知名文化品牌**

主要目标：首先建设具有代表性的文化产品，打造鄂派文化精品；其次是引导多方投资，改进运行机制，注重人才的重要作用，通过文化名人塑造湖北省的文化形象。同时，要积极构建文化创意产业的公共服务平台，培育出在国际上拥有竞争力的龙头企业。

主要措施：

（1）扶持发展具有代表性、引导性的重点版权产业项目，以政府财政预算的适当支出作为版权产业的引导资金，辅以资金补助和无息信贷等形式，为重点版权产业项目的开发与运营提供资金支持。

(2) 政府不断调整和完善政策法规，保护科技成果使其向版权产业转化。对科技含量高、具有示范意义的版权产业给予奖励与政策支持。对于版权产业的科技化研究，由政府拨出一定的资金，将其纳入国家研究课题，鼓励版权产业的科技开发。

(3) 推动科技转化机制的有效运行。研究中心、政府文化部门、科技机构和文化经营者要通力合作，实现科技向版权产业的转化，加快科技新成果向版权产业转化的运行进程。

(4) 重视研发中心的作用。版权产业单位通过投入资金、召集人才，利用尖端技术，开发文化产品，进而实现集研发、生产和销售为一体的先进运行模式。

(5) 加大版权产业各个流程的科技投入。创新和改进研发流程、生产过程、营销渠道、培训方式等方面，形成拥有自主知识产权的技术及产品，建立起现代化文化技术标准体系，把握版权产业游戏规则的主动权。

(六) 推动地方特色和民族特色优秀版权产品的创作和传播

主要目标：加强文化遗产保护，坚持"保护为主、抢救第一、合理利用、加强管理"的原则，加大对各级文物保护单位的研究、保护和维修力度。对各类文化遗产而言，在保护的前提下进行合理利用。坚持与新农村建设相结合，与少数民族传统文化的保护和传承相结合，与文化旅游和特色农业产业的培育相结合，与民族团结进步创建相结合。

主要措施：

(1) 利用财政税收措施，对非营利性文化团体和机构免征各项税款，并适当减免资助者的应纳税所得额。

(2) 制定鼓励支持政策，引导各市、各企业以及全社会的市场主体对文化事业进行赞助和支持。

(3) 为具有地方特色和民族特色的优秀版权产品提供科技支持。依靠科技的力量，在保护传统文化产品的基础上进行创新，创造新的文化产品和价值。充分利用数字化的网络传输、通信卫星、数字电视等高新技术，建立向全世界范围内扩展的"桥梁"和"利器"。

(4) 尊重市场规律，利用市场发展文化产业。在市场规律运行下，依靠商业法则优胜劣汰，让好的符合人民需求的文化产品流行于市场，利用市场的公平竞争环境，优秀文化产品充分发挥其优势，进而有利于版权产业的发展。同时必须注重文化产品的盈利性，只有获得丰厚的回报，才可以使得优秀的文化产品长盛不衰。可以通过产品深度开发、布局销售网络、宣传促销和捆绑销售等形式多样的商业方式，实现利润最大化。以迪斯尼公司的成功运营为例①：票房收入是第一级基本收入；通过销售网络，发行录像带、DVD 等产品是第二级收入；将文化产品深入开发的迪斯尼主题公园是第三级收入，且收入丰厚；文化产品的周边开发，例如部分商品特许经营和自由品牌专卖是第四级收入；通过电视媒体获取最后一级收入。在迪斯尼的各级营收中，电影发行加上后续的电影和电视收入只占 30%，主题公园的收入占 20%，其余的 50% 则全部来自品牌销售。

(七) 加强网络版权保护，促进网络出版产业发展

主要目标：有效应对互联网等新技术发展对版权保护的挑战，妥善处理保护版权与保障信息传播的关系。加大版权保护力度，优化网络出版法治环境。加强数字出版版权人才队伍建设。

主要措施：

(1) 建立先进科学技术与版权合同相结合的信息作品新流通系统，实现信息作品的有效流通；此外，要研究开发网络版权合同系统，开发和普及关于信息作品之可利用范围的权利人意思表示系统。

(2) 开发建立有关工作人员间可以通过网络交换信息作品的机制，保障信息作品的流通效率；同时建立能有效而及时处理版权等权利的机制。

(3) 要开发用于相互交换权利信息等信息作品的相关信息（后续信息）、防止违法使用信息作品并使这些作品流通的保护版

---

① 韩洁，谭予涵，谭霞，王芳，王敏. 美国版权战略对我国文化产业发展的启示 [J]. 重庆工商大学学报（社会科学版），2009 (1)：104-108.

权的权利处理系统,并进行合理验证,以建立可以有效保护权利人和使用人安全、确切地交易播放信息作品的市场。与此同时,还可以充分利用这一系统,通过试验有关信息作品流通的各种商业方法,为民间确立权利处理规则提供支持。

(4)在学校的宽带网日益普遍的形势下,进行研发和试验建立能够提供保护安全、身份认证、费用缴纳、信息发布、从数字档案使用信息作品等功能的现代化信息系统,来促进教育信息作品的流通。

(5)开发政府信息的目录查询和数据整合系统。

**(八)促进湖北省公共部门信息的产业开发**

主要目标:湖北省公共部门信息存量巨大,且处于快速增长阶段。建立公共部门信息增值利用制度,使公共信息得到充分开发和利用,产生巨大的经济效益,推动信息产业的高速发展。

主要措施:

(1)思考与研究公共部门信息的增值开发制度,将气象信息、水利信息、测绘信息、地震信息、地球系统科学信息、社会统计信息、政府出版信息等充分开发和利用起来,形成政府、公众、信息产业多赢的局面,使得公众的纳税真正得到高效收益。

(2)促进省内图书馆、档案馆和出版社的信息资源共享。我省有众多的图书馆、档案馆和出版社,这些单位是重要的信息中枢。尤其是图书馆,有着丰富的纸本藏书和电子文献。但目前图书馆系统、档案系统和出版社系统之间的信息交流比较少,形成相对独立的信息孤岛。目前,图书馆系统和档案系统很大部分来自政府的投资。通过政府的引导,形成图书馆、档案馆和出版社之间的信息共享有着重要的意义。

**(九)扩大向海外输出版权与版权对外交流合作**

主要目标:继续采取措施巩固省内出版社与我国港台地区的版权合作优势,提高版权输出水平,扩大输出地范围。加强版权领域的对外交流合作。引进海外版权高层次人才。积极参与国际版权秩序的构建。建立版权预警应急机制。大力提升中介组织国际版权事务参与能力。保障引进作品、输出作品的平衡发展。

主要措施：

（1）通过财政补贴，建立专项基金等，鼓励出版企业对外输出。

（2）建立相关管理机构和有效制度规范，维护良好市场秩序。

# 第四章 湖北省著作权的企业战略

企业是产业的基础单元,著作权的产业战略和企业战略密不可分。产业战略关注宏观产业的发展模式,而企业战略则更多的关注一个企业的发展路径。湖北省已经涌现了湖北日报传媒集团、长江出版传媒集团、知音传媒集团等众多与版权密切相关的知名企业。这些企业的运营必须注重著作权,这样既减少了自己侵犯他人著作权的风险性,也减少了他人侵犯本企业著作权的可能性。

## 第一节 省内外著作权企业战略调研

湖北省内与著作权相关的企业非常多,本节调研了湖北省比较有代表性的企业,如湖北日报传媒集团、长江出版传媒股份有限公司和知音传媒集团有限公司,从这些调研中可以看出这些公司或者公司集团对于著作权的重视,也可以看出其业务的多元化所造成的著作权的风险性。

### 一、省内著作权企业战略调研

软件开发者、出版者、表演者、音像制作者、广播电台电视台等企事业单位是著作权人或者邻接权人,一般会涉及在先合同带来的侵权风险、在先权利带来的侵权风险、作品加工和使用中的著作权风险、终端用户非法使用带来的著作权风险等各种侵权风险,这些风险的规避需要企业熟悉著作权的相关知识及其战略措施。

## （一）湖北日报传媒集团

《湖北日报》是湖北省委机关报纸。1949年7月1日，湖北日报社以《鄂豫报》和《江汉日报》为基础正式创刊。2001年4月，组建湖北日报报业集团。2007年4月，湖北日报社更名为湖北日报传媒集团。现有总资产67亿多元，在全省17个市州和北上广均设有机构，已成为一家以党报为核心，拥有"11报12刊5网站"和1家出版机构、21个全资公司的综合性传媒集团。业内认为"全国党报已形成北有《辽宁日报》，中有《湖北日报》，南有《南方日报》的发展格局"。2013年12月，由世界媒体实验室首次编制发布世界媒体500强排行榜，湖北日报传媒集团位居317位。集团还悉心培养出一批著名的下属文化品牌如《楚天都市报》《楚天金报》《特别关注》、荆楚网等，同时它还是全国首个拥有期发量超过百万报纸和期刊的"双百万"集团。湖北日报传媒集团坚持以报业为主，以期刊、网络为两翼的"一主两翼"媒体发展策略，近年来发展迅速，有力地带动了湖北省经济文化的发展。

1. 下属报纸

湖北日报传媒集团的下属纸媒包括：《湖北日报》、《楚天都市报》、《楚天快报》、《楚天时报》、《楚天金报》、《农村新报》、《楚天民报》、《三峡晚报》、《帅作文》、《青春志》等报纸。其中《湖北日报》为湖北省委机关报，也是湖北日报下属纸媒中的龙头报纸；《楚天都市报》则以"责任媒体、百姓情怀"为办报理念，连续多年进入全球日报发行量排行榜40强，上榜中国500最具价值品牌，中国10强；《楚天快报》由楚天都市报编委会和襄阳分社共同承办，立足襄阳，关注百姓生活，引领文明新风；《楚天时报》在黄石创刊，以96个版的强大阵容亮相鄂东并于2011年3月开通了官方网站，同时电子版也在时报网站上亮相；《楚天金报》自创刊以来，因其负责、实用、好看、新闻创新、特色立报的办报理念很快赢得了读者的青睐，崛起迅速，市场占有率稳居第二；《农村新报》则是湖北省唯一以农村为主体的综合性报纸，注重实用性，提倡为农民说话，为农民办事；《楚天民报》前身是湖北省唯一的体育专业报体育周刊，2012年2月28日，《楚天民报》正式创刊，立足荆州，辐射天门、仙桃等地，为江汉平原一带的经济发展和社会进步摇旗呐喊；《三峡晚报》是宜昌历史上首张晚报，于2005年11月被湖北日报传媒集团正式接管，报纸日发行量近7万份，在宜昌名列首位，是辐射三峡地区的强势主流报纸；《帅作文》于2011年元月创立，是湖北省首份教辅类的报纸，紧扣中小学的教学实际和需求，集阅读、鉴赏、写作一体，深受家长、老师、学生的好评。《青春志》由湖北日报传媒集团主管主办，团省委、省教育厅协办，中国记协名誉主席、北京大学新闻学院院长邵华泽为《青春志》题写刊名，是湖北日报传媒集团"开门办报"、服务高校青年的重要阵地。

主办报纸在湖北省文化传播的过程中都起到了举足轻重的作用。作为社会大众获取信息、获取知识的主要渠道之一，报纸的社会公益性强，自然报刊栏目与知识产权法息息相关。随着互联网时代以及移动互联网时代的到来，各种移动终端使用的普及和电子商务的迅速发展，人们阅读和获取信息的方式也在日益变化和革新，湖北日报传媒集团不断与时俱进，并考虑用户和读者的使用习惯，其征稿模式也已不再是单一的纸质版的常规投稿模式，而更多的是采取电子邮件的投稿模式。相比传统的投稿模式，电子投稿更加便捷、高效、时效性强，与此同时也对版权监督机制提出了更高的要求。在信息量极度丰富、信息传播速度加快、信息传播范围不断扩大的今天，保障著作权人的合法权益与最新信息的及时收集、整理、发布成为一项举足轻重且存亡攸关的工作。湖北日报传媒集团下属纸媒的征稿模式主要是依靠记者、见习记者、通讯员来稿。记者是报社的正式工作人员，采访一般都是接到了上级的任务，对一些社会热点问题、热门现象进行实地的跟踪报道，写出的报道版权归该作者所有，一旦通过审核，必须发表在其所属的报刊上，未经同意不得擅自发表到其他报纸杂志上，各报社的记者在版权的要求上都有明确的标准，严格约束记者的发稿行为，实则也是在保护版权，维护各报社之间的公共利益。通讯员则是报社的非正式员工，可算作是编外记者，报社不给予工资，只是作品发表后支付稿费，所以对通讯员而言,自由度更高,没有固定的任务和方向,但在实地采访前一般会咨询相关版面是否缺乏相关报道,一则是为了降低盲目性,二则是为了避免出现雷同报道,牵涉版权问题。各报纸各栏目都有自己的专属电子信箱,通讯员在投稿时需要根据自己所写的内容划分出自己稿件所属的栏目,将稿件及时地投入相应的栏目电子信箱。报社一般有三级审稿制度,即初审、复审、终审。初审是由有编辑职称或者是具备一定条件的助理编辑担任,复审是由编辑室主任一级的人担任,终审则是由社长、总编辑或者由社长、总编辑指定的具有正副编审职称的人员担任。三审环节缺一不可,任何两个审稿环节中审稿人不得同时由一个人担任,三审中对稿件的内容有严格的审查,只有三审通过以后,稿件才能正式进入加工整理的阶段。报社约来的稿子,如果报社跟作者没有特别的约定,那么版权仍归作者所有,而作者采访某一个人,从而形成的采访稿,则可以作为合作作品看待,版权属于采访人和受访人。

2. 下属期刊

湖北日报传媒集团的下属期刊包括《特别关注》《支点》《新闻前哨》《大武汉》《前卫》《党员生活》《特别健康》《爱你》《楚天法治》《地铁时代》《艺术派》等期刊。其中尤为突出的是《特别关注》,该杂志是以中年男子为主要读者对象的精品读物,是中国发行量最大的男士杂志,也是近年来成长最快、最具创新的杂志之一。《新闻前哨》和《党员生活》则是我省公开发行的新闻学术月刊和综合性党刊。《前卫》则是原创纪实类的月刊,以"眼光比生活高一点"为办刊理念,在湖北武汉、湖北荆州、安徽合肥、贵州贵阳、辽宁沈阳、四川成都等多个城市分印。《大武汉》杂志则是一份倾力打造的城市生活杂志,主要面向武汉地区发行,并辐射省内主要城市。《爱你》杂志是一份综合类文摘月刊,以曲折动人的故事、清新雅致的格调,让读者领略人情美、人性美,以及成熟睿智的处世态度,激发希望,营造梦想。每种期刊都有着不同的定位。期刊的版权和版权保护一直是受到关注的问题,以《特别关注》为例,在编辑流程上,所有的文字编辑都设有自己的栏目,每个编辑的第一任务是选稿,要求引人入胜、动人心弦、发人深省等标准。《特别关注》从选稿到最后的发表,要通过四重审稿,在提高稿件质量的同时,无疑也加强了对版权的保护。

3. 下属新媒体

湖北日报传媒集团旗下有省人民政府门户网、荆楚网、大楚网、文谷网、湖北省手机报、楚天都市网、楚天金网等。其中湖北省人民政府门户网站由省政府办公厅主管,湖北日报传媒集团承办,是一个体系庞大的网站群,包括省政府及所属各部门的综合信息。主网站与64个省政府部门网站和17个市州政府网站成复式链接。2012年,网站正式开通英文版、繁体版、移动版,并实现无障碍阅读;新建了投资湖北招商引资平台、灵秀湖北公众服务平台和湖北政务百科数据库;开通了省政府门户网站官方微博,开展有声有色的主题宣传,策划组织高端在线访谈、图文访谈和微博访谈等形式多样的访谈形式。荆楚网是湖北地区最大的网络平台。2004年开办以来,相继获评"中国新闻网站十强""中国最具品牌价值网络媒体"等奖项,六次获得中国新闻奖,日访问量超过2 000万人次。腾讯·大楚网(hb.qq.com)成立于2008年7月,由湖北日报传媒集团与腾讯公司合资建立,是湖北省内用户规模最大的生活门户网站和移动生活平台,每日登录用户达200万。网站现有17个频道,4个社交平台,5个电子商城,3个地市二级站和腾讯新闻、微博、微信、APP等移动平台。其开发的"武汉交警""大楚行"等微信平台,现用户超过20万。湖北文谷文化产业发展有限公司(简称文谷公司),系湖北日报传媒集团独资子公司,于2012年10月成立,公司以"湖北省文化产业发展信息中心"的名义承办"湖北文化产业发展信息服务平台(含湖北文化产业网)"。公司定位为文化产业信息服务商,并积极推动文化产业领域的业务拓展。《湖北手机报》2013年8月全新上线,集短信、彩信、客户端三位一体,精选精编或采写国际国内及省内时政、经济、民生、文化等各类资讯,在"碎片化解读、通俗化引导、趣味化说理"中,传播党和政府的大局、大政、大理。楚天都市网(www.ctdsb.net)是湖北日报传媒集团旗下楚天都市报编辑部官方门户网站,具有中华人民共和国互联网新闻信息服务资质(编号:

5112010001)。楚天都市网由楚天都市报主办，楚天都市报数字媒体部运营。网站以文字、图片、音视频等全媒体形式，为网友提供新闻和实用资讯等。楚天都市网还开发湖北地区下载使用量最高的移动新闻客户端等产品，并拥有楚天亲子、楚天婚恋、楚天拍客等特色频道，打造湖北最时尚的情感亲子互动平台，2013年综合用户量数已逾600万。一财金网是《楚天金报》官方网站，由《楚天金报》与上海广播电视台/上海东方传媒集团公司（SMG）旗下第一财经网联合出品，是湖北地区专业财经商业资讯服务与交流平台。一财金网整合了第一财经网全媒体资源和《楚天金报》本地优势化资源，以专业视角向网络用户提供即时资讯、深度报道、权威观点，集中为湖北地区最优秀人群提供财经、商业、科技、创业、人文等领域的优质、实用的原创新闻与信息服务，是湖北日报传媒集团旗下的新锐网络平台。

在数字化的今天，不少报纸杂志都有自己的网站或者通过一些网络平台发布自己的电子版本，相较于传统的纸质化的信息来源，如今的数字化信息更加便捷、迅速，越来越多的人开始使用网络关注新闻，荆楚网、大楚网以及三峡新闻网的诞生也正是湖北日报传媒集团为了迎合广大的读者而创办的。在知识经济时代，相较一成不变的纸质报纸期刊等，网络的信息量十分庞大，而且瞬息万变，因此很难规避复杂多样的版权纠纷和摩擦。

我们以湖北地区最大的网络平台荆楚网为例，荆楚网的版权声明中是这样写的：

### 荆楚网版权声明[①]

荆楚网于2001年12月14日正式开通后访问量直线攀升，大量新闻资讯被国内外网站直接或者间接使用。在此，荆楚网全体同仁真诚感谢网民和各网站的厚爱与支持。与此同时，我们衷心希望与各网站的合作正常化、正规化、法律化。到目前

---

① http：//www.cnhubei.com/bqsm.htm［EB/OL］.

为止，荆楚网只授予了部分其他网站只在各自网站上发布荆楚网新闻资讯的权利，尚未授予任何网站和机构出售或者转让荆楚网网络新闻资讯的权利。经湖北日报传媒集团研究决定，特发布如下网络版权声明：

凡未经湖北日报传媒集团新闻网站书面授权，直接或者间接在互联网使用荆楚网以及《湖北日报》《楚天都市报》《楚天金报》《农村新报》《体育周报》《新闻前哨》等新闻资讯的行为均将视为侵权行为，荆楚网将保留追究其法律责任的权利。

为了各媒体可以及时、方便、全面地获得群众针对荆楚网的各类爆料信息（文字、图片、视频等），并联系上爆料人，进行采访报道，荆楚网于2012年对外正式开放了荆楚网网上媒体爆料平台。由于网上信息量大且复杂，根据有关法律法规及宣传纪律，使用该平台的各媒体须指派专人，同荆楚网一起，管理维护好该平台，及时封堵不良信息。荆楚网将提供全面的技术支持。

在在线投稿方面，为了增加网站的新闻性和服务性，强化新闻的本地特色，荆楚网开设了"地方新闻"和"商务资讯"专栏，以方便广大通讯员和读者积极投稿。通讯员注册网站个人会员后提交申请，经审核通过，即可通过网上投送稿件；稿件的录用、编辑、考核统计均在线操作，通讯员通过该系统可以查询录用情况。

在著作权方面，荆楚网提醒[①]：

（1）请确保您对于所投稿件拥有版权。如果由此侵犯了任何第三方的权益，由投稿人承担一切责任和损失。(2) 我们将在收到稿件后及时在远程采编系统中注明稿件是否录用信息。如在两天内稿件没有录用，请自行处理。（3）目前我们要求稿件不能一稿多投，且必须是未在其他媒体发表过的原创文章，一经发现有从其他媒体摘抄或一稿多投将取消；（4）

---

① http://news.cnhubei.com/bjbgg/201211/t2338784.shtml[EB/OL].

有些稿件我们不要求独家刊载，但是如果您的作品已经或者即将在传统媒体上发表，请在投稿时注明；（5）本网有权对稿件进行编辑和修改，如作者对此有异议，请来稿时事先声明；（6）本网有权向合作媒体推荐稿件；（7）在您提交稿件的同时，请在稿件末尾附上您个人信息，如工作单位、邮政编码、联系电话，以便联系。

以上是荆楚网对于投稿的一些相关规定，对知识产权的保护确能起到一定的作用，但是在用户使用的过程中，荆楚网对一些重要资料的保护不够完善，文本读物几乎都可以随意地复制粘贴，网站虽有对"未经许可，不能随意复制或镜像"的声明，但是无法切实有效控制读者的复制粘贴行为。这种只是靠道德约束方法在网络高度发达的今天确实不能对知识产权进行良好的保护，所以为了避免日后的争端，网站上的一些重要的资料，应该采用一些技术方法，例如对文字加密使之无法随意复制粘贴，或者部分实行收费下载的方式，进而保护原作者的合法权益，同时避免因通过网站产生的侵权行为给网站带来的麻烦。

（二）长江出版传媒股份有限公司

湖北长江出版传媒集团成立于2004年，是省属国有大型文化产业集团。2009年，集团完成转企改制，成立集团公司；2010年，集团借壳"ST源发"（上海华源企业发展股份有限公司），2011年年底实现主业整体上市，正式组建了湖北省第一家国有文化上市公司"长江出版传媒股份有限公司"，并于2013成功实施"定向增发"，募集资金11.7亿元。目前，集团定位为投资控股集团。集团拥有11家子公司。其中，集团控股的上市公司"长江传媒"拥有19家子公司，包括：湖北人民出版社、长江文艺出版社、湖北教育出版社、长江少年儿童出版社、湖北科技出版社、湖北美术出版社等8家出版社，长江数字出版传媒公司等3家数字出版公司以及长江报刊传媒集团、湖北新华书店集团、湖北新华印务公司等8家专业性文化单位。集团经营业务包括图书、报纸、期刊、音像、电子、网络、动漫等多种媒介；涵盖出版、发行、印刷、物资贸易、数字阅读、在线教育、文化创意、健康产业、地产开发、投资金融等全产业链条，形成了跨领域、多介质、全产业链的发展格局。

集团先后打造了《中华大典》《汉语大字典》等国家重点文化出版工程图书，陆续推出了《张居正》《狼图腾》《百年百部中国儿童文学经典书系》《王忠诚神经外科学》等一大批脍炙人口的文化学术精品。其中，长江文艺出版社在文艺类出版市场长期排名第一；长江少年儿童出版社与湖北美术出版社在同类出版社中稳居全国前三名；湖北教育出版社是全省唯一拥有教材出版资质的出版社，在全国率先启动了"大教育"发展模式；湖北科技出版社在全国同类出版社中成长性最好，数字转型走在前列。集团下属湖北长江报刊传媒（集团）有限公司拥有24种报刊，是全国报刊品种最多的国有出版集团之一，其中，《小学生天地》《初中生天地》《大家文摘报》等报刊月发行量过百万。湖北长江出版传媒集团初步形成一个数字产业园区（长江数字文化产业园）、三大基础信息化系统（数字内容资源库、协同编撰系统、ERP系统）、五大骨干数字创新应用平台（第一教育网、多多社区、长江幼教数字化云平台、湖北数字教育公共服务平台、大众数字阅读服务平台）的数字化创新运营体系，并与"小米""淘宝"展开战略合作，其中，集团下属"长江中文网"与"第一教育网"获得"全国新闻出版业百强网站"称号。

集团重视知识产权的保护问题。例如人民教育出版社与长江出版传媒股份有限公司发布了关于知识产权保护的声明①。

## 人民教育出版社、长江出版传媒股份有限公司
## 关于知识产权保护的声明

为了依法维护人教版教科书知识产权人与被授权人的权益，促进教辅行业规范发展，特做出如下声明：（1）人民教育出版社系人教版各类教科书的著作权人；（2）未经人民教

---

① http://xuewen.cnki.net/CJFD-FBJY201111047.html[EB/OL].

育出版社许可，编写、出版、发行配人教版教科书使用的教学辅导用书、报纸、杂志，开发、销售配人教版各类教科书使用的电子期刊、电子产品，通过信息网络传播的形式使用人教版教科书，以及其他未经许可使用人教版教科书的行为，均侵犯了人民教育出版社的著作权，人民教育出版社将通过法律手段追究侵权单位和个人的法律责任；(3) 经人民教育出版社授权的单位，有权在许可使用合同授权的范围和期限内编写、开发、制作、出版、发行配人教版教科书的相关产品；(4) "人教版"是经国家工商行政管理总局商标局注册登记的商标，商标权人是人民教育出版社，任何单位、个人未经人民教育出版社的许可在其产品或服务中使用"人教版"注册商标，均涉嫌侵犯人民教育出版社的商标权，人民教育出版社将依法追究其侵权责任；(5) 经人民教育出版社授权的单位，有权在许可使用合同授权的范围和期限内在其产品或服务中使用"经人民教育出版社授权使用""配人教版"字样以及"人教版"注册商标；(6) 人民教育出版社在湖北省已授权长江出版传媒股份有限公司下属湖北教育出版社、湖北少年儿童出版社编写、出版、发行配人教版教科书的教辅产品，具体品种为《长江作业本》丛书（义教 1~9 年级，高中 1~3 年级）、《长江全能学案》丛书（义教 1~9 年级，高中 1~3 年级）；(7) 对于未经人民教育出版社许可，在湖北省境内出版、销售配人教版侵权教辅产品的行为，人民教育出版社和长江出版传媒股份有限公司将使用法律手段予以追究。

集团下属的主要子公司基本情况如下：
1. 湖北人民出版社有限公司

湖北人民出版社前身为成立于 1951 年的中南人民出版社，2009 年随主管单位湖北长江出版传媒集团整体转制为湖北人民出版社有限公司，现为上市公司长江出版传媒股份有限公司的全资子公司，是一家具有深厚历史积淀和众多图书品牌的社科综合性出版社。出版的《汉语大字典》获首届国家图书奖，《闻一多全集》

《胡风全集》分别获第二届、第五届国家图书奖荣誉奖。另有10多种图书获得中国图书奖、中国辞书奖、中华优秀出版物奖、全国优秀畅销书奖等国家级大奖。共有近1 000种图书获得各级各类奖励。

2. 长江文艺出版社有限公司

长江文艺出版社成立于1955年，建社60年以来，已出版图书5 000余种。1999年图书销售码洋首次突破亿元大关，最高年份达1.3亿元。该社出版了余华、方方、池莉、程千帆、周国平、苏童、李希凡、曾卓、碧野、邹荻帆、徐迟、张一弓、二月河等人的第一本著作或力作。由长江文艺出版社出版的《狼图腾》，目前版权已输出到全球25个国家和地区，创造了中国版权输出的诸多第一：单本书预付版税最高；版税率最高；购买版权的语种最多。长江文艺出版社有限公司注重发展版权贸易，积极施行版权"引进来"与"走出去"战略。建社50年来，与境外出版机构达成版权贸易两百余种，发行网络遍布全国。2013年8月28日，（中国）长江文艺出版社、（韩国）金宁社联合在北京国际图书博览会开展的首日，于湖北展区举行了战略合作协议签署仪式和版权贸易协议签署仪式。长江文艺出版社有限公司注重维权，打击盗版。2010年5月，《求职，从大一开始》由湖北长江出版传媒集团旗下长江文艺出版社出版。然而，上市不足1个月，该书就获得了盗版商"青睐"，淘宝网上竟出现了近百家销售《求职，从大一开始》盗版书的网店。为此，湖北长江出版传媒集团联手淘宝网，以该书为突破点，打击盗版。一接到长江文艺出版社的举报，淘宝网立即采取行动，2天内关闭了所有出售该盗版图书的网店①。

3. 湖北省新华书店（集团）有限公司

湖北省新华书店（集团）有限公司成立于1995年7月，是在整合全省书店系统的基础上，经省政府批准的文化产业集团。该集团功能多样，涵盖产品广泛，是集信息服务、旅游、通信数码、投

---

① 长江文艺出版社[EB/OL].[2013-09-19]. http://www.cjcb.com.cn/news_jtjxshow.asp?id=1952.

资、物流、展示于一身的文化集团。该集团以湖北省新华书店为核心企业，下辖6家全资、控股子公司及全省80家市、州、县新华书店。省新华书店（集团）有限公司注重保护版权。2012年2月，由湖北省新华书店（集团）有限公司主办，崇文书城承办的崇文书城淘宝店开业。该网店主要经营图书、音像及个性化商品，分为新书、名人签售本、出版社专区、文化及周边产品、爱打折等五大特色板块及推广、推荐板块①，这有益于网络正版书籍的销售。

4. 湖北长江传媒数字出版有限公司

湖北长江传媒数字出版有限公司成立于2009年，是长江出版传媒股份有限公司的全资子公司，是国内最早的由出版集团设立的专业数字出版公司之一。公司致力于成为专业的数字内容服务提供商，建立数字内容服务产业链，为顾客提供多方面、多层次服务。公司立足于数字出版，为长江出版传媒所属8家出版社、24种报刊提供数字化服务，并基于长江出版传媒集团丰厚的出版资源，开展网络原创与数字版权运营、数字教育服务、移动应用开发、信息系统规划等业务。公司自2010年开始独立运营，先后取得了数字出版业务所需的资质和认证，包括：互联网出版许可证、增值电信业务经营许可证（互联网信息服务）、出版物经营许可证、短信息类服务接入代码使用证、互联网新闻信息服务备案许可。自成立以来，数字公司以数字版权运营、数字教育服务、手机媒体开发、信息系统规划为重点，以网站、手机报、阅读终端等为新媒体平台，积极组织配合股份公司书报刊、编印发各资源单位推进数字出版工作；不断拓展外部联系，加强数字版权引入，与郭敬明团队、北京图书中心、三大运营商等保持良好的合作关系，建立公司独有的数字内容资源库。长江传媒数字出版有限公司设置了专门的版权岗位。法务管理岗位职责包括：（1）规范及梳理图书资源版权状况，为资源运营提供清晰的版权数据支持。（2）严格和细化资源对外

---

① 中国新闻出版网. 崇文书城淘宝店呈现年轻化特色［EB/OL］.［2013-09-19］. http://data.chinaxwcb.com/epaper2012/epaper/d5226/zhxw/201202/18578.html.

合作的流程，为资源运营提供严格的版权审核把关，避免版权风险。(3) 规范日常合作的合同管理，提高合同质量，保障公司利益。(4) 处理公司日常的法律投诉及诉讼事务。版权审核人员的岗位职责为：(1) 负责版权文件的入库整理及匹配；(2) 对图书信息建立资料档案；(3) 图书授权信息管理；(4) 协助做好其他日常数据管理工作①。

5. 长江报刊传媒集团有限公司

长江报刊传媒集团有限公司是由原湖北教育报刊社、湖北省教育书刊发行社、湖北大家报刊社和湖北大家智慧文化传播有限公司合并成立的一家大型综合性文化传媒经济实体，是湖北长江出版传媒股份有限公司的全资子集团。集团的主营业务是报刊出版及发行、教育培训、资产租赁、广告策划、新媒体开发、动漫产业园。集团在 2011 年实现营业收入 2.09 亿元，净利润 3 960 万元，在全国同类报刊集团中稳居前列②。开展对外交流与合作是长江报刊传媒集团有限公司的既定战略，并通过对外交流合作解决数字版权问题。2013 年 9 月 14 日，湖北长江报刊传媒（集团）有限公司与美国阿普达公司正式签订战略合作协议。美国阿普达公司是一家成立于 1988 年的上市公司，在数字出版界，该公司可以跻身世界前 20 强，其主要业务涉及定向出版、数字化解决方案、网络学习和绩效解决方案等③，经双方同意，将以互联网为载体、以报刊媒体为依托、以内容服务为主体的功能特色，打造一个满足读者数字化阅读、个性化出版和提供开放式版权交易等需求的综合性网络服务平台——长江传媒集群式数字报刊网络云平台。报刊云平台将采取先进的数字出版及加工技术，实现数字阅读、个性化出版、版权保护

---

① 武汉招聘版权审核专员信息［EB/OL］.［2013-09-19］. http://www.hunt007.com/employer/viewInvite/2444236/8195256.htm.

② 长江报刊传媒集团［EB/OL］.［2013-09-19］. http://www.cjbkcm.com.cn/Home/intro.php.

③ 中国记协网. 长江报刊传媒与阿普达公司签约构建数字报刊云平台［EB/OL］.［2013-09-19］. http://news.xinhuanet.com/zgjx/2013-09/16/c_132724359.htm.

和交易服务，同时为规范数字出版，提供公平、公正、公开和安全的数字出版和版权保护及交易环境。

### （三）知音传媒集团有限公司

1985年1月，知音传媒集团正式创办，其前身是知音杂志社；2000年1月，经省政府批准，湖北知音期刊出版实业集团有限责任公司成立；2006年8月经中宣部同意、新闻出版总署批准组建"湖北知音传媒集团"；2011年1月，湖北知音期刊出版实业集团有限责任公司整体改制，成立湖北知音传媒股份公司，知音传媒集团为其母公司。《知音》杂志仍然是知音传媒集团核心产业，最高月发行量可达600余万份，位居世界综合性期刊排名第五位、全国各类杂志排名第二位，并多次被评为全国读者最喜爱的中国期刊方阵"双高期刊"、双十佳期刊、十大名刊，并三次荣获中国期刊最高奖——全国优秀社科期刊奖和国家期刊奖。知音传媒集团下属期刊包括：《知音（国内版）》《知音（海外版）》《好日子》《知音女孩》《良友文摘》《财智文摘》《知音励志》，下属网络媒体包括：知音网、漫客网以及第一生活网。集团下属10个子公司和单位，形成了以《知音》杂志为核心的书刊发行、期刊出版、印刷制版、影视制作、家政服务、广告经营、网络媒体、高等职业教育、物业开发、动漫开发等多元产业构成的产业格局，经济规模和综合实力在全国期刊行业居首位①。近年来，知音传媒集团有限公司加强了对知识产权的管理，主要的做法包括：聘用知识产权管理专职人员，设立法律部门，在其下属各期刊、网络媒体上使用版权声明。

1. 聘用知识产权管理专职人员、设立法律部门

湖北知音期刊出版实业集团有限公司下设企划版权合作部，招聘专职人员。其中，知识产权经理的岗位职责如下②：

---

① 知音传媒．公司简介［EB/OL］．［2013-09-19］．http：//www.cnzhiyin.com/index.php? m = content&c = index&a = show&catid = 13&id = 59.

② 招聘企划版权合作部 知识产权经理［EB/OL］．［2013-09-19］．http://www.3job.com/users/yg1zhiyin-267703.htm.

（1）法律专业本科以上学历，知识产权方向优先，具有理工科或英语双学位背景优先；（2）3年以上知识产权相关工作经验；有大型知识产权事务所或企业、上市公司知识产权管理相关工作经验者优先；（3）较强的沟通协调及工作统筹能力；（4）清晰的逻辑性与数据分析能力；（5）良好的创新意识、冲突问题解决能力；（6）英语熟练，良好的听说读写能力。工作职责：（1）负责公司所有知识产权业务的跟进；（2）根据公司实际情况结合知识产权法律法规，建立完善的知识产权管理制度；（3）完成各项知识产权的规划、申请、维护、管理工作（商标、专利、版权等）；（4）进行有关行业研究，了解并及时更新国内外知识产权保护政策及制度；（5）维护公司利益，和第三方共同打击知识产权侵权。

为了防止侵权，知音传媒集团成立了法务部。法务部成立的初衷是妥善严肃处理问题稿件，一旦发现有问题的稿件，法务部就有权向总编辑建议撤稿或者换稿，以规避侵权风险或信息错误。并且，《知音》编辑部也有要求，任何作者在向杂志社投稿时，寄送稿件的同时还必须提供必要的材料，以证实稿件的真实性。一般编辑可能难以发现其中的奥妙，而大多毕业于法律专业的法务部工作人员通过核对判决书的编号、格式、落款、印章等细节，就可以发现造假的蛛丝马迹。有了法务部的专业协助，知音集团可以在审稿环节大大减少诉讼隐患，并尽可能规避侵权风险。

2. 在其下属各杂志、网络媒体上使用的版权声明

知音网上发布了其版权声明①：

## 版 权 声 明

本网凡在文尾注明"（知音网）"的所有作品，版权均属

---

① 知音版权声明［EB/OL］.［2015-08-11］. http://www.zhiyin.cn/copyright/about/copyright.html.

于湖北知音传媒集团，未经本网授权不得转载、摘编或利用其他方式使用上述作品。已经本网授权使用作品的，应在授权范围内使用，并注明"来源：知音网"。违反上述声明者，本网将追究其相关法律责任。

凡本网在文尾注明"（×××）（知音网）"的作品，均转载自其他媒体，转载目的在于传递更多信息，并不代表本网赞同其观点和对其真实性负责。

对于湖北知音传媒集团下属报刊通过本网发布的作品，本网受著作权人委托禁止任何媒体、网站或个人在未经书面授权的情况下转载使用。

知音网一直坚持按照法律规定转载使用作品，并支付作者稿酬。因部分作者无法联系，请未收到稿酬的作者及时与本网联系，以便奉寄稿酬。联系电话：027-68880665。

如因作品内容、版权和其他问题需要同本网联系的，请在30日内进行。

注：湖北知音传媒集团下属报刊包括：《知音》《知音（海外版）》《打工》《知音女孩》《好日子》《良友文摘》《智慧文摘》《商界名家》《知音漫客》《第一生活》《新周报》。

## 二、省外著作权企业战略调研

本节选取了国内外较为典型的企业著作权的相关运营模式与相关战略的资料，以供参考借鉴。

### （一）国内企业著作权典型案例调研

1. 超星数字图书馆的版权管理

超星的版权模式是先授权后传播。作者可以选择以下两种方案之一进行授权：

（1）赠送10年期读书卡。

作者同意将作品授权数字图书馆，数字图书馆向作者赠送价值3 000元的10年期读书卡，享受数字图书馆的VIP待遇。10年后授权作者可以要求继续赠送读书卡使用。

(2) 以经济方式给作者回馈。

超星事先支付作者每本图书 60~300 元，然后将该本图书经营收入（含电子书收费、按需印刷等）的 63% 支付给作者。

作者通过如下的个人作品授权书进行授权：

## 超星数字图书馆个人作品授权书

为促进优秀文化成果的传播利用，规范网络环境下作品的使用，推动中国数字图书馆事业的发展，尊重著作权人的劳动成果，经甲乙双方当事人协商一致，签订本授权书。

一、授权事项及双方权利义务

(1) 甲方同意将其拥有著作权的在本协议有效期之内以及之前的全部作品的信息网络传播权以专有许可方式授权给乙方，同时允许乙方将以上权利再授权给第三方使用。

(2) 仅授权部分作品或其他约定，请在第四条注明。

(3) 乙方向甲方赠送十年期超星作者读书卡，十年期满后，甲方若没有提出终止协议，乙方对甲方提供的超星作者读书卡服务将自动延续。

(4) 乙方赠送甲方的超星作者读书卡只限甲方本人使用，甲方不得以公布、销售、租借等形式提供第三方使用。

(5) 当甲方作品在网上被非法盗版传播时，乙方有权自行制止盗版侵权行为。

(6) 若读者需要以纸质形式阅读甲方作品但又出现断版的情况，乙方可以以复印、按需印刷等形式向读者提供甲方作品，但需要将定价的 10% 作为版权费支付给甲方。

二、违约责任

(1) 甲乙双方任何一方违反授权书义务，给对方造成损失的，应负相应的赔偿责任。

(2) 其他违约责任按有关法律、法规规定处理。

三、其他

(1) 乙方可出于公司内部业务重组的需要，通过书面通知甲方或者公告通知，将本协议的权利义务转让给与乙方有关联关系的企业。

(2) 本协议自签订之日起生效，有效期为十年，期满后三个月内双方无异议（异议须书面形式），本授权自动延续。

(3) 对本协议若有未尽事宜或发生争议，双方应协商解决，并可签订补充协议。协商不成时，任何一方可向北京仲裁委员会提起仲裁。

四、补充协议内容

五、乙方赠送给甲方的超星作者读书卡

卡号为：

超星这种以读书卡换授权的做法，使得每个向超星公司发放许可证的作者都可以分享超星数字图书馆的图书资源，授权的作者越多，可共享的资源越多，这种模式对作者和使用双方来说可谓"得到自己想要的"。

2. "A8"的版权声明

2011年10月国内的数字音乐服务提供商A8音乐宣布，旗下子公司快通联及主要股东刘晓松，收购酷狗公司21%股权，总计人民币4 208万元人民币。A8音乐相继推出"创作人计划"和"大学生电台联盟"等一系列音乐内容扶持计划，利用UGC平台收歌，并为歌手、创作人搭起桥梁。

在音乐版权方面，A8版权声明的部分内容如下：

## 版权声明（部分）

(4) 内容所有权

用户在A8音乐网上传的音乐，即表示用户有权且已经将音乐的信息网络传播权（包含但不限于表演者权、录音制作权、词曲著作权）非独家授权给A8音乐网使用，且同意授权A8音乐网将用户上传时设为"公开"的作品推广到第三方平台。

A8音乐网提供的网络服务内容可能包括：文字、软件、声音、图片、MV、图表等。所有这些内容受版权、商标和其他财产所有权法律的保护。

用户只有在获得A8音乐网或其他相关权利人的授权之后才能使用这些内容，而不能擅自复制、再造这些内容，或创造与内容有关的派生产品。

……

（6）免责声明

用户明确同意其使用A8音乐网网络服务所存在的风险将完全由其自己承担；因其使用A8音乐网网络服务而产生的一切后果也由其自己承担，A8音乐网对用户不承担任何责任。

A8音乐网不担保网络服务一定能满足用户的要求，也不担保网络服务不会中断，对网络服务的及时性、安全性、准确性也都不作担保。

……

（8）违约赔偿

用户同意保障和维护A8音乐网及其他用户的利益，如因用户违反有关法律、法规或本协议项下的任何条款而给A8音乐网或任何其他第三人造成损失，用户同意承担由此造成的损害赔偿责任。

从A8的版权声明来看，其版权涉及用户、音乐上传者、音乐权利人、A8音乐平台、其他第三人之间的权利。版权声明要求上传音乐的人确保自己是集用户、音乐上传者、音乐权利人于一身，并且要求上传者承担这种身份不一致造成对第三人损害的一切后果。但实际上这还是有风险的，需要A8更加审慎地对音乐上传者是否是音乐权利人尽到注意义务。

作为网络平台，它是容易侵犯音乐作品的著作权的，2015年7月8日，国家版权局发布了"网络音乐服务商停止未经授权传播音乐作品"的通知。通知提出：

2015年7月起,国家版权局启动规范网络音乐版权专项整治行动,加强对网络音乐服务商的版权执法监管力度,推动建立良好的网络音乐版权秩序和运营生态。基于网络音乐服务商未经授权传播音乐作品比较严重的情况,现责令各网络音乐服务商停止未经授权传播音乐作品,并于2015年7月31日前将未经授权传播的音乐作品全部下线。对于在2015年7月31日以后仍继续传播未经授权音乐作品的网络音乐服务商,国家版权局将依法从严查处。

据统计数据显示,截至2015年7月31日,下线音乐总数量已逾220万首,其中百度以64.2万居首,其他各家音乐平台都在自查和处理之中。

3. "咪咕音乐"的版权声明

咪咕音乐(原12530网站)是中国移动旗下的音乐门户,由中国移动无线音乐基地运营支撑。该音乐基地隶属于中国移动四川公司,是一个为用户提供专业无线音乐产品和服务的机构,其用户范围覆盖全国31个省份,共7亿移动用户。音乐基地逐渐构建起一个由音乐、通信和互联网融合的产业生态系统。目前音乐基地的内容合作伙伴已经达到了1 400余家,拥有国内最大的正版音乐内容曲库,收录正版歌曲数量达到300万,经累计咪咕会员1.2亿,已经举办了1 000余场"咪咕和TA的朋友"系列音乐活动[①]。

咪咕音乐声称接入和销售无线音乐产品100%为正版音乐,并积极号召新浪、百度等互联网渠道组成联盟,推动全行业加强版权保护意识。版权提供方维护的版权管理系统是其六大支持系统之一。咪咕音乐已经形成了7大门户,包括短信门户、WAP门户、WWW门户、PC客户端、IVR门户、手机客户端以及咪咕杂志。咪咕音乐涉及的核心业务包括:咪咕音乐、咪咕特级会员、咪咕铃声、咪咕爱唱、咪咕唱片、咪咕杂志、彩铃、歌曲下载(无损

---

① http://music.migu.cn/help/184_1024.html[EB/OL].[2015-8-11].

版)、来电铃声、咪咕音乐MV、咪咕音乐人、咪咕音乐排行榜、咪咕指数、短信搜索;"咪咕和TA的朋友"系列音乐活动等,这些都和版权密切相关。

咪咕音乐的版权声明为:

**版 权 声 明**

(1) 版权所有咪咕音乐网站服务内容所包括的文字、软件、声音、图片、录像、图表及为用户提供的其他信息受中华人民共和国法律保护。您有权利浏览上述所有信息,但未经咪咕音乐网站许可,您不得以任何方式复制、传播或以其他方式非法使用。

咪咕音乐网站传播正版音乐内容,任何单位或个人对本网站涉及其合法权益的内容存在异议,请第一时间通知我们,我们将停止传播,保护版权人的合法利益。

(2) 合法使用用户应合法地使用咪咕音乐网站所提供的任何服务,并对自己在本网上的行为承担法律责任。用户必须以中华人民共和国各项法律法规许可的方式使用咪咕音乐网站。用户不得利用咪咕音乐网站侵犯他人权力和利益。用户不得利用咪咕音乐网站传输法律禁止传播的任何信息资料。用户应遵守社会公德,不得利用咪咕音乐网站传输任何辱骂性、恐吓性、庸俗、淫秽的信息资料。

版权声明可以声明自己的版权,从而减少他人侵犯版权的风险;同时也表明了保护他人版权的意愿,提供了相关权利人的维权渠道,降低了侵犯他人版权的风险。

(二) 国外企业著作权典型案例调研

1. 谷歌公司的数字图书馆项目

Google目前被公认为是全球最大的搜索引擎,也是互联网上最受欢迎的网站之一。Google公司凭借强大的实力在全球搜索引擎市场中占据了最大的市场份额。在当今数字时代，信息呈现爆炸式增长。在组织网络信息以提供给人们更便捷的途径获取网络内容方面，Google 发挥了极为重要的作用。尤其进入 21 世纪，随着互联网的进一步大范围普及和网络技术的迅猛发展，Google 公司在信息资源数字化方面取得了很大的进展，开发了许多基于信息资源数字化的产品和服务。

搜索引擎在经过了十几年的发展之后，达到了目前这种高度复杂与高度发达的程度，但同时也引发了法律问题。对 Google 这样的搜索引擎而言，它面对着来自于知识产权法律体系的诸多挑战，尤其是来自于互联网上的文字、图片、音频材料的复制与传播问题。Google 本身不拥有通过它的搜索引擎所提供的内容，它的盈利方式是通过组织与检索丰富的互联网内容来吸引用户，然后通过广告来获取收入。在这样的过程中，很多拥有版权的材料的复制与传播是由第三方完成的，这就是搜索引擎知识产权问题的一个重要焦点。如国际唱片产业联盟提供的一项数据显示，搜索引擎提供的第三方上传的拥有知识产权的音乐作品严重危害了音乐产业的利益。

下面，我们就通过分析 Google 公司的一些数字化产品和项目，来进一步研究知识产权法律背景下 Google 公司在数字化方面的做法、面临的知识产权风险和数字化过程中取得的经验。

谷歌自 2004 年开始实施数字图书馆项目，致力于打造世界最大的数字图书馆，试图用自己的搜索引擎技术实现对数字化文献的索引与检索。这个计划的前提是获取可供扫描的印刷型文献。对此，Google 有两个基本的获取途径。第一个途径是 Google 的"出版者计划"：该计划中，出版商提供文献的副本以用于扫描，而如果可能的话，直接提供电子版内容，这个途径并没有成为争议的对象。第二个途径则饱受争议：Google 通过与各个大学与图书馆达成协议，扫描这些机构的全部或者部分馆藏。Google 的合作对象包括哈佛大学、密歇根大学、纽约公共图书馆、牛津大学等。尽管 Google 的协议的具体条款内容不得而知，但是毫无疑问的是，Google

所获得的权限仅仅是扫描这些图书,而不包括复制这些图书①。Google 对这些图书加以扫描数字化之后,建立索引数据库。但据"作品数字化"的定义,将作品进行数字化实际是一个复制的过程②。谷歌数字图书馆收录了全球近千万种有著作权的图书,并且收录时未经著作权人同意授权,很显然,这种行为容易引起版权纷争。

2005 年,出于对 Google 侵权行为的不满,美国五大出版商和纽约著作人协会联合起诉了 Google。面对指控,Google 试图通过达成和解协议在法庭外解决该问题。2008 年,在经过了长达两年的协商之后,Google 与出版商和著作人协会达成了 1.25 亿美元的和解协议。然而,美国司法部认为法院应当否决谷歌图书和解协议,并提交文件敦促纽约法院否决谷歌图书和解协议;2009 年 9 月美国版权局官员玛丽贝思·彼得斯(Marybeth Peters)表示反对谷歌与美国作家协会和美国出版商协会就侵权案达成的和解协议。2011 年美国纽约南区法院巡回法官和第二巡回上诉法院先后驳回了谷歌图书和解协议。

对于 Google 数字图书馆,反应激烈的不仅仅是著作权人,许多国家政府也表达了看法,采取了措施。德国总理安吉拉-默克尔(Angela Merkel)曾于 2009 年 10 月批评了 Google 的做法,旗帜鲜明地表达了反对的立场,并表示德国政府反对 Google 扫描图书馆图书的提议。2009 年 11 月 20 日,由法国国家图书馆牵头的欧洲数字图书馆在比利时首都布鲁塞尔正式开馆,旨在与 Google 强大的图书搜索项目相衡。日本计划推出官民合办的电子图书检索系统,由官方和民间共建日本大规模图书检索系统,以对抗谷歌数字图书馆计划。2009 年中国国家版权局等四部委联合下发通知,要求各地文化、教育部门所属图书馆加强著作权保护工作,严格遵守

---

① Dan L. Burk,The Mereology of Digital Copyright[J]. International Handbook of Internet Research,2010:135-146.

② 尹斐,郭睿华,辛丽娟,韩荣新. 数字图书馆构建中的知识产权保护模式探究——从谷歌侵权案谈起[J]. 法制与社会,2011(01下):256-257.

著作权等法律、法规，未经著作权人许可不得擅自复制，或通过信息网络传播他人的作品。这意味着作为谷歌的合作机构，中国的图书馆提供馆藏图书供谷歌进行扫描将受到限制。

另外，除了这些政府组织外，还有许多民间组织也反对 Google 的这一举动。比如开放图书联盟（Open Book Alliance）。该机构是一个非营利性的联盟，其主要成员包括非营利性作者、图书馆机构、雅虎、亚马逊、微软等，旨在反对谷歌与出版商和图书作者达成的图书和解协议的非营利性组织。很显然，这些联合起来的机构与谷歌数字图书馆之间有着明显的竞争和利益冲突。开放图书联盟认为谷歌图书和解协议会违反现行版权法，并有可能垄断全球最大的数字图书数据库的接入、传播和定价机制。

以下分析 Google 数字图书馆对于数字化作品的版权处理方法。对扫描作品、建立数据库这一过程中所涉及的著作权，有两种处理方式：一种是先获得版权所有人的授权再将具有版权的作品纳入计划中；另一种是"先斩后奏"，把著作权人已经许可扫描行为作为前提，而著作权人提出要求后才将相关作品排除出计划。Google 所采取的是后者。对于这一种做法，Google 的解释是：（1）由于法律原因，一些拥有版权的作品不需要在书中附版权声明（如对 1990 年以后出版的作品，美国的著作权法规定无需附加版权声明就可以获得保护），所以——找到版权所有者难度太大；（2）作品的出版商可能倒闭，著作权可能转移，这些都加大了找到著作权人的难度；（3）即使是找到了著作权人，协商的结果也极有可能是著作权人拒绝作品被扫描，从而降低了数据库的有用性，而著作权人索要的使用费和施加的使用限制更是使成本难以估算地增加。

根据美国版权法第 107 条的规定，合理使用要遵循四条原则：使用目的的非商业性；版权的本质；使用的量；对作品的潜在市场没有影响。Google 为了规避版权风险，进行了一定的业务处理。Google 目前不直接通过 Google 数字图书馆的版权作品获利，而是通过附加广告间接获利。谷歌将扫描的图书分为三类：第一类是公共领域内的，可以通过谷歌图书搜索服务全文阅读；第二类是获得授权的，会显示 1/5 左右的内容；第三类是未经授权的，只能看到片段。这种处理方式可以一定程度地规避版权风险。这同样出现在我国吴锐与读秀公司诉讼案件中，读秀网为网络用户提供图书搜索，用户能够搜索到的内容只有图书的版权页、前言、目录和正文8~10页的内容。涉案三种图书的用量与全书正文内容相比所占比例轻微，仅能使读者对该书有初步的了解，没有超过不当限度，不会导致损害作者基于著作权享有的人身权利和可以据此获得的经济利益的结果①，法院认为读秀网图书搜索服务未侵犯著作权。谷歌图书搜索服务与读秀网提供的搜索服务非常相似。但尽管如此，Google 的大规模扫描仍然蕴藏着版权风险，首先是 Google 扫描图书的合法性问题，扫描是一种著作权行为，在不构成合理使用的情况下，行使著作权行为都应该得到许可并且支付报酬，否则构成侵权行为。Google 虽然得到了这些大学图书馆的同意，但大学图书馆的同意是否在法律上构成著作权的授权还是依赖于这些大学图书馆和版权所有人之间的法定或者约定的版权关系。要考察从版权人到 Google 图书馆的扫描行为，权利转移的链条如果不是完整的，则 Google 具有重要的侵权风险。同时，虽然 Google 从显示内容上进行版权规避，但显示内容部分占全文的比例及其显示的是否是核心内容，这都和版权侵权密切相关，在实际业务中难以精确确定风险有无或者大小。

2. 苹果公司的数字音乐项目

苹果公司是由史蒂夫·乔布斯、斯蒂夫·沃茨尼亚克在 1976 年 4 月 1 日创立，在成立之初是一家生产个人电脑的硬件生产商，随着公司的发展，苹果的业务拓展到了软件的开发，并且在 2007 年由苹果电脑公司（Apple Computer Inc.）更名为苹果公司（Apple Inc.），表明了公司的雄心不仅仅局限在硬件生产与相关硬件平台的软件开发上。根据 DMCA（Digital Millenium Copyright Act）的相关内容，现在的苹果公司是一家信息服务提供商。苹果公司明确地宣称公司所拥有的商标、网站、广告等都是公司极为重

---

① 肖冬梅. 谷歌数字图书馆计划之版权壁垒透视 [J]. 图书馆论坛，2011（6）：282-288.

要的"知识财产"。

苹果公司重视数字音乐服务中的版权处理。App Store，即苹果应用程序商店，是苹果公司为 iPhone 系列产品开发的服务系统，用户可以通过这个服务系统下载和浏览所需的应用程序，这些应用程序包括游戏软件、社交软件、音视频软件、图书资料等实用应用程序。哈佛大学法学院费舍尔教授对 iTunes 模式做了如下评价："基于一种强制性的授权，建立一种替代性的补偿制度，发展出一种鼓励科技进步，同时有回报机制来尊重创新的方案。"它可以说是知识产权与税收管理机制相结合的产物，是法与经济的结合。在全球范围内，iTunes 运用合同和版权法进行双重保护，成为合法音乐下载的领头羊。苹果 iTunes 同时将 DRM（数字版权管理）技术加入"合同+版权法"的模式当中，DRM 技术限制用户对媒体文件的使用方式和适用范围，保证服务条款被有效承认就等于保障版权人的所有权不因非法复制而分散。通过运用合同法、版权法和技术三种卓有成效的方式得到了各国版权人的认可，iTunes 音乐商店在各国获得了许多的唱片授权和种类更为多样的数字作品。但也有人认为：苹果 iTunes 在线音乐商店为代表的"技术+合同+版权法"模式下，其对用户使用的限制会损及互联网的交互性和消费者权益，并可能影响衍生性创作[1]。哥伦比亚大学金斯伯格教授曾指出 iTunes 这种从授权网站上下载含 DRM 的作品的受控式访问是有一定市场和价值的，在后 P2P 时代，版权所有者不应相信"你们不应偷盗"的圣经格律会唤起使用者的良知，所以版权所有者必须有能力与"免费"抗争[2]。

作为数字技术的著名品牌，苹果公司统治了从硬件（iPod）、软件（媒体播放软件）到服务（iTunes 网上音乐商店）整条产业链，将所有相关市场和经济组织起来运作。"硬件+内容"的模式，

---

[1] 王博阳. 苹果 iTunes 网上音乐商店：版权制度的未来模式？[J]. 电子知识产权，2009（3）：28-32.

[2] Jane C. Ginsburg. The Exclusive Right to Their Writing: Copyright and Control in The Digital Age [J]. Maine Law Review, 2002, 195: 211-213.

使 iTunes 成为与 iPod 同步的唯一官方软件，这样 iTunes-iPod 就成了一个代名词，永远联系在一起，而 iPod 时尚的外观设计和卓越的性能使忠于苹果的用户只增不减。这种无缝商业模式为音乐人、版权人和苹果公司找到了一种新的赚钱方式。最重要的是苹果以高起点定位市场，与五大唱片公司签订协议，建立了一个足以吸引众多使用者的版权库，拥有了足够的营销本钱。iTunes 自身也提供了许多人性化的优质服务，如"五星评价体系"的检索方式将是未来实行差别定价的最好资料。iTunes 是一款媒体播放器的应用程序，2001 年 1 月 10 日由苹果电脑在旧金山的 Macworld Expo 推出。对于用户而言，iTunes 用来播放以及管理数字音乐和视频文件，能连接到 iTunes Store（在有网络连接且苹果公司在当地有开放该服务的情况下），以便下载购买数字化产品。对于苹果公司而言，iTunes 是苹果公司整合信息服务内容的平台。iTunes 提供的内容包括数字音乐、影片与电视节目、电子书、应用软件与博客以及标准长片，涵盖了苹果公司所提供的信息服务的全部内容。2011 年，苹果公司与环球唱片、百代唱片、索尼娱乐在内的四大唱片公司达成知识产权协议，正式推出数字音乐云服务 iCloud，给用户提供了全新的音乐体验，促进了 iTunes 平台数字音乐下载量的增长。在 2011 年 10 月，苹果公司的数字音乐服务已经登陆了超过 50 个国家，而在当年 11 月，Google 又在拉丁美洲 16 个国家开展了数字音乐服务，业务拓展极为迅猛。

　　要理解苹果公司音乐服务的著作权保护，可以从两个方面来理解：一是苹果公司对于知识产权所规定的一些通用条款，二是苹果公司就音乐服务知识产权的相关规定。

　　苹果公司有一系列与知识产权有关的条款规定，其中关于著作权的条款主要有以下几点：(1) 苹果公司明确声明网站是其重要的知识产权财产。(2) 网站所包含的所有的文字、图形用户界面、可视化界面、照片、商标、标识、声音、音乐、艺术品和计算机代码（统称为"内容"），包括但不限于设计、结构、选择、协调、表达、外观和感觉及其相关内容的组织安排，是由苹果公司授权和安排的，并受商业外观，版权，专利法和商标法，以及其他各种知识产权和反不正当竞争法。(3)除这些使用条款中有明确规定外，本网站的任何部分内容不被复制、翻印、再版、上载、张贴、公开展示、编码、翻译、传播或分发以任何方式（包括"镜像"）任何其他的计算机、服务器、网站或其他媒体出版或传播或用于任何商业企业，之前没有苹果公司的明确书面同意。(4)用户可以使用苹果公司的产品和服务的信息（如数据表、知识库文章和类似材料），由苹果公司提供从网站下载，但是需满足以下的条件：不能删除任何专有的通知语言的所有副本中的文件；使用这些信息只能出于个人、非商业宣传的目的，不要复制或发布此类信息，也不要在任何一台联网计算机上或在任何媒体上播放它；不能对此类信息进行任何修改；不要对这些文件附加任何额外的陈述或保证。(5)用户不得在网站上使用任何"深层链接""页面刮""机器人""蜘蛛"或其他自动设备、程序、算法或方法，或任何类似或等同的操作来访问、获取、复制或监控本网站的任何部分或内容，不得以任何方式转载或规避导航结构及本网站的相关信息内容。若有以上行为活动出现，苹果公司有权禁止。(6)未经授权，用户不能访问该网站的任何部分或功能，不能通过网站的服务或"黑客"、密码挖掘等不正当手段将其他的系统网络链接到苹果公司的网站上。(7)用户不能反向查找、跟踪网站其他用户或访客的信息，包括其他客户的苹果账户等，不能利用网站提供的服务或信息来揭露其他用户的信息，比如个人信息身份的识别（用户自身的个人信息除外）。(8)在使用网站的过程中，用户不得采取使用条款所禁止的或者其他非法行为，不得侵犯苹果公司或者其他人的权利。(9)对于链接到其他网站和苹果的网站，苹果公司声明：本网站可能包含其他独立的第三方网站（"链接网站"）的链接。这些链接网站仅是为了给访问者提供一种方便。这些链接网站不受苹果公司控制，并且苹果公司不负责和不认可这些链接网站，包括链接网站上所包含的任何信息或资料的内容；关于和这些链接网站的互动，用户需要作出独立的思考和判断。(10)免责申明："苹果公司不保证该网站或其任何内容、服务或功能将是错误或中断，或任何缺陷将被纠正，或者使用的网站将提供特定的结果；苹果公司不能保证用户从网站上下载的任何文件或其他数据将是安全的;苹果否认所有明示或暗示的担保,包括准确性、非侵权性、适销性和针对特定用途的适用性担保;苹果公司对用户的行为、遗漏或在使用苹果网站及服务时与第三方产生的行为不承担任何的责任;用户对所使用的链接网站承担全部则任。"(11)若用户违反使用条款,苹果公司将终止用户使用该网站的权利,并且会在法律、法规或相应的法律程序范围内合理披露需要的用户个人信息,以此避免公司的损失或权利被侵犯。(12)苹果公司对违反使用条款的用户及终止用户访问网站的第三方不承担任何责任。

苹果公司就音乐服务知识产权的相关规定主要包含授权方式和保护模式。其授权方式具有一定的独特性。从音乐版权的构成来看,音乐的版权包括两个组成部分:第一部分产生于音乐的谱写,第二部分产生于音乐的录制。从版权所有者来看,包括:音乐谱写者(作曲家、作词者)、音乐表演者(演唱者、演奏者、技术人员)、唱片品牌(如索尼音乐旗下的 Columbia Records)、音乐发行者(包括四大唱片公司和其他的独立发行者)。从音乐版权的授权方式来看,音乐版权的授权方式包括直接授权与代理授权。代理授权的机构有 ASCAP(The American Society of Composers, Authors and Publishers)、BMI(Broadcast Music, Inc)、SESAC、Harry Fox Agency、中国作曲家协会等。从音乐的许可类型来看,包括:mechanical license,该项许可允许许可持有者复制与销售非公共领域、非免费的音乐作品,但要以唱片的销售量和数字音乐的下载量为依据来支付使用费;performance license,当出于商业目的播放非公共领域的音乐作品,就需要获得该项许可证,并且支付使用费;synchronization license,当在电影,电视节目,广告等中嵌入拥有版权的音乐作品时,就需要支付使用费。

美国完善的集体代理授权体制给了苹果公司很大的便利。其中,ASCAP 与 BMI 这两家音乐版权集中管理组织(collective license bodies,以下简称 CLB)的规模最大,并且具有国家背景。美国对于音乐使用许可的申请采取了极为优越的政策,具体表现为:

（1）对于申请者而言。CLB 一般对申请者施加最小的限制。在申请过程中，申请者只需要将自己所需要使用的音乐、使用的方式提交给不同的 CLB，便可以无一例外地获得授权，该过程是不需要缴纳费用的。而且申请之后，在与 CLB 就使用费达成协议之前，在许可范围内的使用方式绝对不会遭到侵权的起诉。由于各个 CLB 负责管理版权的音乐涵盖了所有的音乐领域和美国本土大多数的音乐创作者，并且提供一揽子的集中授权，所以申请者的需求基本上可以满足。不仅如此，这些美国的 CLB 与多个国家的 CLB 之间存在着合作关系，可以负责为美国的申请者获得一部分海外创作者的音乐作品。

（2）对版权所有人而言。CLB 负责了交涉、授权、使用费确定、使用费收取、使用费分发的全过程，并且在使用费确定不下时，会由 CLB 出面通过固定的法院来进行解决（以 ASCAP 而言，通过纽约南区法院），为版权所有人免除了授权的整个繁琐的过程。各家 CLB 会定期进行调查，以根据不同的使用方式确定合理的使用费额度，这个过程需要考虑因为音乐的使用带来的直接收入（如对下载歌曲的收费，音乐专辑的出售所获得的收入），以及音乐的使用带来的间接收入（如免费音乐播放网站的广告收入，电视节目的广告收入，销售音乐带来的硬件销售量的增加）。这也为减少音乐使用者和版权所有者之间的纠纷提供了有力保障。而 CLB 同时会负责美国本土版权所有者的音乐在海外被使用的相关事宜，为版权人收取海外的使用费。以上这些对于势单力薄的独立音乐人以及小型唱片公司而言，尤其具有吸引力。

全球四个最主要的唱片发行商以及其旗下的品牌和音乐创作者大多是 ASCAP、BMI、Harry Fox Agency、SESAC 等美国本土的加盟者，这也就意味着通过这些 CLB，苹果公司可以一种低成本、快捷、法律风险小的方式获得大多数所需要的授权。可以说苹果公司之所以在数字音乐服务的过程中鲜有遭遇版权问题，与美国这一整套的集体授权机制有着密不可分的联系。

但同时，在必要的时候，苹果公司也会选择不通过 CLB，通过直接授权的方式获得音乐使用许可。

第一节 省内外著作权企业战略调研

2011年，苹果公司为了先于Google推出高品质的音乐云服务而与当时的世界四大唱片发行商分别签订了版权协议。在此之前，苹果公司只拥有在线播放128kps音质音乐的授权许可，而在获得了许可之后，苹果公司可以提供256kps乃至于更高音质的音乐，而同时也需要支付给唱片公司巨额的费用。这是一次成功地直接授权经历。

而一年多以后，根据《纽约时报》2012年9月18日的报道，Sony/ATV将于2013年1月份退出Collective Licensing Bodies的ASCAP与BMI。这一消息发布时，苹果公司正在和ASCAP与BMI进行谈判，为推出音乐在线或者线下流媒体播放服务作准备，而Sony/ATV刚刚于不久之前收购了同为世界最大唱片公司之一的EMI，从而拥有了EMI超过130万首歌曲的版权。拥有了全世界唱片公司中最多的音乐作品版权数（其中有大量的著名歌手的热门歌曲）的Sony/ATV具有向苹果公司索要更多使用费的砝码，因为如果苹果公司在没有收录Sony/ATV手中握有的如此之多的受欢迎歌曲的情况下推出音乐流媒体播放服务，那么其服务的价值将大打折扣。

我们可以比较一下苹果公司通过集体授权与直接授权两种方式获取音乐使用权的差别。CLB的集体授权具有三个方面显著的特点：一是往往具有国家背景；二是更加受到独立音乐人和小型唱片公司的青睐；三是更多的代表音乐的谱写者的利益。第一点使得CLB出于促进音乐被社会更加广泛利用的需要，而降低授权的门槛以及核定更为中肯的使用费，有利于苹果公司降低授权获取的成本与风险；第二点使得苹果公司能够更方便地获取很多难以通过直接授权而获取的音乐作品的使用权，能够降低苹果公司的谈判成本，也能使苹果公司获得长尾效益；而第三点则对苹果公司不很有利，因为音乐的创作者们可能会利用CLB向苹果公司索取额外的使用费，比如通过ASCAP要求国家以立法方式征收iTunes上30秒音乐试听的使用费。直接授权则具有往往对象是大型唱片公司的特点。大型唱片公司之所以常常不愿意让CLB来进行代理授权，是因为CLB为唱片公司所取得的使用费几乎都会低于唱片公司自己谈判能够取得的数额。如ASCAP与BMI拥有为其加盟者的音乐提供一站式的音乐流媒体播放授权的权力，因此Sony/ATV才会退出这些CLB。Google为开展音乐流媒体服务所进行的谈判最终流产，则是因为苹果公司认为Sony/ATV的要价太高。

从苹果公司在美国地区音乐授权模式中的成功经历和遭遇的阻碍来看，直接授权与代理授权各有优劣。主要表现在：第一，一些新型服务模式，对于苹果公司而言，往往更加适宜采用直接授权的模式，因为CLB几乎有一个共同的特点，即对相似或相同的使用方式采用相同的使用费征收标准。在这个数字音乐服务模式日新月异的时代，与之前的"相似性"正在变得越来越不明显。在这种情况下，更具灵活性的直接授权（主要是和大型唱片公司之间），其版权风险更小。这对于苹果公司这样的巨无霸ISP而言尤为如此。我们可以参照同是提供音乐流媒体播放的潘多拉：潘多拉通过ASCAP最终获得的价格是每首歌支付0.12美分，而苹果公司在很不情愿的情况下提供了0.2美分依然被Sony/ATV拒绝。显然，面临唱片销量连续几年滑铁卢的唱片行业渴望从苹果公司这样的数字音乐服务巨头手中获得更多的美元，苹果公司如果想要减少版权风险，就需要支付更多的使用费。第二，对于已经较为普及的服务模式，采用代理授权的模式更加有利。这种模式总体而言，是目前包括苹果公司在内的各种数字音乐服务商采用的主要授权方式。随着家庭录音机、CD刻录机等设备的普及，更加广大的人群加入音乐的创作与发行之中，从而产生更多的独立创作者。这些创作者一部分会被知名的唱片品牌发掘成为签约的创作者，而很大的一部分（无疑是大多数）将会继续作为独立创作者存在。对于这部分音乐创作者的作品，CLB的介入对于各方都更加有利。

苹果公司采用了多元的数字音乐版权保护手段——数字权利管理（Digital Right Management，以下简称DRM），合同手段与版权法手段的结合。苹果公司通过合同手段使用户给予了苹果公司限制用户对自己购买的数字音乐的使用的权利，使得苹果可以有效地控制在用户的行为中可能存在的侵权问题，如苹果公司在iCloud的使用条款中规定用户不会将该服务用于："侵犯任何著作权或其他知识产权（包括上载您无权上载的任何内容），或违反保密、雇用或不披露协议披露任何商业秘密或保密信息"，并且如果"协议内容被违反……则苹果公司经自行决定随时可以对内容进行预先审查、将内容移至他处、拒绝、修改和/或删除内容,而无需事先发出通知"。苹果公司对于各种版权保护手段的运用并不是孤立的,而是相互渗透的。比如,苹果公司在不同的国家,其使用条款会有些许的区别,同时保留相当的弹性,以适应不同的版权法律体系。

DRM 技术是指知识产权所有者用以控制自己作品的使用的一系列技术的统称①。其技术具有以下四种特点:"(1)非独立性,技术措施必须附在该保护物之上;(2)适当性,保护措施应该是防御性的;(3)有效性,要求技术措施能够有效地与版权作品相结合,起到阻止一般人的侵权行为的作用;(4)技术措施由版权人、邻接权人或者其他适格主体主动采取。"②

在 20 世纪 90 年代早期,John Perry Barlow 曾预言了旧有的知识产权体系的死亡,他认为对于以数字化形式表达的作品的版权问题,光是通过对旧有的知识产权体系的修补是无法解决的,必须采用一种新的做法。虽然他过早地给旧有的知识产权体系判了死刑,但是他对于"新的方法"的预言却成真了。这是一种版权法在 DRM 框架内结合合同法而产生的奇特的"新的方法"。③

WCT 中规定禁止绕过用以保护版权的技术措施,这一规定得到各个 BC 签约国的版权法的支持。DRM 就是一种综合运用多种信息安全技术,贯穿信息产品生产、分发、消费全过程的保护版权的技术措施。这种技术措施提供了一种被各国的立法予以广泛可行性认可的版权保护手段,但是也允许在有限的情况下被合法的绕过——比如为了达成互操作性。事实上,虽然存在可以合法绕过保护版权的技术措施的例外情况,但是用以绕过这些技术的设备却往

---

① 维基百科-DRM [EB/OL]. [2012-12-31]. http://zh.wikipedia.org/wiki/DRM.

② 王博阳. 苹果 iTunes 网上音乐商店:版权制度的未来模式?[J]. 电子知识产权, 2009(6):28-32.

③ Yee Fen Lim. Digital Rights Management: Merging Contract, Copyright and Criminal Law, DRMTICS 2005, LNCS 3919: 66-74//OdioWorks v Apple [EB/OL]. [2012-12-31]. https://www.eff.org/cases/odioworks-v-apple.

往是非法的，以至于这种"例外情况"极其容易成为一纸空文。

通过引入 DRM，数字格式作品的版权保护形成了三个层次：第一层是版权法，第二层是 DRM，第三层是通过使绕过 DRM 非法化而对 DRM 系统施加法律保护。显而易见，后两层是对传统的版权保护体系的扩充，这种扩充提高了版权所有者对自己作品版权的控制力——通过控制使用者对于作品的获取和使用。

在这种情况下，用户对作品的使用权限往往是由签订的合同里的条款决定的。尽管版权法可能给予了用户更广泛的权利，但是产品或者服务提供者（ISP）通过使用 DRM 系统而在与用户的关系中处于主导地位，从而能如自己所愿地订立合同。而当 ISP 同时在市场中享有统治地位的时候，其通过合同义务来约束用户的能力就更大。

DRM 在产生以后遭受的非议并不少，有人甚至将"Digital Right Management"戏称为"Digital Restrictive Management"。苹果公司利用 DRM 系统，对其 iTunes 平台上销售的数字音乐使用 AAC 技术进行编码，以实现苹果的硬件设备与 iTunes 的捆绑，同时阻断苹果的硬件设备和 iTunes 网上音乐商店与其他硬件和网上音乐商店之间的交互性。苹果公司称，其做法是在为用户构建一个"walled garden"，以给用户提供更加安全的环境和更加优质的服务。而一句来自于"electronic frontier foundation"的话从一个侧面评价了苹果公司的这一做法："……在为吸引顾客而作出的努力中，这些音乐服务用巧妙的行销遮掩了他们强加于你的限制条款。"① 换言之，苹果通过限制用户的自由——在非苹果公司的平台上播放自己购买的音乐的自由，来实现自己对市场的垄断。

苹果公司在美国和国际上都有因为捆绑 iTunes 音乐商店与 iPod 而遭到不正当竞争和侵犯版权的起诉。尤其是一些外国的判决甚至要废除一些苹果公司用于保护数字音乐版权的技术，这无疑对苹果公司产生了不小的触动。在 2007 年，苹果公司和当时世界

---

① 维基百科-DRM［EB/OL］.［2012-12-31］. http：//zh.wikipedia.org/wiki/DRM.

四大唱片公司之一的 EMI 进行了联合记者发布会，宣布用户可以通过每首歌支付 0.3 美元的方式，将 AAC 编码格式的数字音乐转换成非 AAC 编码格式的数字音乐——换言之，移除用户音乐库中数字音乐的 DRM。有用户表示，移除自己在 iTunes 音乐商店上购买的音乐的 DRM 过程复杂，非常花费时间，而当音乐库中的曲子过多时，所需要花费的金钱数量也很可观。仅在 2009 年之前，iTunes 音乐商店就已经售出了 60 多亿首曲子，以每首 0.3 美元计算，如果用户将这些曲子的 DRM 全部移除，则需要支付 18 亿美元。因此，有人称此为"18 亿美元的音乐税"，称取消 DRM 是苹果公司的一项敛财之举①。在这些众说纷纭的论点中，我们可以首先作为前提确信的有两点：第一，苹果确实使用 DRM 限制了用户的使用权，正如有学者提出的："（苹果公司）这种（对用户的选择的）限制非常具有讽刺性，因为苹果公司的成功部分基于他给用户的音乐消费提供了（更多的）选择"②；第二，苹果开创的网上音乐商店加硬件平台的模式确实抑制了 P2P 的音乐传播模式③，给面临着大萧条的唱片产业支付了大量的使用费，促进了音乐产业的发展。

有一种解释苹果公司成功的方式是通过网络效应的视角。网络的特点是：产品可以被使用的范围越广，则产品的价值越高。这就是网络效应。网络效应有直接与间接之分。直接的网络效应的代表是电话网络，其表现为：安装电话的用户越多，电话可以联络到的人也就越多，电话网络的价值也就越大。而苹果公司则是间接的网络效应典型例子，其表现为：苹果的产品与服务具有互操作性，用

---

① iTunes Music：The Cost of Removing Apple's Copy Protection [EB/OL]．[2012-12-31]．http：//tech.fortune.cnn.com/2009/01/07/itunes-music-the-cost-of-removing-apples-copy-protection/．

② Nicola F. Sharpe, Olufunmilayo B. Arewa. Is Apple Playing Fair？ Navigating the iPod FairPlay DRM Controversy. Northwestern Journal of Technology and Intellectual Property[J]．2007,5(2)：332-350．

③ 王博阳．苹果 iTunes 网上音乐商店：版权制度的未来模式？[J]．电子知识产权，2009（6）：28-32．

户可以在多个平台上使用苹果公司的产品和服务——以 iPod 为例，iPod 可以实现和 PC 以及 iTunes 音乐商店的互操作。

网络既可以扩大竞争也可以扼杀竞争。一方面，网络效应可以给用户提供更多的选择；另一方面，网络效应可以实现竞争对手之间的操作。网络效应给反垄断法提供了一个新的视角。一些传统意义上属于反竞争的做法，如搭售、掠夺性定价和排他性交易从网络效应的角度来看反而具有促进竞争的特性。事实上，对于苹果公司的各种垄断指控基本上控诉的也就是苹果公司有诸如搭售、掠夺性定价和排他性交易。

举例而言，在美国有两个由加利福尼亚北区法院审理的案例，原告认为苹果公司通过 iTunes 音乐商店出售数字音乐时，搭售 iPod，其核心是认为苹果公司实质上是在通过技术手段来谋求市场的垄断地位。同时这两个案例中，原告都认为苹果公司的 iPod 和 iTunes 音乐平台缺少与其他软件的互操作性。对于苹果而言，有一点是值得一辩的，那就是 iPod 和 iTunes 音乐平台之间并不完全符合搭售的定义。

## 第二节　湖北省著作权的企业战略对策

随着信息时代的来临，各企业面临的生存环境和信息制度也在发生着深刻的变化，首先，企业的业务类型由原来的传统模式发展为 O2O 模式，其次，企业的资源分布范围也大大扩展，不但分布在全国范围内，甚至延伸到国际市场。但是，信息时代也随之给企业带来了更大的知识产权侵权风险。企业都在力求发展的同时最大限度地规避侵权风险，在遵纪守法的前提下，依靠不同的救济途径，开展数字资源和网络信息服务。

一、市场途径：健全版权市场化服务体系

（一）建立"湖北省版权产业融资平台"

可以利用湖北省的金融机构、政府和信托公司出资搭建"湖北省版权产业融资平台"，通过征信建设和监管，重点以借款企业的版权信托作为担保,以对贷款项目全过程监控作为手段,为拥有自主版权的文化创意企业提供融资服务。平台将通过版权信托的金融创新模式,规范版权交易、促进版权流动,开发和延展创意企业的核心价值。"湖北省版权产业融资平台"可以为广大创意企业的发展提供资金支持,而且也为规范版权产业健康发展起到积极作用。

版权信托模式是版权融资领域的首创之举。以往,拥有自主版权的文化创意公司拿着版权等无形资产作抵押物去贷款时,很难说服银行,而且银行即便放款,通常也会伴有实物资产的抵押。但当信托公司介入后,文化创意公司把作品版权信托给信托公司,信托公司再以这部分信托资产做抵押物,协助申请贷款。由于在资金出现问题时,信托公司对信托资产有全权处置权,这样就降低了银行的风险,也降低了贷款的门槛。湖北省可以在"版权产业融资平台"建设中为版权信托模式预留空间。

(二) 规范版权评估业务

本业务可分为宏观性评估和微观性评估。

1. 宏观性评估

版权产业的宏观性评估目前还处于萌芽研究阶段,统计方法和评估模式还没有统一的标准。各国在评估时,不仅将版权产业的发展现状纳入考虑范围,更注重版权产业在调节宏观经济中的杠杆力量。核心版权产业、相关版权产业和边缘版权产业共同构成了版权产业的完整体系,但是,到目前为止,各国对于如何划分和归类各个版权产业所属模块还没有达成高度共识,缺乏统一的标准和尺度。评估和统计版权产业在国民经济发展中的指标主要有:版权产业的就业规模;平均薪酬和对经济增长的贡献率;国内生产总值的净产值(Value Added);来自对外销售的收入和出口的收入。这四个指标并没有面面俱到,很难具体来评估版权产业的发展情况,而是从宏观上给出了衡量标准,方便概括性地总结版权产业的发展方向。目前对很多产业的发展而言,其重点业务就是版权产业,如:电子出版、新闻影视、网络创作等,它们之间有着紧密的内在联系,不能将其在宏观经济中的贡献分裂开来。

2. 微观性评估

版权价值的评估方法通常有重置成本法、收益现值法、现行市价法。根据企业版权自身的特点，收益现值法是比较适用的评估方法，现行市价法在有些条件下也是可以采用的，重置成本法是相对不易采用的方法。原因在于：

第一，版权作品的重置成本非常难于取得。原因在于，独创性是版权作品的突出属性，这就意味着其创作过程也是具有创新性而难以复制的，因此，若想要重创版权作品，几乎没有实现的几率。

第二，现行市价法从理论上来讲是可行的。前提是版权交易市场的发展已经规范制度化，且具有活力，有可选的参照物来为版权交易定价，在这样的前提下，即需要成熟的市场才能运作现行市价法。

第三，相较来说，收益算法比重置成本法和现行市法价更适于测算版权价值，理由在于：经济收益是版权价值的生命之源，投资人根据市场调研和版权发展现状来分析版权在将来的实际应用过程中可能带来的经济价值大小和收益几率，并给出合理的价值预估，逐渐形成一个企业的金字塔版权评估模型，既立足于传统的评估方法又结合实际吸收最新的评估方法，最终为企业构建一个具有容纳性和适应性的评估模型。

（三）设立湖北省版权经纪人制度

版权经纪人制度在中国一直难以确立的原因在于政策性制约，中国出版业长期以来是一个非自由竞争的市场；盗版问题严重，出版经纪人往往很难保障其得到合理的收益，以及激烈竞争的图书出版市场，作者养不起专门的经纪人，经纪人无法养活自己。但近些年来，制约版权经纪制度因素开始改变。首先是政策性调整，无论是国有出版社还是民营出版社策划公司，市场意识大大加强，开始接受国际出版理念，按照国际惯例运作。版权保护意识和信用制度也在加强。随着互联网的发展，传统纸质书的销售虽然增长放慢，但是其他形式的阅读大幅度提高，提供内容资源的作者将有更多的渠道发表自己的作品，获得更多的收益。

随着现代出版过程的复杂化，版权产品的多样化，交易方式的专业化，版权经纪人的作用越来越重要。湖北省可以培养版权经纪人，版权经纪人的作用表现在：（1）挖掘作者资源。版权经纪人的最基础也是最核心的业务就是"物色"作者资源，遴选高产的作者，经过沟通谈判，协商利益机制，然后签订合同，作者接受版权经纪人的正面宣传和包装，然后共享经济回报。（2）负责处理作者相关版权事务。换句话说，就是作者授权版权代理人处理各种版权相关事宜，保证作者有相对充足的创作时间和安宁的创作环境，全身心投入创作。版权代理人要处理的事务包括：发现合适的出版商、沟通出版细节、敲定签署出版合约、做好宣传推广工作等。（3）帮助版权人获得最大回报。版权经纪人与版权人同处一个利益共同体，保障版权人的最大回报也是在为自己争取利益。

二、法律途径：充分利用各种免费信息

企业获得免费信息资源的途径包括两种，一种是获得法律的授权，另一种是获得合同的授权。从法律授权的角度出发，企业规避知识产权风险可以采用三种方式：一是充分利用各种公有信息，二是充分利用开放存取资源，三是充分利用"合理使用"的权利豁免。

（一）充分利用各种公有信息

所谓社会公有信息是指不受著作权保护（至少丧失了著作权中的财产权），任何人都可以无偿使用的信息，包括四类：第一类，不适用于著作权保护的作品。例如我国的法律、法规，国有机关的决议、决定、命令和其他具有立法、行政、司法性质的文件，时事新闻，通用表格等。第二类，著作权过期资源。著作权中的财产权都有一定的保护期限，其财产权过期以后，任何人都可以使用，既不必征得著作权人同意，也无须交纳任何费用，但在使用时不可侵犯作者的署名权、修改权和作品完整权等权利。第三类，部分外国作品。在我国，外国人、无国籍人的作品在中国受到保护必须具备如下三个条件之一：（1）作者所属国或者经常居住地国同中国签订协议或者共同参加国际条约；（2）首次在中国境内出版的；（3）首次在中国参加的国际条约的成员国出版的，或者在成员国和非成员国同时出版的。不符合以上条件的外国作品在我国不受到保护。第四类，达不到我国受著作权保护的独创性标准。并非任何信息在我国都受到著作权保护，它必须不是抄袭的，并且其创作凝聚了一定的智力劳动。

(二) 充分利用开放存取资源

2002年2月14日发布的《布达佩斯开放存取倡议》提出了明确的"开放存取"定义，即通过新的数字技术和网络通信，任何人都可以及时、免费、不受任何限制地通过网络获取各类文献，包括经过同行评议过的期刊文章、参考文献、技术报告、学位论文等全文信息，用于科研教育及其他活动。允许所有用户不受经济、法律和技术限制地阅读、下载、复制、散发、打印、搜索或超链接论文全文，允许自动搜索软件遍历全文并为其编制索引，允许将其作为软件的输入数据，允许有关的任何其他合法用途，而只需在存取时保持文献的完整性，除非登录、使用互联网本身有障碍。开放存取并不意味着要求版权所有者放弃所有权，或者将作品归入公共领域。有研究者从作者的角度审视开放存取，提出三种版权安排方式，即作者保留版权、共享版权和让渡部分版权[1]。可见，从产权角度看，开放存取资源和公有资源是不同的。开放存取并没有否定著作权的存在，相反，开放存取是以承认资源享有著作权为前提，只是将著作权纳入特有的运营规则。开放存取资源可以免费获取，是在网络环境下发展起来的一种新的重要学术交流模式。企业可以充分利用开放存取资源来扩充信息资源，利用这些资源提供给用户更便利的服务功能。

(三) 充分利用"合理使用"的权利豁免

合理使用制度是著作权法的核心制度之一，是为了平衡在著作权作品生产、使用过程中的各方面利益而采用的一种权利约束机

---

[1] Esther Hoom, Maurits ven der Greal. Copyright Lesues in Open Access Research Jounals: The Authors' Perspec-live. D-Lib Magazine, 2006, 12 (2) [EB/OL]. [2008-07-25]. http://www.Dlib.org/dlib/February06/vanderg raaf/02 vanderg raaf.html.

制。《著作权法》规定了一系列的"合理使用"情形。企业在运营中使用信息的时候符合"合理使用"情形的,可以利用该制度来节约程序。

### 三、合同途径:授权许可方式的合理采用

随着网络技术的普及,如果仅仅在企业内提供服务,这与企业社会化、远程化的服务动向相违背。对于服务和法制的两难处境,通过合同获得授权是最重要的解决办法。从合同授权的角度出发,企业规避知识产权风险可以采用以下方式:采购合同的约定授权、通过集体管理机构的约定授权、网络搜索链接的默示使用授权,等等。

#### (一)采购合同的授权模式

合同是企业在生产与经营过程中与其他市场主体之间发生经济法律关系的重要纽带。采购合同的合法性和约定内容的针对性是企业通过合同获得使用授权的基本着眼点。建立健全采购合同制度,与具有适合资质的资源提供商约定作品的复制权和信息网络传播权使用事宜,是企业适应网络环境提供服务的重要举措。采购合同的合法性,要求资源提供方具有相应资质,并对其授权内容具有合法权利。一是要考察资源提供方的资质问题,例如,如果是购买电影的放映权,提供方必须有电影授权资质。《信息网络传播权保护条例》要求企业开展数字化业务的前提条件之一是"合法出版",就指出版方首先要有合格资质。二是考察对方权利的来源是否真实合法。例如要购买数据库的网络使用权,要确保该数据库本身是没有版权纠纷的。如果该数据库收录文献属于侵权作品,则这种权利瑕疵将影响到企业对数据库的正常使用,甚至可能将企业带入侵权纠纷。约定内容的针对性,要求约定内容必须针对企业具体从事的行为而设定。该合同应包括如下条款:许可使用的权利种类;许可使用的权利是专有使用权或者非专有使用权;许可使用的地域范围、期间;付酬标准和办法;违约责任;双方认为需要约定的其他内容。

### (二) 大众许可的授权模式

大众许可模式是由苹果公司在 2003 年建立 iTunes 音乐店时设立的模式。根据该模式，音乐店与一些大学签订合同，允许这些大学的学生无限制地接受其音乐服务。事实上，中国大学常常应用这种模式购买科学数据库产品。限制 P2P 软件在一定范围内的应用并针对一定的群体进行收费，可以促进增值加工效率的提高。科学信息加工者也同样可以应用这种方式。因为"许可"实际上是一种合同形式，而合同是司法自治的重要体现，合法的合同是受到法律保护的。

### (三) 集体管理机构的授权模式

《著作权法》第 8 条规定了著作权人和与著作权有关的权利人可以授权著作权集体管理组织行使著作权或者与著作权有关的权利。著作权集体管理组织的作用与版权经纪人很类似，只不过一个是集体的概念，一个是个体的概念。著作权集体管理组织被授权后，就可以代替著作权权人行使权力，当有关著作权人的版权利益受到侵犯或有关著作权纠纷发生的时候，著作权集体管理组织可以以当事人的身份进行相关的诉讼、仲裁、调解等活动。根据《著作权集体管理条例》第 4 条规定"著作权法规定的表演权、放映权、广播权、出租权、信息网络传播权、复制权等权利人自己难以有效行使的权利，可以由著作权集体管理组织进行集体管理。"鉴于此，集体管理机构的约定授权对企业来说至关重要。

目前，版权作品增长迅速，版权人数量激增，一一授权没有可行性，也没有必要性，在这种背景下，著作权集体管理制度的出现，既没有突破法律的框架，又能解大量授权许可的燃眉之急。对于权利人来说，利用集体组织的力量比权利人个人维权要便捷、有效得多。在数字时代，一方面作品激增，作者队伍不断壮大，另一方面，版权作品传播速度和范围大大扩展，侵权风险也随之大增，因此，更有必要实行著作权集体管理制度来应对时代的变化。

从性质上讲，著作权集体管理组织只能是"基于会员的委托，代作品著作权人行使有关权利，解决作品使用的许可和付酬问题"的行为组织，它进行授权许可只是著作权人授权范围下的再许可，集体管理组织只有取得著作权人的授权才能代表著作权人行使权利。换句话说,集体管理组织从事集中许可的基础,在于版权人自愿向集体管理组织提供版权授权。所以问题的关键在于,作者是否懂得、是否愿意将作品授权版权集体管理组织管理。如果这一环节顺畅,那么通过著作权集体管理组织获得版权授权,将是成本最低、效率最高的方式。近年来出现了所谓的"延伸性集体管理"①,即在法律特别规定的范围内,集体管理组织也能管理非会员(即未向其授权的版权人)的权利,从法律的角度看,是一种扩张代理制度,即将著作权人团体与使用者团体签订的使用合同的规定扩大到团体成员以外的第三人的代理制度。北欧国家对"影印复制权"即采取"延伸性集体管理"的体系,使获得管理特定种类作品之集体管理组织可以授权影印复制机构,影印复制不在该集体管理组织管理目录内的特定种类作品②。

**(四) 强制许可的授权模式**

强制许可模式是指著作权人只有收取版税的权利而没有其他限制权利。这种模式的基本形式是对可能侵犯著作权的服务或者产品强制性地收取一定的费税,然后将这些费税补偿给相应的著作权人。这种模式在美国、加拿大、德国和其他一些国家都有所采用。这种强制许可模式有很多好处,例如可以使得公众为了个人或者非商业目的而免费使用相应作品,同时著作权人也可以得到相应补偿。数字环境下,强制许可也受到了挑战,私人协商和集体许可管理制度逐步代替了原先的强制许可做法。而且,事实证明集体管理(Collective Administration)的做法是成功的。在许多国家(如日本、德国、法国、意大利、希腊、西班牙、印度、韩国、以色列、阿根廷、巴西、智利、墨西哥以及香港等 45 个国家和地区),集体管理组织既许可音乐作品的复制发行权,又许可公开表演权,因

---

① 陶鑫,袁真富. 网络时代著作权许可制度的创设[EB/OL]. http://www.sipo.gov.cn/sipo/ywdt/mtgz/t20041110_36078.htm,2006-04-17.
② 徐海霞,袁真富. 论数字图书馆版权许可问题的立法对策[J]. 情报杂志,2005 (4):107.

此给被许可人提供了更加有效率的"一站式销售"服务,也为版权人提供了流水线式的使用费处理服务。①因此,2005年7月12日,在向美国参议院司法委员会知识产权分会提出的报告中,美国版权注册官(the Register of Copyright)Marybeth Peters 提出了修改版权法第 115 条的具体建议,围绕着数字音乐传输应该建立"一站式销售"模式提出了两个可供选择的方案:第一个方案是将第 115 条规定的强制许可进一步扩展到数字音乐传输,但是,要建立起与第 114 条音乐录音法定许可模式类似的"一揽子强制许可"(Blanket Compulsory License),或者建立起与其他国家类似的集体管理制度,将第 115 条规定的强制许可扩大适用于公开表演行为。第二个方案是彻底废除第 115 条规定的强制许可,仅规定集体管理组织的集体许可(完全由市场自由协议来解决),或者干脆简单地废除该第 115 条就可以了。最终在正式的修改法案中,采用了第一种方案。

### (五) 网络搜索、链接的默示使用授权

《信息网络传播权保护条例》第 14 条规定:"对提供信息存储空间或者提供搜索、链接服务的网络服务提供者,权利人认为其服务所涉及的作品、表演、录音录像制品,侵犯自己的信息网络传播权或者被删除、改变了自己的权利管理电子信息的,可以向该网络服务提供者提交书面通知,要求网络服务提供者删除该作品、表演、录音录像制品,或者断开与该作品、表演、录音录像制品的链接。"该条文肯定了提供搜索引擎和设置链接的合法性,也肯定了权利人禁止链接和禁止搜索的权利。对于企业而言,企业可以利用搜索和链接的功能进行服务。但是,如果企业接收到权利人的禁止链接和搜索的声明以后,要立即停止链接,否则构成侵权。

---

① Marybeth Peters, Music Licensing Reform, Statement of Marybeth Peters the Register of Copyrights before the Subcommittee on Courts[EB/OL].The Internet and Intellectual Property of the House Committee on the Judiciary, United States Senate 109th Congress, 1st Session, June 21, 2005. http://www.copyright.gov/docs/regstat062105.html.

## (六) 拆封许可证式授权模式

目前在网络上流行一种新的合同形式：网络包装合同，又称为"点击合同"①，因为只要在网上通过点击鼠标，就能完成合同的签署，而不需要亲笔签字，故又名"点击合同"，类似于软件的拆封合同。与任何一般合同一样，网络合同具有所有合同的一般特征，如必不可少的要约、承诺过程，但同时作为一种格式合同，"点击合同"还具有自己的优势，如：推动交易的进行、减少交易的费用、提高了交易的效率。与此同时，"点击合同"的缺点也浮出水面，缺陷主要在于它的不对称性，具体来说，就是格式合同的文本由一方单独提出，另一方没有协商或者修改的空间，只能选择接受或者拒绝。因此，格式合同肯定会面临无效的后果。网络包装合同要走上规范化的运作道路，遵循公平的原则，充分明晰权利人的义务，合理安排合同的条件界面，使其清晰明了，操作简便。

## (七) 创作共用式授权模式

自由、开放、共享是互联网的题中之意。在网上有很多作者，主张放弃财产权，将自己的作品传到网上，允许用户免费、自由复制和传播，但必须尊重作者的人身权利，比如注明出处，这就是开放式许可模式。在软件领域的代表是 GPL。目前在文字作品方面出现了创作共用授权协议（Creative Commons Attribution License）。由于其灵活的授权机制，因而在 OA 仓储中日益普及。

所谓创作共用协议是在由斯坦福大学数字法律和知识产权专家领导下为创作共用组织制定的有关数字作品（文学、美术、音乐等）的许可授权机制，其宗旨是为了让任何具有独创性的作品都能有更多机会"抛头露面"，被大众欣赏、分享甚至是鼓励大众再创造。任何知识都是有一定的生命周期，在这个周期内，知识的价值才能得以实现。让更多独创性作品被大众接触的过程也是最大限度实现知识价值的过程。"保留所有权"（All Rights Reserved）是最常见的版权声明方式，但同时也是最为滥用的方式，导致"侵

---

① 电子商务合同基本法律问题研究[EB/OL]. http://www.bokee.net/companymodule/weblog_viewEntry.do? id=37846, 2006-04-17.

犯版权"的主体触及每个使用版权作品的人。但事实是,对于自己的任何作品,甚至有些本来就是二次创作的作品,版权人习惯或者跟风都声明"保留所有权利"。这样做的弊端很明显,那就是限制了版权作品的传播,作品的价值是通过传播、使用从而得以实现的,若所有作品都不分轻重冠以"保留所有权利",那就无法充分实现作品的价值,作品独创性由于传播范围受限也就因此黯然失色。可惜的是,越来越多的版权人开始充分理解保护版权与实现作品价值之间的博弈关系,纷纷倾向于"保留部分权利"(Some Rights Reserved)或"不保留权利"(No Rights Reserved)。

创作共用协议机制为作者提供了由4个最常见的授权选择的组合方式:(1)署名(Attribution):自由使用,但是必须注明原创者姓名;(2)非商业用途(Noncommercial):自由使用,但是不能用于商业用途;(3)禁止派生(No Derivative Works):自由使用,但是读者不可更改、转变或者基于此作品重新创作新作品;(4)保持一致(Share Alike):自由使用,但如果读者要基于当前作品更改、变换或创作新作品,那么就应当按照与当前协议完全相同的协议分发最终作品。一般而言,通过上面四种基本方式的组合,可以构成11种常见的组合方式,体现了从"松"到"紧"的授权限制。这11种组合方式分别为:署名;署名—非派生作品;署名—非派生作品—非商业用途;署名—非商业用途;署名—非商业用途—保持一致;署名—保持一致;非派生作品;非派生作品—非商业用途;非商业用途;非商业用途—保持一致;保持一致①。

值得一提的是,创作共用组织目前正在针对学术研究内容制定专门的"科学共用"(Science Commons)协议,与创造共用协议一样,将要出台的科学共用协议也将是基于现行的版权法和专利法,即在现行的版权法和专利法的体系框架下推出法律和技术机制,排除数字内容产业共享的障碍,从而使科研人员更加方便地使用论文、数据以及其他类型文献,更加方便地同他人进行知识共享,以

---

① 创作共用约定[EB/OL].http://www.creativecommons.cn,2011-04-16.

更好地满足科研人员的信息需求,促进科学创新。

用户也就是创作者,这也是 CC（Creative Commous）创始人劳伦教授非常强调的,他多次演讲中都提到这样一个观念,这样一种创作模式的变化,从只读文化到读写文化的变化,只读文化就是创作者和使用者,作者和读者是分离的,那么在读写文化环境下,创作者和使用者,作者和读者是合二为一的。所以用户即创作者,形成一种读写文化,当然就带来了新的特点。

CC 协议这样的模式,它是支持混合经济的,可以说是混合经济得以实现的一种非常好的法律工具。所以回应这样一种数字技术带来的对于知识的设计传播和获取所带来的挑战,那么作为这样一种对这个挑战的回应,这种新的模式就是 CC 协议的模式。

四、技术途径：技术措施的充分保障

《著作权法》第 47 条规定,未经著作权人或者与著作权有关权利人许可,故意避开或者破坏权利人为其作品、录音录像制品等采取的保护著作权或者与著作权有关权利的技术措施的,属于著作权法规定的"侵权行为"。目前,数字版权保护技术越来越先进,如加密、数字水印等被广泛用于保护著作权不受侵犯或者为版权纠纷提供依据。但技术之间也是相互制衡的,没有一项技术可以做到天衣无缝,技术可以实现的就是充当"阻止人们非法拷贝的减速器"[①]。同时,现存的版权保护制度与版权保护技术之间也有矛盾和冲突。原因在于,在技术之前,版权作品有著作权法保护。但是现在,版权作品受到著作权法和技术措施的双重保护。技术措施的额外保护就大大限制了"合理使用"的范围,比如,合理使用允许个人为了学习和研究可以不经过许可而且不用付酬地"合理使用"某作品,但技术措施的限制就剥夺了用户"合理使用"的权利。因此,技术措施的发展也需要有制衡机制,要在保护版权与保障公众利益之间找到一个恰到好处的平衡。科学信息机构常常为自

---

① A "Speed Bump" vs. Music Copying, Bus. Wk [EB/OL]. [2012-03-12]. http://www.businessweek.com/bwdaily/dnflash/jan2002/nf2002019_7170.htm.

己有著作权的信息设置访问控制,在制度之外另外架设技术保护的屏障。因为,如果没有这道屏障,著作权就不能得到较好保护,但是过度保护又会损害公众合理的信息获取权。面临这一两难困境,需要更进一步探索合理的技术保护措施,构建科学信息著作权人、P2P软件提供者、网络服务提供者,以及更广大公众之间的利益平衡机制。

(一)建立"湖北省版权交易信息平台"

该版权贸易平台应该包括如下的功能:

(1)以多种功能的版权服务为核心。版权贸易平台应该是一个综合服务体系,涵盖作品的创作、传播和使用,以及作品登记、代理、展示、拍卖等信息内容,其目的在于针对不同作品特点和市场需求采取不同的策略,包括作品衍生品市场的开发,实现多种载体形式、多种经营模式共存的版权交易活动等。版权信息平台将通过展示作品版权的市场前景,把握市场规律,开发增值的空间,促进产业链的形成。目前,最有可能进行产业化运作的是音像、动画、影视、网游市场。

(2)以信息资源整合为内容。在新的市场环境中,版权的增值是通过合理分工、权利明确、规范操作,以及在稳定的市场规则下实现的。这是以版权经营推动产业化发展的必然选择。版权信息资源还包括与创作者、权利人建立广泛的联系,通过与作者直接建立信息渠道,在作品创作与出版之间搭建桥梁,形成互补关系。

(3)以作品的创作、传播和使用的权利行使为动力。促进资本、技术与资源的结合,促进出版产业的发展,需要在投资者与权利行使之间建立紧密联系。投资者不仅关注利润回报,还关注制作、生产以及版权运转的整个过程,以降低风险,扩大传播,进行市场合理分工下的专业化操作。

(4)以版权交易实体操作为运作基础。建立版权交易平台,调整版权中介的定位。版权实体操作,是以版权经营方式引入资金,组织作品资源,通过版权合作与转让,进行市场运作。建立版权交易平台,包含版权贸易的三要素,即信息、人才和渠道,加上实体运作,引入更多的资金和资源。最终是创建一个公平竞争、规范有序的市场秩序和游戏规则。

（5）版权交易信息平台可以分为大宗交易系统、集中交易系统、电子商务平台等模块，实行经纪机构代理交易制度，为版权持有方和版权需求方搭建了一个常态化的交易平台，使版权买卖双方在专业机构充分参与的情况下，实现信息对称、充分竞价、诚信、法律保障的公开市场买卖。本平台可以进一步推出版权电子商务和数字版权分发平台等创新交易模式。

(二) 建立"湖北省版权作品登记平台"

虽然前面提到的版权交易平台有作品登记的信息内容，但是可以将交易平台的作品登记板块做得更专业化，成为湖北省数字作品版权登记平台，为版权交易平台和其他版权平台奠定基础。

1. 现有水平

湖北省版权保护中心是省编办批准，省新闻出版局（省版权局）的直属事业单位。在著作权登记方面，该中心提供了各种版权登记服务，例如进行各类作品自愿登记、版权质押合同登记、计算机软件登记；出版境外图书、境外音像制品合同登记，出版、复制境外电子出版物和计算机软件授权合同登记。同时，该中心还提供与各项登记有关的咨询服务，代为起草与各项登记有关的文书，联系与登记有关的事务等。

2. 基本功能

湖北省版权作品登记平台应该包括：

（1）版权作品登记。

（2）合同备案。

（3）作品权利信息查询。

（4）版权贸易展示。

（5）数字水印加密技术应用。该平台的建设应该充分考虑数字作品的特点，采用数字水印加密和图像自动检索技术，使得数字作品在获得版权登记的同时也获得先进科技手段的技术保护。数字水印技术能够解决数字作品隐蔽性、安全性、鲁棒性等技术问题，可在保持原数字作品尺寸、画面的背景下加入隐秘的水印，这样，即使原作品被压缩、像素有变化，甚至被局部截图等，数字水印加密技术也都能一一识别并予以保护。

(6) 作品版权认证。本功能能够提供对版权作品的查询。

我国现行有关版权登记的规定主要体现在《作品自愿登记试行办法》《著作权质押合同登记办法》《计算机软件著作权登记办法》三个"办法"中。《作品自愿登记试行办法》主要针对一般性作品的权属证明登记，并简单规定了登记的程序、需要提交的文件等；《计算机软件著作权登记办法》主要是针对计算机软件本身的特点而专门制定的条例。这种做法为世界上多数国家所遵循。《著作权质押合同登记办法》是依照我国《担保法》对著作财产权设定质权而作出的特别规定，主要规定了质押合同登记的一些程序性规定、需要提交的文件等。该办法的一个实质性的内容是把登记作为著作财产权质押合同的生效要件（第3条）。

(三) 开发防盗版的数字水印技术和权利管理信息系统

(1) 数字水印技术的一大特点就是有助于识别正版与否，这对于执法部门来说是一大福音。原因在于这一技术方便相关部门快速、准确地鉴别原本的著作权人，对于打击盗版、规范市场、提高执法水平和效率都有着重要意义，同时也是维护版权人正当利益的武器之一。

(2) 为了进一步发挥数字技术在保护版权方面的积极作用，湖北省版权行政管理部门应该加大对该技术的资金和政策扶持力度，一方面鼓励具有自主创新能力的企业投入到反盗版技术的研究之中，对于具有突出贡献的企业，对其成果进行宣传和推广，另一方面，关注国外相关技术的发展，积极引进先进的科技成果。国内外学术界对技术措施的分类主要有两种，即控制接触作品的技术措施和控制使用作品的技术措施。数字水印技术和权利管理信息系统可以委托高校的相关研究人员参与项目设计。

(3) "水印"技术已经被广泛地用于图片、音像制品以及软件上以防止这些作品在传播的过程中被盗用，保护著作权人权利不被侵犯。因为只要"水印"存在，就能追本溯源，鉴别原始的著作权人。

### (四) 利用技术措施保护著作权作品

保护知识产权直接依靠的是法律授权和合同授权。但是，技术突破也是极为重要的补充机制，尤其是在数字环境下，技术措施在版权保护方面发挥了法律和合同授权不能触及的作用。企业利用技术途径规避知识产权风险表现在：一是保护企业开发的增值信息免受侵权之灾，二是避免自己侵犯他人享受著作权的作品。《信息网络传播权保护条例》涉及技术措施的条文包括第4、10、12、18、19、26条等诸多条文。

1. 企业需利用技术措施保护他人享有著作权的作品

《信息网络传播权保护条例》第10条第（4）款明确要求"采取技术措施，防止本条例第7条、第8条、第9条规定的服务对象以外的其他人获得著作权人的作品，并防止本条例第7条规定的服务对象的复制行为对著作权人利益造成实质性损害。"分析该条文可以发现，企业利用信息采取的技术措施要达到"控制复制"与"控制传播"两种目的。

（1）控制复制。控制的行为是"复制"，控制的程度是"不对著作权人利益造成实质性损害"。条文采用的"实质性"的术语，表明一些信息并非完全不能复制，而是数量上不能太大，必须维持在合理的范围内。至于何谓"实质性损害"，并无相关解释。

（2）控制传播。控制的行为是"获得"。因此，"控制传播"主要是采取控制接触作品的技术措施，以防止对在线作品的访问。最常用的是口令技术和问题化技术。企业还应主动采取保护作品完整性的技术措施，防止未经授权的修改或篡改。出于保护著作权人与企业自身权益的双重考虑，也为追查侵权行为提供线索，为司法救济提供依据，企业还要采取识别侵权的技术措施。

2. 利用技术措施保护自己的增值开发信息不受侵权

一些文化企业对某些文献的增值加工可以形成自己享有知识产权的作品。相关企业可以利用技术措施来进行控制以保护这些知识产权。目前一些数据库商就使用阅读器如 Acrobat、Apabi、超星等保护知识产权。超星阅读器中采用了下载计费、数字底纹加密和硬盘绑定等措施，下载后，电子图书不仅只能用超星阅读器来看，并随时统计每部作品被阅读、下载的页数和次数,而且规定最大的并发用户数量,避免了多次复制。但是其数字版权保护技术仍然存在漏洞,被屡次破解。数字化产品一旦解密,很难再阻止盗版的传播。相关企业需要进一步开发具有良好控制功能但不影响用户使用的软件来实现产权保护和控制功能。

### 五、业务途径:企业产品的增值加工

企业产品的增值加工需要注意技术引进与技术创新的结合。引进是为了创新,在消化、吸收的基础上进行自主创新,实现从技术引进到自主创新的跨越。从欧美到东亚,世界各国几乎无一不引进过别国的先进技术,直至自己处于技术领先地位。引进可以达到设备更新、人才培训、提高产能、减少进口、节约外汇等多重功效,高起点地发展自己,缩小与先进水平的差距。但是引进不是照搬,必须与消化吸收相结合。如果不能处理好技术引进与消化吸收之间的关系,就很容易陷入"引进→落伍→再引进→更落伍"的恶性循环,这也是很多企业虽然不断引进国外先进技术,但依然没有走上自主创新之路的原因所在。引进别人的先进技术,通过消化吸收,在此基础上进行改进和提高,形成自己的核心技术,拥有自主知识产权,并发展为自己的品牌,进行再创新,与原始创新、集成创新相结合,是提高区域自主创新能力的有效途径。

企业对于他人享有著作权保护且根据法律不能免费使用的相关文献,在不能获得合同授权的情况下,利用这些信息开展服务需要采取一些变通措施以规避知识产权风险。最好的措施就是对涉及相关文献的企业产品进行增值加工。这些增值信息不但可以用来继续提供服务,而且还能够成为企业自己的知识产品。企业可以通过三个方面来实现企业产品的增值加工:一是生成用于信息报道的书目、文摘、索引数据库;二是生成用于信息导航的网站系统;三是生成用于信息咨询的参考咨询、定题跟踪和战略情报形成的产品。

#### (一)用于信息报道的书目、文摘、索引数据库

信息报道是一些传媒企业的重要业务。所谓信息报道,是指借用传统的二次文献方法,包括书目、索引、文摘、引文等方式,将

其所拥有的文献信息数字化后,作为网上资源高效率地展示给读者。随着信息报道方式的现代化,手工生成的信息报道产品和机器生成的信息报道产品并存;信息报道的数据单元和拥有大量信息报道数据的信息报道库并存;信息报道的基础产品(只收录书目、索引、文摘等)和衍生产品(包括信息报道标准、信息报道格式转换等)并存。相关企业制作的信息报道库如果在材料的选择和安排上具有独创性,则享有知识产权的保护。针对享有版权保护的作品制作书目、索引、文摘数据库的时候,企业不能复印和摘录其主体部分或者实质性部分或者可能构成独立作品的部分,以规避侵权风险。

(二)用于信息导航的网站系统

企业的导航网站是一个增值信息产品,是以企业信息资源为基础,同时对互联网上的相关信息资源进行搜集、组织和有序化整理,利用链接技术和搜索引擎技术建立而成。导航网站要充分利用数据挖掘技术和网页分析技术,从大量数据中提取出可信的、新颖的、有效的并能被人理解的知识。它包括数据预处理、数据挖掘、知识表示,这些过程需要借助各种不同类型的数据挖掘系统,实现数据总结、数据分类、数据聚类和关联规则等功能。信息导航系统不侵犯被导航信息的知识产权。

(三)信息咨询形成的产品

信息咨询已经成为企业新的业务生长点。信息咨询形成的产品集合了企业员工的智力劳动,常常因为具有著作权法要求的独创性而受到著作权的保护,形成了自己的知识产权产品。在具体业务中主要包括:(1)在参考咨询中,参考咨询的常见问题库(FAQ)、知识库、专家库等集合了显性和隐性知识,成为相关企业新的增值信息产品;(2)在定题服务中,企业员工在了解相关科研项目的基础上,设计的定题服务方案、检索策略,构建的定题服务数据库等融入了智力性劳动,应该受到知识产权的保护;(3)在战略情报服务中,运用文献计量学的方法,从图书馆及互联网海量的文献信息资源中捕捉到有战略价值的情报,加以科学整合,形成研究报告。这些研究报告具有独创性,属于知识产权保护的产品。

企业也可以通过对不享有著作权的文献进行深度加工，整合一切相关信息资源，生成高附加值的信息产品，从而享有著作权。这些信息产品可以提高文献的可利用价值，并可通过国际互联网提供服务。通过自建特色数据库，开发新的数字资源，可以走有特色的数字化之路。当然，对于部分未完全解决著作权问题的数据库则要适当调整，通过这种方式，企业的资源体系可以得到优化并有效规避知识产权风险。

## 六、管理途径：管理制度的不断完善

### （一）推动和完善省著作权集体管理组织

我国先后成立了中国音乐著作权协会（1992）、中国文字作品著作权协会（1997）及中国音像著作权集体管理协会（2008）等相关著作权集体管理组织，分别对音乐作品、文字作品及音像节目作品的著作权及与著作权相关的权利实施集体管理。相比较国外的集体管理组织，我国2004年颁布实施的《著作权集体管理条例》，其内容具有浓厚的行政色彩，极易导致著作权集体管理组织走向垄断。

在我国，著作权集体管理组织的性质都是非盈利的，但是其运作方式又采用的是企业化的运营模式。而在很多其他国家，如美国，著作权集体管理组织可以采用有限责任公司方式设立和管理，其活动因此也就被视为商业性活动。

我国版权集体管理组织均为非营利性社团法人，但实际上又都实行企业化运营方式。在美国等国家，版权集体管理组织可以采用有限责任公司的方式不仅受到司法部等行政部门的严密监控，还要受反垄断法和公司法等经济法规的规范。我国《反垄断法》没有直接规制版权集体管理组织的条款。在立法如此缺失的情况下，我国版权集体管理组织更易滥用其垄断地位以牟取不正当利益。湖北省在发展版权中介的时候，要注意充分利用集体管理组织，同时要防止集体管理组织的低效和垄断，为版权的市场化提供更好的高效服务。

## （二）加强企业内部的知识产权管理

应设专人从事知识产权管理工作，权责分明。由知识产权主管参与公司的日常，对于重要的事务给出参考性决策，如：企业发展规划、人事任免与招聘、拟定和签署合同、应对诉讼的策略、做好售后服务等。建议大中型企业设立知识产权部，小型企业设立知识产权室。知识产权机构应主要开展以下工作：制定符合本企业创新与发展需要的知识产权战略。根据情况制定必要的专利战略、商标战略、商业秘密战略、著作权战略；及时搜集本领域（特别是竞争对象）技术发展、市场变化、政策变化等方面的最新信息，可以以《知识产权信息简报》的形式供企业使用；管理本企业的知识产权财产（专利、商标、商业秘密、申请、保护、建档等）；监督本企业的知识产权流动情况（人员流动、技术引进、技术输出、许可证、劳动合同、销售合同、侵权、诉讼）；建立本企业的知识产权信息系统；编制《知识产权手册》发给每一位职工，制定本企业的知识产权工作制度；定期开展知识产权知识培训；与知识产权主管部门建立密切的联系。

## （三）信息资源著作权评价工作的常规开展

评价工作包括两个部分，一部分是对已入藏的信息资源，一部分是对计划收藏的信息资源。无论是已藏信息还是计划收藏的信息，都要按知识产权状况进行区分。根据上文的分析，可以做如下划分：(1) 不适用版权保护的信息；(2) 版权过期信息；(3) 达不到版权保护标准的信息；(4) 可以在一定情况下合理使用的信息；(5) 版权已经让渡可以开放存取的信息；(6) 通过合同已经约定使用方式和使用权利的信息；(7) 通过集体管理机构已经获得授权的信息；(8) 网络搜索和链接的信息；(9) 信息报道的书目、文摘、索引等信息；(10) 信息导航的网站系统信息；(11) 信息咨询信息；(12) 已经通过技术措施予以保护的馆藏信息；(13) 已经通过技术措施予以保护的增值开发信息；(14) 其他类信息。其中，前十一类是并列的，第12、13类和前十一类具有交叉性，最后一类可以容纳前面无法包含的信息。要分析这些信息的知识产权处理现状和需要继续进行的工作。

### (四) 提高用户的知识产权素质

网络环境中,企业承担的版权责任往往不是因为自身的使用行为引起版权纠纷,而是由于用户的违规使用作品而引起的。因此企业应该规范并引导用户正确利用作品。具体措施为:对用户实行合同化管理,以合同体条款的方式将用户使用版权作品的规则、方法、权利与义务等确定下来,与用户签订使用合同。但仅仅依靠这种方式来消除用户的非法使用行为和提高用户的知识产权意识是远远不够的。用户版权意识和版权保护技能的普及与提高是一项持续性的事情。所以,不能把签订合同当成企业对用户管理活动的结束,而应看成是对用户版权教育和培训活动的开始,企业应以各种方式宣传著作权知识,提醒用户注意保护版权,并告知用户侵权的后果,同时加强对用户利用数字化作品方式方法的监督指导,纠正其不良行为,消除侵权隐患。

# 第五章 湖北省著作权的法制战略

早在我国古代就已经出现了"法制"一词。然而，直到现在，人们对于法制一词的概念都有不同的理解，对其的使用也不相同。狭义的法制概念认为法制即法律制度，是指掌握政权的社会集团按照自己的意志、通过国家政权建立起来的法律和制度。广义的法制，是指一切社会关系的参加者严格地、平等地执行和遵守法律，依法办事的原则和制度。另外有观点认为法制是一个多层次的概念，它不仅包括法律制度，而且包括法律实施和法律监督等一系列活动过程。本书主要是根据狭义的法制释义，即对法律制度进行战略分析，研究湖北省法律制度的现状，分析出不足，并提出相应的措施。

## 第一节 著作权法制战略调研与分析

有关著作权的法律制度，除了有全国性的，还有地方性法规。根据《中华人民共和国立法法》的有关规定，省、自治区、直辖市的人民代表大会及其常务委员会根据本行政区域的具体情况和实际需要，在不与宪法、法律、行政法规相抵触的前提下，可以制定地方性法规①。本节主要是对湖北省有关著作权的法制战略的立法和司法现状进行大致的分析，然后对这个整个国家的著作权立法和

---

① 中华人民共和国立法法. 检察日报社[EB/OL]. [2015-08-24]. http://www.spp.gov.cn/zdgz/201503/t20150319_93450.shtml.

司法现状进行调研和分析，并以此作为参考。

一、湖北省著作权立法与司法战略调研

湖北省是中国最早制定著作权管理地方政府规章的省份，一直很重视立法工作和司法实践。对其著作权法制现状的调研分为立法和司法两个部分，立法主要是从湖北省著作权的各种规范性文件进行分析和研究，司法方面是根据湖北省著作权方面的典型案例进行分析和研究。

（一）湖北省著作权立法（含各类规范性文件）调研

自 1996 年 7 月 1 日起施行的《湖北省著作权行政管理暂行办法》（以下简称《暂行办法》），使湖北省成为全国最早制定著作权管理地方政府规章的省份①。自颁布实施以来，《暂行办法》对湖北省内的著作权管理的增强和规范、著作权人合法利益的保护和社会创作积极性的激发有积极的促进作用，同时也促进了湖北省文化事业的繁荣和发展。2011 年对其进行修改确定了《湖北省著作权管理办法》，除此之外《湖北省非物质文化遗产条例》《湖北省传统工艺美术保护规定》等规范性文件对也是对著作权的一种法律保护。

1.《湖北省著作权管理办法》

随着改革开放和经济发展，社会整体形势发生了巨大变化，《暂行办法》中的一些内容显然不能适应这些新的变化，主要有以下几个方面：国家相继对《中华人民共和国著作权法》（以下简称《著作权法》）、《中华人民共和国著作权法实施条例》《出版管理条例》《计算机软件保护条例》等法律、法规进行了修订，《暂行办法》作为下位法应该修改部分内容以防与上位法相冲突；使用作品的方式发生了新的变化，省内很多著作权人出版境外作品，实践中还出现了用著作权中的财产权进行出质、融资等情况；随着互联网和信息技术的发展，网络环境下侵权现象更加普遍，对于著作

---

① 陈洪波. 加强著作权管理繁荣科学文化事业［N］. 湖北日报，2011-05-23.

权的保护需要加强；在司法实践中也需要有明确的规定来确定著作权案件的管辖问题。综合考虑以上因素，对《暂行办法》做出修改和调整是有其必然性的。

《湖北省著作权管理办法》（以下简称《办法》）于2011年4月25日通过湖北省人民政府常务会议审议，并于2011年7月1日开始施行。该《办法》适用于湖北省行政区域内的著作权管理，其所称著作权管理是指与著作权相关的服务、保护、监督和管理活动。网络作品的著作权管理按照国家有关规定执行。该《办法》主要涉及以下几个方面的内容：

（1）关于省内各行政管理部门的职责。

①县级以上人民政府著作权行政管理部门（以下简称著作权行政管理部门）主管本行政区域内的著作权管理工作。新闻出版、文化、教育、科技、经济和信息化、广播电影电视、财政、公安、工商和海关等部门，按照各自职责做好著作权的相关管理工作。

②著作权行政管理部门应当建立和完善著作权管理工作责任制，开展业务培训和宣传教育，规范有关登记、备案程序，为著作权人以及与著作权有关的权利人提供便捷高效的服务。著作权行政管理部门应当鼓励、扶持著作权集体管理组织建设，支持著作权集体管理组织依法开展工作。

③各级行政管理部门应当鼓励检举、揭发侵犯著作权的行为。对检举、揭发侵犯著作权行为的人员，有关部门应当保护其合法权益，并给予表彰或者奖励。

④省著作权行政管理部门负责查处在全省有重大影响的侵犯著作权的行为，以及认为应当由其查处的侵犯著作权的行为。市、县两级著作权行政管理部门负责查处本行政区域内侵犯著作权的行为。

⑤两个或者两个以上著作权行政管理部门对同一侵犯著作权的案件都有管辖权的，由最先立案的著作权行政管理部门负责查处。因管辖权发生争议或者管辖不明的，由争议各方协商解决；协商不成的，报请其共同的上一级著作权行政管理部门指定管辖；其共同的上一级著作权行政管理部门也可以直接指点管辖。

(2) 关于省内著作权登记问题。

①省著作权行政管理部门负责本省行政区域内的作者或其他著作权人的作品登记工作。省著作权行政管理部门可以根据作品登记工作需要，依法委托有关单位受理作品登记申请，并对其加强指导和监督管理。此外，图书和电子出版物出版单位出版外国或者中国香港、澳门、台湾地区著作权人的图书和电子出版物，应当与著作权人订立书面出版合同，并按规定向省著作权行政管理部门办理出版合同登记。音像制品和电子出版物复制单位接受委托，复制外国或者中国香港、澳门、台湾地区的著作权人或者其授权的组织、个人制作的音像制品和电子出版物，应当与委托人订立委托复制合同，并按规定向省著作权行政管理部门办理委托合同登记。

②作品登记实行自愿申请原则。作品不论登记与否，作者或其他著作权人依法取得的著作权不受影响。计算机软件作品的登记按照国家有关规定执行。申请作品登记，应当提交下列材料：作品登记申请书、作品登记表、作品原件或者复制件、作品说明书、表明作品著作权归属的证明、公民身份证明、法人或者其他组织的设立证明、依法应当提交的其他材料。

对属于下列情况之一的作品，作品登记机关不予登记：不受著作权法保护的作品、超过著作权保护期的作品、依法禁止出版与传播的作品。

对有下列情况之一的，作品登记机关应当撤销登记：登记后发现有本办法第12条所规定的情况的、登记后发现该作品的著作权权属与事实不相符的、申请人申请撤销原作品登记的、登记后发现属重复登记的。

(3) 关于作品的使用问题。

①图书、报纸、期刊、音像制品、电子出版物、计算机软件等的经营者，未经合法授权，不得印刷、复制、制作作品，也不得销售无合法来源证明的复制品。广播电台、电视台、娱乐场所、网站等经营者，不得违法播放音像制品，不得违法使用电子出版物、计算机软件。

②使用他人作品，应当经著作权人或者著作权集体管理组织许

可，但法律另有规定的除外。使用他人作品，应当向著作权人支付报酬，双方约定了付酬标准的，按约定执行；没有约定的，按国家规定的标准执行。作品使用者应当自使用该作品之日起2个月内向著作权人支付报酬。但双方另有约定的除外。作品使用者向著作权人支付报酬时，著作权人姓名（名称）、地址不明的，应当在1个月内将报酬连同邮资以及使用该作品的情况交有关的著作权集体管理组织，由该组织及时转付给著作权人。

③法律规定著作权由国家享有的本省作品，其著作权由省著作权行政管理部门代为行使。在著作权保护期内使用该作品的，需经省著作权行政管理部门许可并按规定支付报酬。省著作权行政管理部门收到支付的报酬后应当及时上交同级财政。

(4) 关于法律责任的问题。

①侵犯著作权的，侵权行为人应当依法承担停止侵害、消除影响、赔礼道歉、赔偿损失等民事责任。侵权行为同时损害公共利益的，由著作权行政管理部门根据《中华人民共和国著作权法》《中华人民共和国著作权法实施条例》《计算机软件保护条例》《信息网络传播权保护条例》等法律、法规的规定，给予侵权行为人责令停止侵权行为、没收违法所得、没收并销毁侵权复制品、没收涉案材料和设备、罚款等相应处罚；构成犯罪的，依法追究刑事责任。

②在行政处罚决定做出之前，当事人依法要求听证的，著作权行政管理部门应当依法组织听证。当事人对行政处罚决定不服的，可以依法申请行政复议或者向人民法院起诉。行政复议、行政诉讼期间不停止行政处罚的执行。当事人逾期不申请行政复议、不起诉，又不履行行政处罚决定的，著作权行政管理部门可以申请人民法院强制执行。

③著作权行政管理部门在查处著作权侵权行为时，对涉嫌构成犯罪的案件，应当依法移送司法机关处理。

《湖北省著作权办法》（以下简称《办法》）明确了省内各级行政部门对著作权管理的职责，及其管辖和行政执法的范围；同时也明确了湖北省内外的著作作品在湖北省境内登记的相关条件和程序；此外《办法》还对版权作品的使用，做出了明确的规定；最后《办法》还对侵犯著作权的相关行为作出了明确的法律规定。此办法的颁布有助于保护湖北省内著作权以及与著作权相关的权益，鼓励作品的创新和创作，对于侵犯著作权行为进行惩治。

从以上的内容可以看出，《办法》中的修改之处主要集中在作品著作权登记、侵犯著作权案件的管辖以及著作权质押三个方面。

《办法》中明确规定了作品的登记机关、著作权人申请作品登记时应当提交的材料、登记机关不予登记的情况、登记机关应当撤销登记的情况，并且对登记机关的作品登记审核工作作了规定，使得登记程序和内容更加规范、具体和便捷。

《办法》根据湖北省的实际情况，明确规定了各级著作权行政管理部门对侵犯著作权行为的管辖权，同时参考诉讼法中有关管辖的规定，确立了管辖权发生争议或者管辖不明时管辖权的处理机制，即裁定管辖，包括指定管辖、移送管辖和管辖权的转移。使得著作权案件的管辖权更加明确、规范，有利于避免著作权行政管理部门之间相互推诿或者争夺管辖权的现象。

修订后的《著作权法》增加了著作权质押的内容，如明确规定"以著作权出质的，由出质人和质权人向国务院著作权行政管理部门办理出质登记"。这是适应社会发展的需要，同时也是对国家版权局《著作权质押合同登记办法》的有关规定的强化。

2. 《湖北省非物质文化遗产条例》

非物质文化遗产是我国文化遗产的重要组成部分，对于保持我国文化的多样性、弘扬民族文化、增强民族凝聚力有重要意义。中华民族悠久的历史为丰富的非物质文化遗产提供了良好的环境，但是在继承的过程中，很多文化遗产，无论是物质还是非物质都因为保护不周而被遗弃，还有很多非物质文化遗产的所有权的著作权受到侵犯的情况，比如非物质文化遗产所有权人以外的任何人很容易以不付费或者很少的付费方式来使用，其中一个很重要的原因就是相关法律规范不健全，这就要求不断完善相关法律。

根据《中华人民共和国非物质文化遗产法》和有关法律、行政法规的规定，结合湖北省实际，2012年9月29日湖北省人民代表大会常务委员会通过了《湖北省非物质文化遗产条例》，并于2012年12月1日起施行。该条例所称的非物质文化遗产，是指各族人民世代相传并视为其文化遗产组成部分的各种传统文化表现形式，以及与传统文化表现形式相关的实物和场所。包括：（1）传统口头文学以及作为其载体的语言；（2）传统美术、书法、音乐、舞蹈、戏剧、曲艺和杂技；（3）传统技艺、医药和历法；（4）传统礼仪、节庆等民俗；（5）传统体育和游艺；（6）其他非物质文化遗产。

该条例主要包括以下内容：一是对非物质文化遗产的保护、保存工作的规定，针对不同类型的非物质文化遗产要有不同的保护措施，对人民政府在保护非物质文化遗产方面的责任和作用进行了详细规定；二是非物质文化遗产的调查和代表性项目名录的确定，县级以上人民政府、公民、法人和其他组织都可以进行调查并参加确定代表性名录；三是非物质文化遗产的传承与传播，规定了非物质文化遗产代表性项目的代表性传承人应该符合的条件、享有的权利和应该履行的义务，非物质文化遗产代表性项目的保护单位应具有的条件和履行的职责，县级以上人民政府和文化馆等公共文化机构应该采取的措施来帮助非物质文化遗产的传承与传播；四是相关的法律责任，对各种违反本条例的情况及处罚进行说明和规定。

《湖北省非物质文化遗产条例》的提出在一定程度上明确了各级行政管理部门在保护、保存非物质文化遗产方面的权利和义务；明确了社会中各相关部门在非物质文化遗产保护方面应当尽到的职责；对非物质文化遗产的调查、申请、传承、传播、开发、利用等作出了明确的规定。此条例的颁布为省内的非物质文化遗产提供了保障，有益于省内的非物质文化的保存与发展。

根据以上内容，该条例使政府在组织领导、经费保障、机构和人才队伍建设、监督检查等方面的责任不断细化和强化；增加了专项扶持非遗传承后继乏人的条款；确立了非遗项目和传承人的专家评审制度和相关认定程序的条款；规定了政府在非遗生产性保护、整体性保护方面的政策优惠、资金投入、基础设施建设等方面予以倾斜的内容；规定了大力提倡社会力量共同参与非遗保护的内容。

### 3.《湖北省传统工艺美术保护规定》

根据国务院《传统工艺美术保护条例》的第 2 条规定：传统工艺美术是指百年以上，历史悠久，技艺精湛，世代相传，有完整的工艺流程，采用天然原材料制作，具有鲜明的民族风格和地方特色，在国内外享有盛誉的手工艺品种和技艺①。中国五千年的悠久历史为丰富多彩的传统工艺美术的培育和发展提供了成长环境。但是随着时代和社会的发展，目前传统工艺美术存在着一些问题，也面临着很多困难，如盲目产业化和盲目追求经济利益，制约着行业的发展②；在新的社会时代，传统的传承方式已经不足以促进行业发展，甚至是一种束缚。

于 2011 年 11 月 15 日发布，2012 年 1 月 1 日生效的《湖北省传统工艺美术保护规定》做出了以下规定：在第二章中它明确了湖北省传统工艺美术品种和技艺、湖北省工艺美术珍品、湖北省工艺美术大师实行评审认定制度，每四年评审认定一次，湖北省工艺美术大师每四年复审一次，并在其中明确了参加评审认定的资格条件。在第三章中，它明确提出了对湖北省传统工艺美术品种和技艺，传统工艺美术保护主管部门和有关单位应当采取的保护措施。此外，它还对促进省内传统工艺美术作品的发展和相关人才的培养做出了相关的规定。最后它还明确了对违反本条例的违法行为应当承受的法律责任。此条例的颁布，有助于保护省内的传统工艺美术作品，促进传统文化事业的发展和人才的培养。

传统工艺美术是人类的一项重要的文化遗产，但是它与著作权法保护的作品有相同的地方，它们都是智力劳动的成果，都应该受到法律保护。但二者又有区别，根据本规定对"传统工艺美术"

---

① 传统工艺美术保护条例. 中华人民共和国中央人民政府. [EB/OL]. [2015-08-24]. http://www.gov.cn/banshi/2005-08/21/content_25113.htm.

② 张香梅. 传统工艺美术的传承、保护、创新与发展 [J]. 群文天地，2013（7）：94-96.

的定义，传统工艺美术是一种具有无形性、专有性、和永恒性①的特殊的财产。本规定结合了实际和传统工艺美术版权的特殊性进行制定和实施，有利于继承和弘扬民族传统文化艺术，保护和发展湖北省传统工艺美术。

4.《武汉市著作权登记资助资金使用管理办法》

著作权版权登记资助工作是落实知识产权战略的重要内容，2014年8月，武汉市文化新闻出版广电局（版权局）、武汉市财政局已制订出台《武汉市著作权登记资助资金使用管理办法》（以下简称《管理办法》）。为做好资助申报工作，该局（版权局）专门制定了《武汉市著作权登记资助申报办法》，对资助对象、适用范围、资助标准、申报流程、审批与资金拨付等方面做出了详细规定。

上述两个《办法》的出台，标志着武汉市将正式启动著作权登记资助工作。据统计2014年，仅第四季度就投入专项资金85.3万元，对全市1 946件作品进行登记资助②，这对于提高全省的版权意识有很大的促进作用。2013年全市著作权登记数量达到4 000件以上，其中软件著作权达到3 000件以上。③ 今后，拥有武汉市户籍的公民或者在武汉市注册的法人和其他组织，创作了计算机软件、动漫网络游戏等具有一定经济社会价值的作品，在获得了著作权登记证书后，都可以依据规定，到武汉市文化新闻出版广电局（版权局）申请资助。资助金额不固定，视作品而定，但一般不会超过600元。

《管理办法》一共有六章，第一章为总则，对进行资助的目的、资金来源、资助对象和作品进行了规定；第二章为管理职责，对市财政局、市文化新闻出版广电（版权）局的管理职责进行规定和说明；第三章为经费开支，包括著作权登记资助费用和计划管

---

① 刘云升. 传统工艺美术法律属性探析［J］. 河北师范大学学报，2000（1）：117-120.

② 陈邂馨. 全市文化新闻出版广电工作报告. 武汉市文化局［EB/OL］.［2015-08-13］. http://www.whswxgj.gov.cn/ndgzbg/5259.jhtml.

③ 武汉市正式实施著作权版权登记资助. 湖北省新闻出版广电局［EB/OL］.［2015-08-13］. http://www.hbnp.gov.cn/wzlm/zwdt/bbxw/12641.htm.

理费的基金安排；第四章为申报、审批及资金拨付，规定了进行著作权登记资助的程序；第五章为监督和管理，对著作权登记费用的监督和管理进行规定；第六章为附则，对之前没有涉及的内容进行补充说明，如施行日期等内容。

著作权登记资助工作的施行，有利于保护著作权人的权益，降低版权登记的成本，对提高全市公民版权保护意识，形成尊重知识、崇尚创新、诚信守法的舆论氛围，营造良好的版权保护法制环境、政策环境和市场环境①有重要意义，将有效提高武汉市版权智力成果创造能力，进一步完善版权公共服务体系，进一步推动文化创意产业迅速发展。

（二）湖北省著作权典型案例

2015年4月21日，湖北省高级人民法院召开新闻发布会，通报2014年全省法院知识产权司法保护工作情况，发布《湖北法院知识产权司法保护状况（2014）》白皮书，并公布了十大典型案例②。其中与著作权有关的案件有侵害"产品手册"汇编作品著作权纠纷案、侵害音乐作品信息网络传播权诉前禁令纠纷案、侵害民间文学艺术收集、整理作品的著作权纠纷案三例，在本书中都进行了详细的论述，另外还对武汉永凝建材有限公司诉湖北筑金防水工程有限公司著作权纠纷案和北京华夏金马诉武汉佳琪花样年华著作权侵权纠纷案进行了分析。

案例一：

## 大禹电气公司诉鑫达电气公司侵害
## "产品手册"汇编作品著作权纠纷案

2013年11月21日，大禹电气科技股份有限公司（简称

---

① 武汉市著作权登记资助答记者问. 长江日报 [EB/OL]. [2015-08-13]. http://whwb.cjn.cn/html/2014-08/14/content_5356619.htm.

② 程勇,蔡蕾. 湖北高院召开知识产权司法保护工作新闻发布会. 中国法院网湖北频道 [EB/OL]. [2015-08-11]. http://www.chinacourt.org/article/detail/2015/04/id/1600463.shtml.

大禹电气公司）诉至一审法院——湖北省孝感市中级人民法院称，其拥有《大禹电气公司产品手册2007》、《大禹电气公司产品手册2008》的著作权，诉湖北鑫达电气有限公司（简称鑫达电气公司）在互联网网站（http://www.hbxddq.com）上登载了大量剽窃《大禹电气公司产品手册2007》、《大禹电气公司产品手册2008》的内容，造成客户认知混淆，致使大禹电气公司大量客户非正常流失至鑫达电气公司处，鑫达电气公司股东原系大禹电气公司工作人员，离职后恶意侵犯大禹电气公司对上述涉案产品手册享有的著作权，造成大禹电气公司巨大的经济损失。请求判令鑫达电气公司：（1）停止使用大禹电气公司享有著作权的产品手册图文内容；（2）赔偿大禹电气公司经济损失500 000元（人民币，下同）；（3）承担本案诉讼费、调查取证费、律师费等合理开支的费用。

湖北省孝感市中级人民法院一审认为：涉案产品手册汇编了文字介绍、性能参数描述、图片、方案设计图等材料，在内容的选择、编排上体现了作者的创造性劳动，手册的排版装饰体现了整体美感，具有独创性，为汇编作品，大禹电气为涉案产品手册的著作权人。鑫达电气在自己的网站上提供的电子版产品手册经与涉案产品手册比对，并不是对每个产品说明文字、性能参数表格、安装示意图、产品图片的单独引用，或者因产品同类型而不可避免的出现相似，而是将涉案产品手册中大禹电气的产品型号和企业内部标准等极少部分修改成自己的产品型号和企业内部标准，然后整体复制成电子版。因此鑫达电气的行为侵犯了大禹电气对涉案产品手册的修改权、信息网络传播权。判决：鑫达电气停止使用侵犯《大禹电气产品手册2007》《大禹电气产品手册2008》著作权的系列产品电子版产品手册及在互联网网站上提供下载服务；赔偿大禹电气因被侵权受到的损失及制止侵权行为的合理开支共计80 000元。鑫达电气不服，上诉至湖北省高级人民法院。二审法院判决驳回上诉，维持原判。

审判实践中对于涉及词典、字典、文学作品、摄影图集、字体等汇编作品的案件,由于这些汇编作品自身汇集的文字、图片等材料大部分都具有独创性,属于著作权法意义上的作品性质,且整体编排、内容选择等方面的独创性比较明显,是否属于著作权法意义上的作品以及是否构成侵权比较容易认定。而本案中涉案产品手册汇集的文字、图片、图表等材料系说明性的,材料本身不具有独创性,且单个产品的说明由于工业产品的相似性,说明方法也具有局限性,是否侵犯汇编作品的整体著作权,以及单个产品说明的相似性是否构成侵权比较难以认定。因此,本案对于认定产品手册、产品说明书等是否属于汇编作品,以及是否构成侵权提供了参考依据。

(1) 产品手册、产品说明书等汇编作品的整体独创性认定及侵权判定。产品手册、产品说明书的独创性体现在其对汇编的各种材料的内容选择、编排体例、排版装饰等方面,应当具有总体的思路、固定的编写安排、整体的排版美感,体现出智力成果的特性,具有独创性,才能认定为汇编作品,而不是各种材料的简单堆积汇集。因此汇编作品是否构成侵权的比对,也应当着重于整体相似性,从体现汇编作品特性的内容选择、体例编排、排版装饰等体现独创性的因素上进行整体相似性的比对。如果是同类产品,其文字内容、性能参数、具体数据的相似或相同并不一定构成侵权。如果涉案产品手册、说明书内容几乎完全相同,有明显的抄袭,且具有"接触+实质性相似"的情节,足以认定剽窃的,则同类产品在通用表达上的局限性导致相同、相似的辩解意见不能成立。

(2) 汇编作品的独立章节,产品手册、产品说明书的单个产品说明的独创性认定。本案中,从产品说明的编排体例来看,涉案产品手册按照统一的编排体例撰写,配有相应的图表、产品照片。虽然产品说明中不可避免的使用了一些通用表达,但在内容的选择和编排体例上体现了作者的取舍、选择、安排及设计,是具有独创性并能以某种有形形式复制的智力成果。《中华人民共和国著作权法实施条例》第2条规定:"著作权法所称作品,是指文学、艺术和科学领域内具有独创性并能以某种有形形式复制的智力成果。"产品手册、说明书中的单个产品说明也具有独创性,属于著作权法保护的客体。

## 案例二:

### 侵害音乐作品信息网络传播权诉前禁令纠纷案

深圳市腾讯计算机系统有限公司(简称腾讯公司)与广州网易计算机系统有限公司(简称广州网易)、网易(杭州)网络有限公司(简称杭州网易)、杭州网易雷火科技有限公司(简称网易雷火)、中国联合网络通信有限公司湖北省分公司(简称湖北联通)、广东欧珀移动通信有限公司(简称广东欧珀)发生著作权争议,于2014年11月10日向湖北省武汉市中级人民法院申请诉前禁令,腾讯公司请求:(1)责令广州网易、杭州网易、网易雷火停止通过"网易云音乐"平台(music.163.com及其PC端、移动客户端)向公众传播申请人享有专有著作权的623首歌曲;(2)责令湖北联通停止提供网易云音乐畅听流量包服务;(3)责令广东欧珀停止在其OPPO品牌手机中内置网易云音乐行为。同时,担保人腾讯科技(深圳)有限公司广州分公司为腾讯公司此次诉前禁令申请提供了300万元的银行存款进行担保。

湖北省武汉市中级人民法院审查认为,腾讯公司对623首音乐作品依法享有信息网络传播权,上述被申请人以互联网络、移动手机网易云音乐畅听流量包、内置网易云音乐移动手机客户端等方式,向公众大量提供涉案音乐作品。该行为涉嫌侵犯腾讯公司对这些音乐作品依法享有的信息网络传播权,且被申请人向公众提供的音乐作品数量较大,给腾讯公司带来了巨大的经济损失,该行为如不及时予以禁止,将会使广州网易不当利用他人权利获得的市场份额进一步快速增长,损害腾讯公司的利益,且这种损害将难以弥补,故对各被申请人通过网络传播623首音乐作品涉嫌侵权部分的行为理应禁止。担保人为腾讯公司提出的禁令申请进行担保,禁令申请的担保程序合法。故湖北省武汉市中级人民法院依法准许腾讯公司对本案提起的诉前禁令申请,并发布如下禁令措施:(1)广州网易、杭州网易、网易雷火于裁定生效之日起立即停止通过网易云音乐平台向公众提供涉案 623 首音乐作品的行为;(2)湖北联通于裁定生效之日起立即停止向其移动手机客户提供网易云音乐畅听流量包中的涉案 623 首音乐作品的移动网络服务行为;(3)广东欧珀于裁定书生效次日起十日内停止通过其品牌为 OPPO R830S 型号(合约机)移动手机中内置的网易云音乐客户端向移动手机客户传播涉案 623 首音乐作品的行为。

禁止令发布后,湖北联通及广东欧珀立即停止了被诉行为,而广州网易、杭州网易、网易雷火不服该禁令,向湖北省武汉市中级人民法院提出复议申请。该院经复议认为复议理由均不能成立,依法裁定驳回了广州网易、杭州网易、网易雷火的复议申请。此案至复议决定书发出后,被诉行为已经按照禁令要求全面停止。

(1)该禁令涉及网络音乐的盗版行为,对于保护网络音乐的著作权有一定的借鉴作用,因此新闻媒体的关注比较广泛,在短短一周之内有 330 余家媒体进行关注和报道,也受到了社会高度关注。根据法制网的统计,涉及网络音乐的禁令案件是湖北省首例,同时也是全国首例,对于之后针对网络音乐的版权问题提供了一种保护模式,具有一定的借鉴意义。

(2)涉案诉前禁令经历了禁令申请、审查、担保、发布、送达、告知、执行、复议、处罚等程序,完整地适用了从申请禁令到强制执行禁令的所有程序。根据其程序特点和最高法院关于民事案件案由的规定,禁令申请案件可以单独成案。与其他案件相比,禁令案件的具有程序更加严格、措施更加临时和强制等特点,禁令必须遵循严格的程序。在本案中,法院必须先对禁令申请中被诉行为是否为侵犯著作权行为和改行为可能造成的损失进行严格审查。在禁令执行中,如果当事人不执行禁止令的,法院可以依照民事诉讼法第 111 条的规定,对不执行禁令可能构成妨害民事诉讼程序采取强制措施。

(3) 涉案禁令的被诉行为特殊，审查难度较大，禁令措施复杂，禁令执行、监督不易。该案中，被诉行为分为三个部分，一是网易云音乐平台的提供行为；二是网易云音乐平台与湖北联通合作经营联通畅听流量包；三是网易云音乐平台与广东欧珀手机合作经营涉案音乐作品的行为。该案根据公证证据保全的行为特点，将以上三大提供行为进行区分，针对被诉行为中的不同传播形态进行单独禁止。在执行中，根据被禁行为的不同特点，要求被申请人采取删除、断链、屏蔽等措施来执行该禁令，应该说，申请人提起本案网络侵权诉讼的目的也是在于被诉行为全面停止，将被诉行为造成权利人的损害降低到最低程度。

随着网络产业与音乐产业的不断结合，新的网络文化传播媒介由此产生，使得公众可以更加便捷地欣赏音乐作品的同时，一些以营利为目的盗版网络音乐也给作品的著作权人带来了巨大损失。本案中，法院及时发布诉前禁令，并对违反禁令的行为予以处罚，为打击网络音乐盗版、规范网络音乐市场、整治网络环境提供了一种可行的保护模式，充分体现了知识产权司法保护的主导作用。

## 案例三：

### 侵害民间文学艺术收集、整理作品的著作权纠纷案

谷城县文化局员工蔡某某于1987年受单位安排，下乡对众多民间艺人采访，后自己采录、记谱及整理，形成《南河套曲》，并收录于自己编写的《楚风古韵》一书中。谷城县文化局出于申报省级及国家级非物质文化遗产的需要，委托柳某某撰写了一篇《远山飘来礼乐声——吹打乐南河套曲调查报告》的文章并发表，署名为李某某和柳某某。蔡某某认为上述文章多处抄袭、篡改其作品，侵犯其著作权，于2014年上诉至襄阳市中级人民法院要求停止侵害、消除影响、赔礼道

歉、赔偿损失等。

　　襄阳市中级人民法院审理后认为：蔡某某将流传于南河流域、零碎的民间器乐曲予以收集、整理，并最终将这些有代表性的套曲以文字形式再现，其付出创造性劳动，作为《南河套曲》作者，享有著作权。被控侵权文章系柳某某所撰写，由柳某某及李某某二人共同发表，柳某某及李某某二人作为侵权人并无不当。被控侵权文章中部分曲牌名称、曲谱与蔡某某作品存在相同及相似，该相同或相似部分系来源于蔡某某作品，且该相同或相似部分属于正当合理引用以及对《南河套曲》这一非物质文化遗产的保护与发展需要，故未支持蔡某某诉请的赔礼道歉、赔偿经济损失及精神损失的请求。但柳某某及李某某二人应承担标注节选文字及曲谱出处、消除影响、承担蔡某某因诉讼而支出的合理费用的法律责任。

　　本案中，被控侵权文章与蔡某某享有著作权的《南河套曲》相比，被控侵权文章中部分曲牌名称、曲谱与蔡某某作品存在相同及相似，在柳某某及李某某抗辩系自行重新采录整理被否定的情形下，二人又无法作出其他合理解释，所以认定该相同或相似部分系来源于蔡某某作品。但该相同或相似部分属于正当合理引用，所以柳某某及李某某二人只应承担标注节选文字及曲谱出处、消除影响以及共同承担蔡某某因诉讼而支出的合理费用的法律责任，对蔡某某的其他诉请均应予以驳回。

　　我国法律对于记录、收集、整理民间文学艺术作品而形成作品的法律地位没有进行明确的规定，这就增加了司法实践对这类作品引起著作权纠纷的案件处理的难度。这个案件是第一个涉及民间文学艺术作品的案件，该案对民间文学艺术收集、整理作品如何定性，该类作品的著作权属认定、侵权判定，以及被告的使用是否属正当使用均作出详尽说理阐述，因此对于以后类似案件的处理提供了一定的参考和借鉴。

案例四：

## 武汉永凝建材有限公司诉湖北筑金防水工程有限公司著作权纠纷案

武汉永凝建材有限公司（下称永凝公司）于2006年取得美国CRETO公司系列产品在湖北地区的总代理权，全权代表该公司在湖北及周边地区的产品销售、承接工程。为宣传公司业绩和形象，永凝公司委托武汉洋和广告有限公司（下称洋和公司）制作"CRETO（武汉）有限公司"宣传画册。根据双方的约定，该摄影作品归属于永凝公司。之后，原告公司的宣传画册就是使用的改作品。2009年8月，永凝公司获取署名为湖北筑金工程有限公司（下称湖北筑金公司）的宣传画册一份，该画册中使用原告享有著作权的上述作品。原告认为，被告未经许可而使用涉案作品是侵犯原告著作权的行为，给原告造成了巨大的经济损失。

法院判定：（1）被告筑金公司立即停止使用涉案摄影作品，销毁带有涉案摄影作品的宣传画册，并在未经许可的情况下不得再使用该作品；（2）被告筑金公司赔偿原告经济损失2 000元以及合理费用300元，如被告不履行以上金钱给付义务，则按照《中华人民共和国民事诉讼法》第229条的规定，加倍支付迟延履行部分的滞纳金；（3）驳回原告的其他诉讼请求。

本案焦点①如下：

（1）原告是否享有涉案摄影作品的著作权。涉案摄影作品由洋和公司接受原告委托拍摄，而且双方约定所拍摄照片的著作权归属约定为原告享有。因此，可以认定涉案摄影作品为委托作品，且原告作为委托人，已与洋和公司就该作品的归属

---

① 武汉永凝建材有限公司与湖北筑金防水工程有限公司侵犯著作权纠纷_民事判决书［C/OL］.［2013-09-24］. 武汉市中级人民法院，http://wenku.baidu.com/view/236bd36648d7c1c708a1450a.html.

权问题达成协议。根据《著作权法》第 17 条"受委托创作的作品，著作权的归属由委托人与受委托人通过合同约定。合同未作明确约定或没有订立合同的，著作权属于委托人"的规定，涉案摄影作品的著作权由原告享有。

（2）被告是否实施被控侵权行为。经查证，本案被告宣传相册中所用的摄影作品为原告享有著作权的摄影作品。被告没有证据证明，在其企业宣传画册中使用的涉案摄影作品获得了原告许可，故被告使用该图片的行为侵犯了原告的著作权，构成侵权。

（3）本案经济损失应如何赔偿。原告在本案中没有举证证明其因被告的侵权行为而受到的损失，或者被告因此获利的数额。故请求法院采用法定赔偿方式确定本案经济损失的赔偿数额。

**案件五：**

### 北京华夏金马诉武汉佳琪花样年华著作权侵权纠纷案

北京华夏金马有限公司（下称华夏金马公司）签约艺人汤潮军拍摄 MTV 并制作"汤潮"专辑对外发行，武汉佳琪花样年华酒店娱乐管理有限公司（下称佳琪公司）在其经营的"花样年华"KTV 包厢中以营利为目的，将华夏金马公司发行并享有著作权的"汤潮"专辑中的《爱你我就不后悔》MTV 作品复制在点歌系统中，并以卡拉 OK 的形式向公众放映，华夏金马公司认为佳琪公司的行为严重侵犯其著作权，并造成了巨大的经济损失。

一审法院判决：（1）佳琪公司立即停止使用华夏金马公司出品的 MTV《爱你我就不后悔》，删除经营场所内点歌系统中的该 MTV 作品，不得再行向公众提供该 MTV 作品的公开放映服务；（2）佳琪公司赔偿华夏金马公司经济损失 1 000 元及维权的合理费用 800 元；（3）驳回华夏金马公司的其他诉讼请求。案件受理费 50 元由佳琪公司负担。

一审判决后，双方当事人均对判决结果不满意，遂上诉至湖北省高级人民法院。二审判决驳回上诉，维持原判。案件受理费人民币 50 元，由华夏金马公司、武汉佳琪公司各自负担人民币 25 元。

本案焦点如下：

著作权的集体管理问题。本案中佳琪公司认为其已向音集协交纳了卡拉 OK 曲库版权使用权并获得一揽子版权使用许可，应视为已尽到合理的版权审查义务，不应承担赔偿责任。

通过著作权集体管理组织集中行使卡拉 OK 曲目的放映权是国际通行的做法，我国也于 2008 年成立了音集协，管理音乐电视作品的放映权。《著作权集体管理条例》第 4 条也明确规定："著作权法规定的表演权、放映权、广播权、出租权、信息网络传播权、复制权等权利人自己难以有效行使的权利，可以由著作权集体管理组织进行集体管理。"中国（包括港、澳、台地区）绝大部分的音乐电视作品的权利人都已加入音集协，选择通过集体管理的方式实现授权和收益。

本案中所涉及的华夏金马公司作为未加入音集协的权利人可以选择合理方式通知佳琪公司洽谈放映权授权问题，但当发现佳琪公司未经授权使用其作品时，也可以依法提起诉讼请求赔偿，其起诉行为并不违反法律规定①。此外，尽管客观上佳琪公司对曲库中每首歌曲版权的审查有难度，但保证其曲库作品的正当性和合理性是其责任，因此，其侵权责任较小，在认定侵权赔偿责任时应酌情考虑。在本案中，佳琪公司主张向音集协缴纳了版权许可使用费用，已尽到合理注意义务，故不承担赔偿责任。

---

① 上诉人北京华夏金马有限公司与上诉人武汉佳琪花样年华酒店娱乐管理有限公司著作权侵权纠纷一案_民事判决书[C/OL]. [2013-09-24]. 湖北：湖北省高级人民法院, http://ipr.court.gov.cn/hub/zzqhljq/201211/t20121114_150903.html.

## 二、国家著作权立法与司法战略调研

立法和司法的关系很密切,对于法制建设,立法和司法都发挥着重要的作用。立法为司法提供了应当遵循的法典依据,而司法为立法积累了本文极其重要的实践依据。[①] 法律的制定是受到当时政治、经济、文化以及法律传统和历史等因素的影响,不可能对所有的具体的情况作出针对性的规定,因此在司法实践中形成的丰富经验是不可或缺的重要依据,在著作权方面的立法和司法也是如此。随着知识经济的深入发展,在不断健全著作权法律体系建设的同时,司法机关也在不断加强司法能力,受理的著作权案件也越来越多。国家法律适用于整个国家,包括湖北省,所以本小节主要是对国家的著作权战略进行调研,包括立法和司法现状。

### (一) 我国著作权法律战略现状研究

我国著作权法律制度主要由法律、行政法规、部门规章以及司法解释构成。建设完善健全的法律体系来保护作品的著作权对于保护作者的积极性、协调作者与传播者的关系、提高整个国家的创新水平、加强国际文化交流和推动社会进步等方面有重要意义,本节对我国著作权法律战略现状的调研主要是从有关著作权法的法律体系和构成、我国《著作权法》的修订、侵犯著作权适用的相关法律的最新进展、ISP 的著作权责任的有关规定四个方面进行论述。

1. 我国著作权法律体系的发展与构成

在中国古代就已经萌发了"版权"的意识,如在作品上署名,但是都没有相应的法律支撑,因此并不能算是真正意义上的著作权。1910 年,在西方列强的侵略下压迫,清政府颁布了第一部正式的著作权保护法律《大清著作权律》,同时也给之后北洋政府在 1915 年颁布的《著作权法》和国民政府在 1928 年颁布的新的《著作权法》起到了示范作用。

新中国成立之后,我国在著作权保护和立法方面经历了一个长

---

① 于世平. 立法与司法之辩证关系 [J]. 天津人大, 2009 (2): 16-18.

## 第一节 著作权法制战略调研与分析

期的探索过程，直到1986年的《中华人民共和国民法通则》第一次以法律形式确认了公民、法人享有著作权。之后1990年我国颁布了专门针对著作权的法律《著作权法》，并批准了《中华人民共和国著作权法实施条例》来配合《著作权法》的实施。1992年中国分别加入了《尼泊尔公约》和《世界版权公约》，中国版权保护开始了国际化的进程，同时也对我国的版权保护提出了更高的要求，于是同年国务院通过了《实施国际著作权条约的规定》。

进入20世纪，随着时代的变化，在信息数字技术不断发展的同时，著作权保护也在不断地变化，2001年，我国对著作权法进行了第一次的修改。2006年国务院颁布了《信息网络传播权保护条例》，从而规范对网络著作权的管理和保护。2010年对著作权法进行了第二次修改，对著作权进行第三次修改也于2011年7月正式启动。

中国的著作权保护方面的法律体系主要由法律、法规、规章、司法解释和国际条约组成，现有的法律文件整体情况如下所示。

法律：《中华人民共和国著作权法》；

行政法规：《中华人民共和国著作权实施条例》《信息网络传播权保护条例》《计算机软件保护条例》《著作权集体管理条例》《出版管理条例》《音像制品管理条例》《电影管理条例》《印刷业管理条例》等；

行政规章：《著作权行政处罚实施办法》；

司法解释：《最高人民法院关于审理著作权民事纠纷案件适用法律若干问题的解释》《最高人民法院关于审理非法出版物刑事案件具体应用法律若干问题的解释》《最高人民法院关于审理涉及计算机网络著作权侵权案件适用法律若干问题的解释》《最高人民法院、最高人民检察院关于办理侵权著作权刑事案件中涉及录音录像制品问题的批复》《最高人民法院、最高人民检察院关于办理侵权刑事案件具体用法律若干问题的解释》《最高人民法院、最高人民检察院关于办理侵权知识产权刑事案件具体应用法律若干问题的解释（二）》；

国际公约：《保护文学和艺术作品尼泊尔公约》《世界版权公

约》《与贸易有关的知识产权协议》等。

随着经济社会的不断发展,著作权问题的不断突出和著作权自身价值的不断凸显,我国对于著作权相关法律制度的完善和发展也越来越重视,不断修改现有法律,完善现有法律体系,并且也积极参加相关的国际公约,缩小与国际水平的差距。

2. 我国《著作权法》的修订

《中华人民共和国著作权法》是为保护文学、艺术和科学作品作者的著作权以及与著作权有关的权益,鼓励有益于社会主义精神文明、物质文明建设的作品的创作和传播,促进社会主义文化和科学事业的发展与繁荣①。著作权法自1990年颁布施行以来,已经经历了2001年和2010年两次修改,目前正在经历第三次修改,已于2014年6月形成了《中华人民共和国著作权法》(修订草案送审稿)(以下简称"送审稿"),与前两次迫于压力,被动调整不同,这一次修改是立足国情、顺应技术变革和产业发展诉求而在制度上做出的主动性安排,求变意识强烈②。

根据国务院法制办发布的信息,送审稿将现行著作权法的6章61条修订为8章90条。其主要修改内容有③:

(1) 鼓励创作,整合权利体系。

①关于权利客体。送审稿将《著作权法实施条例》中关于作品的定义上升为法律规定;将"电影作品和以类似摄制电影的方法创作的作品"更名为"视听作品",取消相关权客体"录像制品"的规定;增加"实用艺术作品",赋予其25年的保护期;将"计算机软件"修改为"计算机程序",以文字作品保护计算机

---

① 著作权法[EB/OL].[2015-08-04].http://baike.baidu.com/link?url=WXJZicTcD_ZKLjbHqoK7HmG8DtfVa1eBik6xS5E9GGke1WCzWxe5J6HrPLHbWfj-m-4wmEFq ObrULJ3-MNy0d_.

② 吴汉东.从应变到求变——《中华人民共和国著作权法》第三次修改评析[J].法商研究,2012(4):3-7.

③ 国务院法制办公室关于公布《中华人民共和国著作权法(修订草案送审稿)》公开征求意见的通知[EB/OL].[2015-08-05].http://www.chinalaw.gov.cn/article/cazjgg/201406/20140600396188.shtml.

文档。

②关于权利内容。送审稿对权利内容进行了重新整合，一是简化"人身权"和"财产权"的权项，但其权能没有减少，且略有增加；二是从实践出发重新界定权利的边界。主要修改有：一是将现行著作权法规定的17项权利重新整合为13项，取消修改权、放映权、摄制权、汇编权等四项权利，其权能分别由保护作品完整权、表演权、改编权和复制权涵盖；二是增加追续权（送审稿中未出现追续权字样），同时考虑到其本质属于报酬请求权，有别于著作权的基本权利，因此单列条款规定；三是将广播权修改为播放权，适用于非交互式传播作品，以解决实践中网络的定时播放和直播等问题，将信息网络传播权适用于交互式传播作品；四是相关权部分，增加表演者的出租权以及其对视听表演的获酬权，增加录音制作者对他人以表演和播放的方式使用其录音制品的获酬权，将广播电台电视台享有的权利由"禁止权"修改为"许可权"等。

③关于权利归属。送审稿体现了当事人"意思自治"原则，主要修改有：一是将现行著作权法关于视听作品的权利法定归属制片者调整为当事人约定优先，同时增加了视听作品作者的利益分享机制；二是确立职务作品的权利归属当事人约定优先的原则，同时针对不同的法定情形规定了相对方的权利；三是为解决在原件是作品的唯一载体的特定情况下，原件的灭失将影响著作权行使的问题，增加关于载体唯一性的美术作品的著作权保护规定。

④关于权利保护期限。根据国内相关团体的要求和相关国际公约的规定，送审稿将摄影作品的保护期修改为作者终生及死后50年。

⑤关于权利限制。参照国际规则，适当调整权利限制的范围，并增加关于权利限制的原则性标准的规定。

（2）促进运用，调整授权机制和市场交易规则。

保持保护著作权人权利与促进作品广泛传播的一致性，建立科学、合理、规范的著作权授权机制和交易规则，改变当前我国一方面著作权人的权利得不到应有尊重，另一方面使用者无法通过合法途径获得海量作品授权的困境，是本次修法的重点内容，主要修改有：

①根据我国20多年的著作权交易的社会实践和国际经验，增加关于著作权和相关权登记的规定，为降低版权交易风险、避免权属争议提供制度保障。

②为有效解决著作权交易过程中"一权二卖"的问题，切实保护合同相对方的合法权益，增加关于专有许可合同与转让合同缔约过程中权利登记的规定，确保著作权交易安全。

③根据相关国际公约和社会各界意见，将现行著作权法五类著作权法定许可进行调整，保留教科书和报刊转载法定许可，将广播电台电视台的两项法定许可合并为一项，取消录音法定许可，同时明确规定法定许可的适用条件以及违反法定义务的法律责任。

④为适应数字网络环境下海量使用作品的需要，为解决特定情况下，著作权人查找无果但仍需使用作品的实际，增加相关规定，允许使用者在向有关机构申请并提存使用费后以数字化形式使用作品。

⑤为充分发挥著作权集体管理制度的作用，既最大限度地保护数量最大但自身却又"无维权意识、无立法话语权、无维权能力"的广大著作权人权利，又破解使用者"愿意遵守法律、愿意通过合法途径获得作品授权、愿意承担付酬义务"但又不可能从"分布广、数量大"的权利人手中获得海量作品授权的困境，送审稿优化了著作权集体管理制度的设计，强化了社会监督和政府监管。

（3）强化保护，完善救济措施。

着力强化著作权保护力度、有效防范侵权行为是本次修法的重点内容之一，主要修改有：

①将民事侵权情形由现行著作权法的列举式修改为概括式，扩大了权利人主张权利的范围。

②为明确实践中网络服务提供商的民事法律责任，根据《侵权责任法》的相关规定，增加网络服务提供商民事责任的规定。

③将现行著作权法关于确定损害赔偿数额的顺序性规定修改为选择性，即允许权利人在实际损失、侵权人违法所得、权利交易费用的合理倍数以及100元以下的数额之中进行选择。同时提高了法

定赔偿数额、增加惩罚性赔偿的规定、适当增加了侵权人的举证责任。

④在行政法律责任方面,根据著作权行政执法的实践需要,一方面在《著作权法实施条例》规定的基础上提高了罚款的数额,将罚款的倍数由非法经营额的 3 倍提高为 5 倍,将 10 万元提高为 25 万元,另一方面增加了著作权行政管理部门的执法手段,特别是查封扣押权。

⑤其他修改:将现行著作权法关于计算机程序的善意持有者可以支付合理使用费后继续使用该程序的规定修改为其必须重新获得授权后才能继续使用;扩大了作品使用者过错推定的范围;为缓解司法实践中著作权案件数量多、增长快、压力大的问题,充分发挥著作权行政管理部门专业、高效、便捷的优势,增加关于著作权纠纷行政调解的规定。

(4) 科学规范,完善体例结构。

在参考我国其他知识产权法律、借鉴其他国家和地区著作权立法体例的基础上,送审稿对现行著作权法的体例结构进行了调整和完善,主要修改有:

①增加章节内容。增加"权利的限制"和"技术保护措施和权利管理信息"两章,以及"著作权集体管理"一节。其中"权利的限制"由现行著作权法一节提升为一章,新增"技术保护措施和权利管理信息"一章及"著作权集体管理"一节。

②修改部分章节名称。将"出版、表演、录音录像、播放"修改为"相关权",并将其相关节的称谓由"行为"修改为"主体",如将"图书、报刊出版"修改为"出版者";将"著作权许可使用和转让"修改为"权利的行使";将"法律责任和执法措施"修改为"权利的保护"。

③调整章节顺序。送审稿在章节安排上采取先权利(著作权和相关权)、再权利的限制、权利的行使、技术保护措施和权利管理信息,最后权利的保护的顺序,体例结构更加符合法律的体系化和逻辑性。

④对与其他法律的衔接作出明确规定,主要针对侵权行为的刑

事制裁，当事人申请诉前禁令、财产保全、证据保全以及调解协议司法确认，行政复议和行政诉讼等法律适用作出相应的衔接性规定。

⑤鉴于《计算机软件保护条例》和《实施国际著作权条约的规定》的主要内容已经被送审稿吸收，拟废止《计算机软件保护条例》和《实施国际著作权条约的规定》。

这次修改正值我国的国际国内形势发生深刻变革之际：科学技术和信息技术的迅猛发展，数字资源和网络资源的出现改变了作品的传统创作和传播方式，对著作权保护提出了新的挑战；经济全球化的纵深发展，知识产权成为国际贸易的重要载体，在国际贸易交往中必然会涉及著作权保护问题……这些变化都促进了著作权法的进一步修改，从而来适应国际国内的发展趋势和变化，但是由于著作权法本身就具有复杂性，加之社会变迁和科技发展导致很多新问题需要克服①，决定了修改过程中存在很多问题，比如送审稿中关于编剧权利和保护的问题就引起了编剧界的一些争议，但是通过修改，相信我国著作权制度将会更加完善，会鼓励作品创作和保护，也会促进社会经济更好地发展。

3. 侵犯著作权适用的相关法律的最新进展

随着社会的发展、科技的进步和知识产权市场的不断完善，著作权作为知识产权中的重要组成部分，其经济价值也越来越受到重视，但与此同时，不断有新的侵权方式的产生，使得侵权行为也日益严重和多样，因此对于侵犯著作权的判定，并且明确规定其惩罚措施，对于预防侵犯著作权和保护著作权有重要意义。

为了保护知识产权，更好地适用法律，惩治知识产权侵权犯罪的活动，最高人民法院、最高人民检察院和公安部不断加强刑事司法规范建设，先后发布了《关于审理非法出版物刑事案件具体应用法律若干问题的解释》《关于办理侵犯知识产权刑事案件具体应用法律若干问题的解释》《关于办理侵犯著作权刑事案件中涉及录

---

① 冯晓青. 我国著作权法第三次修改的必要性与修改草案探微——兼论修订草案"总则"部分的完善［J］. 邵阳学院学报，2014（4）：8-18.

音录像制品有关问题的批复》《关于办理侵犯知识产权刑事案件具体应用法律若干问题的解释（二）》《关于公安机关管辖的刑事案件立案追诉标准的规定（二）》等司法解释和其他规范性文件，为规范行为和依法办理案件提供了保障。目前，我国侵犯著作权适用法律的最新进展是2011年1月10日颁布和实行的《关于办理侵犯知识产权刑事案件适用法律若干问题的意见》①（以下简称《意见》），其中明显针对著作权的相关内容包括：

（1）关于侵犯著作权犯罪案件"以营利为目的"的认定问题。

根据《意见》的明确规定：除销售外，具有下列情形之一的，可以认定为"以营利为目的"：①以在他人作品中刊登收费广告、捆绑第三方作品等方式直接或者间接收取费用的；②通过信息网络传播他人作品，或者利用他人上传的侵权作品，在网站或者网页上提供刊登收费广告服务，直接或者间接收取费用的；③以会员制方式通过信息网络传播他人作品，收取会员注册费或者其他费用的；④其他利用他人作品牟利的情形。

在以往的司法实践中，对"以营利为目的"的认证标准和判定已经达成了共识，但是现在随着互联网的发展和信息技术的成熟，不断出现了新的侵犯著作权的手段和营利方式，因此现在司法实践中不断出现一些新情况和新变化。例如行为人通过收取广告费和捆绑第三方作品的方式向其他人免费提供作品使用。面对这些实际情况，《意见》在以前司法解释的基础上，综合考虑出现的各种著作权侵权方式，包括网络和现实、直接和间接方式，明确规定了以上列出几种情形属于"以营利为目的"，为面对新出现的情形的判定提供了标准。

（2）关于侵犯著作权犯罪案件"未经著作权人许可"的认定问题。

根据我国刑法第217条的规定，"未经著作权人许可"是认定

---

① 关于办理侵犯知识产权刑事案件适用法律若干问题的意见［N/OL］.［2012-12-18］. http://www.iprcn.com/IL_Zxjs_Show.aspx? News_PI = 3857.

侵犯著作权罪的一个重要的构成要件。《关于办理侵犯知识产权刑事案件适用法律若干问题的意见》第 11 条第 2 款规定："在涉案作品种类众多且权利人分散的案件中，上述证据确实难以一一取得，但有证据证明涉案复制品系非法出版、复制发行的，且出版者、复制发行者不能提供获得著作权人许可的相关证明材料的，可以认定为'未经著作权人许可'。"

上述条款中明确指出"非法出版、复制发行的，且出版者、复制发行者不能提供获得著作权人许可的相关证明材料的"被定为"未经著作权人许可"，按照侵犯著作权罪定罪处罚，这样做主要受到以下两个因素影响：一是保持了司法适用的连续性；二是符合该类犯罪的本质特征①。《关于办理侵犯知识产权刑事案件适用法律若干问题的意见》的出台代表着我国知识产权刑事保护水平的提高，但是同时也要注意知识产权保护制度本身是国家用于分割知识产权创新者与公众利益的法律工具，其立法的最终目的仍然是实现国家利益的最大化，因此，我国在向知识产权强保护国家阵营迈进的同时，一定注意要根据我国经济发展的阶段，构建符合当前社会要求的"最优知识产权保护体系"，调整知识产权法律体系，对知识产权刑事保护做出有选择性的立法安排②。

4. ISP 的著作权责任的有关规定

互联网服务提供商（ISP，Internet Service Provider），即向广大用户综合提供互联网接入业务、信息业务和增值业务的电信运营商③。在互联网时代的环境中，一方面，ISP 能够高效、集中地传播信息，提高信息获取的效率；另一方面，互联网环境下，由于数字资源复制及传播的低成本，ISP 有可能会在非正当的利益驱动

---

① 刘福谦，逄锦温，王志广等.《关于办理侵犯知识产权刑事案件适用法律若干问题的意见》的理解与适用[J].人民检察，2011（9）：58-63.

② 崔丹妮.《关于办理侵犯知识产权刑事案件适用法律若干问题的意见》述评[J].电子知识产权，2011（4）：17-20.

③ ISP. 百度百科[EB/OL].[2015-08-12].http://baike.baidu.com/link?url=D-L5HDZtyN3EfnQzY56ZELSpm_hTZgGHElW-kf4PqFmOCQvD9goQ_F1zbnZKTkw VaHsS5dk6r_wM2DkuFJyhefc4j4sAdCWgDQDkjdwyFjy.

下,直接或者间接产生大规模侵权行为。因此,制定完善的法律体系,为判断和确定其侵权责任性质和标准,既发挥其积极作用,又保护著作权人的权益是目前的一大难题。

在我国,规定网络服务提供者需要承担版权责任的法律法规,包括:

(1)《侵权责任法》第 36 条规定:"网络用户利用网络服务实施侵权行为的,被侵权人有权通知网络服务提供者采取删除、屏蔽、断开链接等必要措施。网络服务提供者接到通知后未及时采取必要措施的,对损害的扩大部分与该网络用户承担连带责任。网络服务提供者知道网络用户利用其网络服务侵害他人民事权益,未采取必要措施,与该网络用户承担连带责任。"因此,网络服务提供者接到被侵权人通知后未及时采取必要措施、网络服务提供者知道网络用户利用其网络服务侵害他人权益而未采取必要措施等情形都被视为存在主观过错的情形。

(2)根据我国《著作权法》的规定,信息网络传播权是指以有线或者无线方式向公众提供作品、表演或者录音录像制品,使公众可以在其个人选定的时间和地点获得作品、表演或者录音录像制品的权利。

我国《信息网络传播权保护条例》第 15 条规定:"网络服务提供者接到权利人的通知书后,应当立即删除涉嫌侵权的作品、表演、录音录像制品,或者断开与涉嫌侵权的作品、表演、录音录像制品的链接,并同时将通知书转送提供作品、表演、录音录像制品的服务对象;服务对象网络地址不明、无法转送的,应当将通知书的内容同时在信息网络上公告。"

(3)《关于审理涉及计算机网络著作权纠纷案件适用法律若干问题的解释》第 3 条规定:"网络服务提供者通过网络参与他人侵犯著作权行为,或者通过网络教唆、帮助他人实施侵犯著作权行为的,人民法院应当根据民法通则第 130 条的规定,追究其与其他行为人或者直接实施侵权行为人的共同侵权责任。"

(4)《关于办理侵犯知识产权刑事案件适用法律若干问题的意见》第 8 条规定了关于通过信息网络传播侵权作品行为的定罪处

罚标准问题：

以营利为目的，未经著作权人许可，通过信息网络向公众传播他人文字作品、音乐、电影、电视、美术、摄影、录像作品、录音录像制品、计算机软件及其他作品，具有下列情形之一的，属于刑法第217条规定的"其他严重情节"：

①非法经营数额在5万元以上的；

②传播他人作品的数量合计在500件（部）以上的；

③传播他人作品的实际被点击数达到5万次以上的；

④以会员制方式传播他人作品，注册会员达到1 000人以上的；

⑤数额或者数量虽未达到第①项至第④项规定标准，但分别达到其中两项以上标准一半以上的。

根据实际情况，要考虑是否有合理的理由应当知道信息存储空间中的文档侵权，需要结合信息存储空间的客观现状、被侵权人及其作品的知名度、信息存储空间对侵权行为的预见水平和实际控制能力等因素综合考虑；网络服务提供者是否间接侵权，关键在于其是否明知或应知侵权行为而仍为其提供服务，对此，可从网络服务提供者是否尽到合理谨慎的注意、审核义务，是否采取了必要的预防措施和事后补救措施等进行分析和认证。

在互联网环境下对著作权的保护有别于传统著作权保护，网络的特性使得对侵权保护的范围基本限于网络服务提供。在法理和技术发展的平衡中，找到归责于网络服务提供者的正当性和限制性，是解决网络版权与鼓励网络技术发展的最佳选择。① 对网络服务提供者侵权的判断标准直接影响其是否承担责任和承担多少责任，这一标准还有待理论与立法的进一步统一。

**（二）国内外著作权司法调研**

法律是司法的依据，但同时司法实践中的经验又是对法律的补充。对司法案例的分析是了解司法状况的一个方式，本书主要选择了5个国内典型的著作权侵权案例和4个国外的著作权侵权案例，

---

① 沈雪平．论网络服务提供者对网络版权的侵权责任［J］．电子商务，2014（8）：32，40.

国内分别是上海"射手网"侵犯影视作品和字幕作品著作权案、琼瑶诉编剧于正抄袭案、"钱锺书书信手稿拍卖"诉前禁令案、"春晚"网络实时转播著作权案和作家诉百度文库案5个案例，国外分别是美国作家协会与HathiTrust数字图书馆著作权诉讼案、美国司法部诉苹果、五大出版商操纵价格案、剑桥大学出版社诉贝克尔著作权案和法国出版商协会诉谷歌4个案例，通过对比分析其法院判决书，从而对我国著作权案件的司法情况有个大致了解。

1. 国内案例

案例一：

### 上海"射手网"侵犯影视作品和字幕作品著作权案

2014年12月16日，国家版权局向社会通报了第三批共12起网络侵权盗版案件查办情况①。其中，上海"射手网"侵犯影视作品和字幕作品著作权案引起了社会的极大关注。

2013年9月，上海市文化市场行政执法总队对辖区内存在侵权盗版重大嫌疑的上海射手信息科技有限公司（以下简称"射手公司"）进行了远程核查。10月16日，总队执法人员对该公司位于上海市闸北区的办公经营场所进行了现场检查，发现射手公司涉嫌未经著作权人许可复制、发行其作品及通过信息网络擅自向公众提供他人作品。

经过调查显示，射手公司在其经营的射手网上开设了名为"射手影音"且以营利为目的的商城，将资源复制于硬盘存储设备的"2TB高清综合影音合集资源""3TB高清超级影音合集"等产品，并进行销售，自2013年5月起共销售约100台。这些产品中有丰富的电影资源，而该公司却无法提供这些电影作品的相关著作权许可复制、发行证明材料。

---

① 高方. 国家版权局通报射手网等12起网络侵权盗版案件查办情况. 人民网-传媒频道［EB/OL］.［2015-08-12］. http://media.people.com.cn/n/2014/1217/c14677-26223382.html.

不仅如此，射手网上提供的影视作品的对白字幕也未经过权利人许可。在这个网站上，有 20 多个字幕小组制作、上传的影视作品的对白（英文字幕），网络用户无须注册即可浏览、下载和使用。

经查证，从 2013 年开始，射手网开始登载《驯龙高手》《罪恶之城》《龙虎少年队 2》《妈咪不在家》《变形金刚 4：灭绝时代》等影视作品的字幕，然而公司却无法对其中任何一部的作品字幕的相关著作权许可提供证明材料。经过美国电影协会北京代表处认证，上述电影作品中的《2001 太空漫游》等 79 部、影视作品字幕文件中的《龙虎少年队 2》等 4 部都未经著作权人授权。

射手网以盈利为目的，销售未经著作权人许可、复制他人电影作品于硬盘存储设备的产品，供用户购买和使用的行为已侵犯了《著作权法》中规定的著作权人享有的复制权、发行权，同时损害公共利益；当事人未经著作权人许可，在经营的互联网站上登载其影视作品的对白（英文字幕作品），供用户浏览、下载和使用的行为违反了《信息网络传播权保护条例》的规定，构成了未经权利人许可，通过信息网络擅自向公众提供他人作品的行为，同时损害公共利益。

射手公司在案发后立刻停止了复制、发行他人作品和停止通过信息网络向公众提供他人作品的行为，并关闭了网站。

## 案例二：

### 琼瑶诉编剧于正抄袭案

2014 年 4 月 28 日，琼瑶认为于正编剧的《宫锁连城》抄袭了其自己创作的作品《梅花烙》，其著作权受到了侵犯，因此将于正上诉至北京市第三中级人民法院。同年 12 月 25 日，北京市第三中级人民法院对该案做出一审判决：涉案《宫锁连城》停播、于正在 4 家网站发表公开声明道歉、于正等 5 被告赔偿琼瑶经济损失 500 万元。一审判决后，五名被告均不服判决，向北京高院提起上诉。截至 2015 年 8 月 10 日，二审结果还没有出来。根据一审判决书，该案件的焦点有 5 点并分别进行了论述：

（1）剧本《梅花烙》著作权的归属问题，根据调查和著作权法的规定，其剧本《梅花烙》的作者及著作权人都为原告陈喆（笔名琼瑶）；（2）小说《梅花烙》与剧本《梅花烙》的关系：根据法院查明的事实判定小说《梅花烙》为剧本《梅花烙》的改编作品，依法享有著作权。鉴于小说《梅花烙》的署名为陈喆，故法院判定小说《梅花烙》的作者和著作权人都为原告陈喆；（3）原告主张的被改编和摄制的内容能够受到著作权法律的保护；（4）《宫锁连城》剧本侵害了《梅花烙》剧本及小说的改编权；（5）《宫锁连城》电视剧侵害了《梅花烙》剧本及小说的摄制权。

综合以上因素，法院依据《中华人民共和国著作权法》、《最高人民法院关于审理著作权民事纠纷案件适用法律若干问题的解释》和《最高人民法院关于民事诉讼证据的若干规定》的相关规定判决原告胜诉。

**案例三：**

### "钱锺书书信手稿拍卖"诉前禁令案

2013 年 5 月，杨季康（钱锺书之妻）对中贸圣佳公司公开拍卖、公开展览、公开宣传钱锺书私人信件的活动向法院提出禁止令申请。杨季康认为，钱锺书去世后，自己应该继承其丈夫的著作权中的财产权，也应该由自己实施其署名权、修改权和保护作品完整权，因此中贸圣佳公司即将举行的"也是集——钱锺书书信手稿公开拍卖活动"，对李国强收存的钱锺书的私人信件进行拍卖的行为侵犯了自己的合法权益。

法院支持了杨季康的申请。法院认为涉案私人书信作为著作权法保护的文字作品，其著作权应当由作者即发信人享有。因此其他人包括收信人和其他合法取得书信的人都不应该侵犯书信作者的著作权,而中贸圣佳国际拍卖有限公司对钱锺书书信手稿进行公开拍卖、展览的行为确实侵犯了著作权人的著作权。因此,为了防止给权利人造成不可弥补的损失,法院裁定中贸圣佳国际拍卖有限公司在拍卖、预展及宣传等活动中不得以公开发表、展览、复制、发行、信息网络传播等方式实施侵害钱锺书、杨季康、钱瑗写给李国强的涉案书信手稿著作权的行为。

该案件具有极大的社会影响力,也受到了社会的广泛关注。该案件是北京市首例涉及著作权人格权的临时禁令案件;同时该案件涉及我国已故著名作家、文学研究家钱锺书先生及我国著名作家、翻译家、外国文学研究家杨绛女士。

该案的审理充分体现了最高法院相关部署,在平衡权利人的保护和诉讼权利方面做出了很好的把握。因为该案件受到社会和媒体的高度关注,法院充分考虑到社会公共利益的影响,比较准确地做出了司法禁令,有效地保护了著作权人的权利,同时也最大限度地降低了对公众的消极影响。该禁令有利于推动社会进步,同时对于以后信件著作权及隐私权的保护也有一定的借鉴意义。

**案例四:**

### "春晚"网络实时转播著作权案

通过中央电视台的授权,央视公司享有2012年"春晚"的相关著作权。央视公司发现百度网站对2012年"春晚"提供了实时转播行为,央视公司认为该行为侵犯了其著作权。法院查明,整个播放过程并未进入到搜狐网站页面,在播放页面的顶部显示"搜狐视频——2012年央视春节联欢晚会直播",其下显示"CCTV1综合",画面右上角显示"搜狐视频直播"。

法院认为:央视公司不仅享有涉案"春晚"的广播权,亦享有《著作权法》第10条第(17)项规定的兜底权利。对于涉案网络实时转播行为而言,如果该行为所转播内容的初始传播行为采用的是"无线"方式，应适用《著作权法》第10条第（11）项的广播权予以调整。如其采用的是"有线"方式，则应适用《著作权法》第10条第（17）项的兜底条款予以调整。现有证据无法证明百度公司仅对涉案"春晚"实时转播行为提供了搜索链接服务，故百度公司直接实施了对该内容的网络实时转播行为。因为搜狐网站是百度公司进行"春晚"实时转播的数据流的来源，而搜狐网站所转播春晚的"初始传播"为中央电视台的"无线广播"行为。故百度公司网络实时转播行为的"初始传播"亦为中央电视台的"无线广播"。鉴于初始传播为"无线广播"的转播行为属于广播权的调整范围，故在百度公司无证据证明其已获得著作权人许可的情况下，其实施的上述网络实时转播行为构成对央视公司广播权的侵犯。据此，二审法院判决百度公司赔偿央视公司经济损失6万元。

随着互联网的不断发展，对于广大网民来说，通过互联网收看春晚的直播并不陌生，但是这其中涉及了许多知识产权侵权问题。在本案的审理中，就对互联网是否可以对央视春晚进行实时转播给出了一种说法。互联网技术的不断发展创造了新的经营模式，每一种新的经营模式在接受用户的考验的同时，也要受到法律的审判，因此要不断完善法律规范，为网络经营模式的健康有序发展提供保障。本案例就对网络实时传播作品的定性、深层链接的举证责任提出了有益探索，具有创新价值和借鉴意义。

案例五：

### 作家诉百度文库案

2011年，作家韩寒发现百度文库中有其3部作品，用户能够选择付费或者免费的方式下载，于是要求百度立即停止侵犯其著作权案，但是百度文库中存在着大量的侵权文档依然是一个事实。遂于2012年7月，委托作家维权联盟将百度告上法庭，认为百度文库的行为侵犯了其著作权，请求法院判令百度停止侵权行为，并采取有效措施制止侵权行为再次发生；关闭百度文库；同时连续7天在百度网站首页赔礼道歉；赔偿经济损失等共76万余元。

海淀法院经审理认为，在该案件中，被告存在着消极等待的行为，在审核上传文档时，理应更多注意涉案类文档，知道其是否侵权，如果发现侵权，应该立即采取措施防止发生侵权行为，因此被告在主观上存在过错，应当承担相应的法律责任。

但是法院同时也认为，作为提供信息存储空间服务的平台，百度文库不负有对网络用户上传的作品进行事先审查、监控的义务，因此对原告提出的关闭百度文库及道歉等诉求予以驳回。最终，9月17日，海淀法院判决被告赔偿原告经济损失总计8.38万元。期内双方均未提起上诉，判决于2012年10月18日生效。本案的焦点就是百度公司是否受到"避风港原则"的保护而予以免责，是否"明知或应知侵权"。

原被告双方一致认可百度文库提供的是信息存储空间服务。作为信息存储平台，百度文库一直以"避风港原则"作为自己免责的理由。根据《信息网络传播权条例》第22条的规定，网络服务商提供信息存储空间服务的，在不知道也没有合理的理由应当知道其存储空间中的作品侵权的情况下，在接到权利人通知后，及时删除侵权作品，不承担侵权责任。但"避风港原则"并不能成为侵权网站免责的挡箭牌，法律上还有"红旗原则"作为补充：如果侵权事实是显而易见的，就像红旗一样飘扬，网络服务商就属于"明知或应知侵权"，应当承担法律责任。

在本案的审理中，因为韩寒的知名度以及诉讼之前与百度公司进行过交涉谈判的事实，百度文库即使作为一个网络存储平台，依然应承担其较高的注意义务，符合"明知或应知侵权"的情形，存在主观过错，应当承担相应的责任。这一判决认定了像百度这样的网站不能以避风港原则为挡箭牌逃避对版权保护的责任,具有里程碑式的意义。

2. 国外案例

案例一:

### 美国作家协会与 HathiTrust 数字图书馆著作权诉讼案

2011年10月6日,美国作家协会(Authors Guild)对 HathiTrust(HathiTrust 数字图书馆是由60多家研究机构分享和保存数字资源的联合馆藏)、密歇根大学及其他四所大学提起诉讼,该诉讼是史上规模最大的著作权侵权案件。

本次诉讼的背景有一点特殊,2005年美国作家协会就向谷歌提起诉讼,主张谷歌公司的扫描和存档数字图书的项目侵犯版权。2011年3月,在纽约的联邦法官驳回了谷歌与作家和出版商组织制定的和解协议。纽约法学院法学副教授James Grimmelmann 表示,和解协议已经提供了一个框架,用于确定如何使用图书馆书籍才是被认可的。美国作家协会选择起诉该图书馆,部分原因是由于其在互联网上发布了这些图书,而另外的重要原因就是谷歌图书和解协议的瓦解。

诉讼原告 Authors Guild 是美国作家协会、澳大利亚作家协会以及魁北克作家联盟。其他很多作家和著作权组织也加入了原告行列,包括挪威散文作者及翻译者组织(The Norwegian Nonfiction Writers and Translators Association)、瑞典作家协会(The Swedish Writers Union)、加拿大作家协会(The Writers' Union of Canada),个人作家包括 Pat Cummings(帕特·卡明斯)、Roxana Robinson(罗克珊娜·罗宾逊)和 T. J. Stiles(T. J. 斯泰尔斯)。

被告 HathiTrust 是一个由5所美国知名大学的研究型图书馆联合开展的一个项目,他们利用谷歌扫描并提供给图书馆方面的文件进行索引并用于研究。这个数字图书馆项目是由密歇根大学、印第安纳大学在内的中西部大学联盟的13所大学与加利福尼亚大学、弗吉尼亚大学等发起的。之后国会图书馆、哈佛大学图书馆、耶鲁大学图书馆和纽约公共图书馆等图书馆不断加入这个项目，其参与馆的数量不断增加。该项目的基础是各馆自己生产的源数据，除此之外，该项目的目标还有为用户提供个性化服务的功能，即根据自己的需求制定特定的功能（Collection Builder）。可以说它是由图书馆做的，并为图书馆服务的数字图书馆。该合作项目有超过950万册的数字化书籍和杂志，约有27%的作品被认为属于公众领域。

纽约南部地区的美国地方法院受理了此次诉讼。案件初步宣判在2011年11月初举行，贝尔法官裁决被告方公平使用，即在性质上无侵权问题。简言之，结果就是，法官根据法理的判断，作家协会的主张全部得到反驳。第一次审判结果具体为，HathiTrust对作品的使用属公平范畴；无充足证据表明这个做法涉及作品的商业安全；作家协会对所涉及作品存在潜在授权市场的观点也无根据。

2012年10月10日，作为该案的原告，美国作家协会和其他作家组织指控加州大学、威斯康星大学、印第安纳大学、康奈尔大学和密歇根大学将图书扫描到HathiTrust数字图书馆的行为侵权。但该主张并未得到美国纽约地区法院法官哈罗德·拜尔（Harold Baer）的支持。负责审理"美国作家协会对HathiTrust"案的联邦法官哈罗德·贝尔（Harold Bear）用一年多的时间在版权法范围内作出最终裁决，认可被告方行为属于公平使用。

本案一直是出版业关注的重要诉讼之一，其他还包括已经处理了一半的五大出版社与苹果合谋电子书价格案、剑桥大学出版社诉讼佐治亚州立大学侵权案、一泰国裔美国大学生反诉讼威利父子公司教材海外版转卖美国本土案。

就眼前这几个驰名世界的美国大案来说，HathiTrust案是首个实质性版权裁决案，因为其明确认可了数字化过程中的几个基本行为并不触犯版权法，比如搜索、扫描孤儿作品。而另外几个案件中，五大出版社及苹果合谋操控价格案尚处于经济利益纠纷层面，大型出版社和苹果公司落败后可能会进一步起诉亚马逊垄断。我们应该注意，美国法律制度仍然比较推崇私利重于公利，以维护公平获利行为作为底线标准，版权法向来以是否侵害合法获利为重要依据。

HathiTrust 案之所以形成突破，也是因为法官果断剥离了案中涉及利益侵害的成分，比如没有所谓的潜在授权市场。目前 5 大案中 4 个呈现出有利于数字化的局面，我们可以清楚地看到数字化为大势所趋，当今出版业处在历史性大转型之中。

书业数字化必将深深地触及出版业的根本制度层面。对出版业最具基础性支撑作用的就是以版权法为核心的法律保障，因此该案件中在法律层面上做出了有利于数字化的裁决，将极大地推动书业数字化的进展。曾经书业数字化属于非常规新型技术巨头企业主动出击，传统出版企业被动应对，期间虽然得到直观的、道义上的广泛支持，整个社会默认、纵容各种被传统出版看做大逆不道的数字化破坏，包括盗版侵权，但从未得到实质性制度性乃至法理上的支持。现在的情况，自然是不同了。

就美国以外的、主要是欧洲大陆地区的判例来说，虽然结果仍然是有利于数字化，情况还是有所不同。首先是版权法与时俱进的修订在先，判决在后。修订是要完全考虑清楚再动作，这注定是一个缓慢的过程，所以欧洲大陆这边针对数字化的纠纷看起来不剧烈。其次版权法起源于欧洲，欧洲人对版权法极为了解，善于发挥其他法律的制约作用，即当版权法领域出了问题，往往搬出其他法律将问题压制下去。

有些时候，欧洲某些小国那种振聋发聩的措施能让美国这个数字化领跑者心惊胆战，比如在欧洲允许检查网络盗版非法下载，但却不允许采取强制性手段，如断网。欧洲人习惯于传达的法律精神是，这件事事关人权，而人权永远是最大的，人权压倒企业的经济权益，宪法压倒专门法。由整个西方文明支撑起的、占强势地位的现代出版业的制度基础，无论是称霸全球的英美式，还是精于思考、实力不俗的欧陆式，开始朝有利于书业数字化方向动作了。

## 案例二：

### 美国司法部诉苹果公司、五大出版商操纵价格案

因被疑抬高操纵电子书价格，2011年年底，美国司法部就对苹果公司与出版商串通操纵电子书价格的行为着手进行调查。2012年4月，美国司法部在纽约地方法院起诉苹果公司及5家出版商，指控其操纵电子书定价，并以此削弱亚马逊在这一领域的霸主地位。

2011年，美国电子书销售额增长了近120%，达到9.7亿美元。由于省去了印刷和运输环节，电子书可为出版商带来比实体书销售更高的利润，作为终端商的亚马逊，一直主导着美国电子书市场。

据了解，代理模式和批发模式是目前美国电子书市场的两种主要销售模式。苹果公司采取的是代销模式。批发模式则是出版商将内容提供给零售商，零售商可以折扣价销售内容，以拉动销售，亚马逊销售方式就是这一模式的代表。

但这次诉讼并非苹果公司和出版公司首次因电子书惹上麻烦，个中原因不得不说到"代销模式"。早在2011年8月就有一起诉讼指控苹果公司和电子书出版商采用"代理模式"定价系统，使消费者必须接受定价。苹果公司和这些出版商达成的这套代销模式，让苹果公司如今陷入了"垄断"诉讼中。在"代销模式"中，电子书的价格是直接由出版商制定的，但同时也承诺提供最优惠的价格给苹果公司，之后通过苹果公司商店进行销售并与之分成，基本上苹果公司可以从销售出去的每本电子书获得30%的提成。这不同于传统的图书销售定价模式：出版商设定建议零售价，零售商设定销售价。通过该代销模式握有定价权，出版商可以弥补电子阅读大潮带来的销售损失。虽然这一模式有助于保护出版商权益，但最终将抬高价格转嫁到消费者头上。

本诉讼案例的原告为美国司法部，应该来说这是一个典型的政府控告类案件，政府成为原告无疑是因为苹果公司及五大出版商的定价行为已经影响到了美国该领域的经济发展，影响巨大，无法在行业内解决。本诉讼案例的被告是苹果公司和美国五大出版商。

美国纽约市联邦法院受理了该案。美国司法部负责反垄断事务的助理部长沙里斯·珀森表示，对苹果公司及包括阿歇特出版公司在内的5大出版商提起诉讼的目标是恢复市场竞争，允许零售商对电子书进行自由定价。美国政府称，价格垄断行为是在2010年年初发生的，当时苹果公司推出了iPad。指控中提到，在2010年年初的三天时间里，电子书价格就从平均每本2美元上升至3美元，这就是苹果公司与其他出版公司涉嫌操纵价格所导致的。允许出版公司给予零售商如亚马逊等调整电子书价格的自由的资格是美国政府提出的和解协议。

根据和解协议，三家出版商已同意不使用苹果的代理模式，允许出版商设定2年的电子书的价格。同时，该和解协议要求三家出版商与苹果公司解除合同。此外，出版商不能与零售商签署协议（包括一项五年期的最惠国待遇条款）。丹尼斯科特表示："这些规定的时间限制意味着，未来他们将不会在电子书行业中确立最终竞争格局。"

苹果公司代理模式和亚马逊批发模式之间的差异是该案件的争议核心。代理模式的定价者是出版社，苹果公司从销售额中抽取30%作为佣金，也可以理解为代销模式；而批发模式的定价者是亚马逊，它以批发的价格从出版社拿内容，自己赚取当中差价，也可以理解为零售模式。司法部的介入也是想让Amazon和Barnes & Noble能够重回批发模式，无论是出版商还是苹果公司，心不甘情不愿是在所难免。

业内人士指出："实际上，在亚马逊和苹果公司的定价模式中，不论是批发模式还是代理模式，均有部分协议涉及确保自己能获得较竞争对手有优势的价格。"美国司法部对苹果公司价格垄断的起诉并非对亚马逊批发模式的支持。

而美国司法部也表示，正在努力寻求对策，让包括亚马逊在内的出版商回归零售模式，使其取得面对消费者的直接定价权利。基本上这会加速市场回归到亚马逊原已建立的低于10美元的标准行情。

案例三：

## 剑桥大学出版社诉贝克尔著作权案

2008年，剑桥大学出版社对格鲁吉亚州立大学教员贝克尔发起了著作权诉讼。起因是贝克尔将剑桥大学出版社拥有版权的图书扫描之后上传至格鲁吉亚州立大学的电子系统之中。随后该出版社又以监管不力为理由，增加了格鲁吉亚州立大学所属的格鲁吉亚大学系统的董事会中的所有执行董事作为被告。该案中，格鲁吉亚州立大学具有国家组织的性质，因此，本案争论的焦点是拥有这种性质的组织在未经授权的情况下，其所属人员制作拥有版权的作品的数字化副本并且加以演示与传播是否侵犯了权利人的合法权利，是否适用于合理使用原则。

原告剑桥大学出版社认为，被告亚特兰大的格鲁吉亚州立大学通过将原告的有著作权的部分的书以电子化的形式公布，并且为学生提供电子版侵犯了其著作权。原告要求被告停止侵权，赔偿损失并且支付律师费。

被告格鲁吉亚州立大学否认了侵权，认为自己是国家机构，享有豁免权，并且其在校内电子系统中为了教学目的提供文献的数字化复制品的行为属于合理使用。

在原告以格鲁吉亚州立大学侵犯其版权为由发起的诉讼被告以合理使用为理由反驳之后，原告在2008年12月又进行控诉。修正后的诉状增加了格鲁吉亚州立大学系统的执行董事会成员为被告。这份修正后的诉状质疑了这些大学管理者的行政管理能力，认为他们的监管不力造成了侵权行为的发生，并且断言董事会的所有成员对侵权负有责任。

2008年12月,包括格鲁吉亚州立大学在内的格鲁吉亚大学系统成立了委员会审查自己与版权相关的政策,并且于2009年2月17日宣布了新的相关政策。新政策要求教授在上传有著作权的资料的全部或者部分到"电子保存系统"时,填写一张"合理使用保证书",并于次年的新学期发布实施新的政策。

2010年8月11日到12日,法院指示剑桥大学出版社提供格鲁吉亚州立大学在2009学期内的侵权清单。原告的清单在2010年8月20日整理归档,共提出了126个侵权主张。2010年8月30日,被告的包括每个侵权作品及在内的反侵权意见也被归档。

在总结裁决书中,法院支持被告的只有其2009年政策开始之后的侵权行为才与原告的禁令和申报救济有关的观点。2010年10月,双方在指令下商谈并按建议的顺序在2010年10月20日整理好为调查所需的文件。

2011年3月5日,双方达成了针对格鲁吉亚州立大学在2009年三个整学期侵犯剑桥大学出版社版权的联合文件,列示了99个侵权行为。被告说这都是被合理使用原则所保护的,并且一直反对原告侵权百分比的计算方式,认为应当只计算整本书的文本,而不包括表格、前言等。因此在被告的计算中有著作权的书被摘抄并上传到电子保存系统中的只有9.6%,低于原告给出的数字。根据有关法律的规定,国家官员由于代表国家而享有诉讼豁免权,并找到了一个不享有豁免权得到例外的案例。原告认为被告适用于这个例外,因为他们有能力阻止侵权。最终法院同意被告由于不适用于这个例外而接受了被告解除诉讼的提议。

法院认为,在案例中,一些被告对于2009年当年格鲁吉亚州立大学著作权相关政策的制定是有责任的,这些政策被运用到了格鲁吉亚大学系统和全州范围内。法院经过推测发现2009年著作权相关政策至少是在董事会的默许之下的。

本案关键是要确定格鲁吉亚州立大学2009年著作权政策

在相关著作权法律要求下是如何运行的。最大的困难是在非常不确定的结构下如何确定合理使用。它应包括四个因素：(1)使用的目的和对象；(2)著作权作品的内在本质；(3)对著作权作品整体的实质性使用的数量；(4)利用著作权作品对潜在市场和价值的影响。

在坎布尔，根据最高法院的合理利用的最终决定，必须以每个案例的实际作为基础。法院认定侵害原告著作权的原因是，格鲁吉亚2009年政策里没有将复制品限制为小段的摘要，也没有禁止对同一本书多个章节的利用。而且，合理使用政策在确定是否会对著作权作品造成实际的和潜在的市场和价值的影响，无法以足够的证据作为引导。法院相信被告在运用2009年著作权相关政策时，试图与著作权法案保持一致。不管如何，在最后的分析中，被告在主观意愿上不涉及侵犯著作权。

**案例四：**

### 法国出版商协会诉谷歌

2009年9月24日，法国主要出版商指控谷歌利用法国文学遗产进行营利的行为并向巴黎法院进行起诉，要求法院禁止谷歌扫描数字版图书并且在先发布这些图书摘要等行为。法国出版商马蒂尼埃（La Martinière）、法国出版商协会和作家组织法国文人协会（SGDL）要求法院对谷歌公司处以1 500万欧元（折合2 209万美元）罚金，若谷歌继续数字化图书侵犯版权的行为，对谷歌处以每天10万欧元的罚金。

2009年12月18日，巴黎法庭裁定，谷歌公司在未经授权情况下扫描收录书籍的做法构成侵权，须向马蒂尼埃集团赔偿30万欧元（约合43万美元），并向法国出版商协会和作家协会象征性地赔偿1欧元。法庭同时要求，谷歌公司在判决生效后一个月内把侵权书籍从数据库中移除，否则每天向出版商赔付1万欧元。

判决生效后，谷歌辩护律师表示，被告方不服法庭裁决，并提起上诉。2011年8月，谷歌公司与法国马蒂尼埃出版集团（La Martinière）达成协议，终止诉讼。同时，谷歌公司与法国马蒂尼埃出版集团（La Martinière）签订协议，将与谷歌进行这些数字图书销售的收入剥离出来，允许谷歌"以一种建设性方式、为了法国作者和读者的利益"推进其数字化图书计划。2012年6月11日，谷歌宣布与法国作家和出版商达成和解协议，后者将撤回已经历时6年之久的版权诉讼，并在网上销售其绝版图书。这标志着谷歌的图书扫描计划又向前推进了一步。谷歌与法国的全国性出版商协会还敲定了一项框架协议，将允许法国出版商和作家销售谷歌已经扫描的数字图书，谷歌将从中获得分成。独立出版商将需要自己与谷歌签订相关协议，以开始销售数字图书。作为和解协议的一部分，法国出版商可以通过谷歌出售部分图书的数字拷贝；谷歌将对创建作品数据库提供财务支持。

谷歌图书（Google Books）法国主管菲利普·科隆贝（Philippe Colombet）在新闻发布会中表示，谷歌周一在法国的和解协议不会对正在美国进行的诉讼以及遭拒的和解协议造成影响。但该公司称，它希望在法国的协议会增加积极的发展势头。科隆贝说道："谷歌对在美国的各种协议选项均持开放态度，其中包括达成与这一次类似的协议。"

法国作家协会是一个作家团体，它放弃了法律诉讼。此前的法律诉讼中他们主张谷歌的电子书浏览功能侵犯了其版权。谷歌同意建立一个框架"协议"，并在此框架内出版商能够为谷歌提供并出售他们作品的电子版。

双方此次的协议模式是通过谷歌分别与两个主要的法国出版商签订协议进行的。在这一系列协议之下，出版商对书籍浏览项目的许多条件实行控制。这一事件与解决美国关于谷歌书籍浏览的法律诉讼案件存在主要的不同之处。在这些洽谈中，2008年法院解除了一项高达1 250亿美元的解决提议，这一提案建议任何一种被扫描过的书籍都将自动列入谷歌的数据库，除非版权持有人特别声明要求退出。

### 三、湖北省著作权立法与司法战略不足分析

通过对比分析国家和湖北省有关著作权的法律法规，并结合国内外和省内的典型案例，现总结出湖北省的著作权法制战略在立法、司法、公共服务和经济四个方面还有待改进的地方：

#### （一）对科研成果著作权的保护力度欠缺

高校和公立科研机构是科研成果两个重要的产出地，湖北省作为全国科研与教育较发达的省份，其高校数量和公立科研机构数量排在全国前列。根据教育部新闻办官方微博"微言教育"的信息，湖北省共有99所高校，是一个高校比较集中的省份，其科研能力不仅代表着高校的核心竞争力，同时也是一个省的创新力和竞争力的体现；同时湖北省科研机构众多，各类科研机构有1 300多家①，根据《自然》杂志公布的指数，对中国科研产出领先城市进行排名，湖北省省会城市武汉市位于第六名②，因此加强对高校科研成果的著作权的保护是不可避免的趋势。

科学研究成果是指科研人员通过一系列科学研究之后，确定具有学术意义和使用价值的创造性成果，其产权的归属问题根据其类别的不同而有所不同。对于高校的科研成果产权的归属问题，1999年教育部颁布的《高等学校知识产权保护管理规定》有了明确的规定："执行本校及其所属单位任务，或主要利用本校及其所属单位的物质技术条件所完成的发明创造或者其他技术成果，是高等学校职务发明创造或职务技术成果。职务发明创造申请专利的权利属于高等学校。专利权被依法授予后由高等学校持有。职务技术成果的使用权、转让权由高等学校享有。"也就是说在一般情况下，科

---

① 湖北省国家重点实验室数量居全国第三[EB/OL].[2015-08-08]. 长江网,http://www.escience.gov.cn/article/article_11747.html.

② 黄莹.2014年全球自然指数发布武汉科研产出居国内城市第6[EB/OL].[2015-08-08]. 长江网,http://hb.ifeng.com/news/fygc/detail_2015_02/04/3519505_0.shtml.

研成果的产权都是属于学校,但是随着环境的变化,科研成果的产生也发生了一些新的变化,对于科研成果版权保护也有很多问题需要进一步改进。

一方面,在科研成果数量不断增加的同时科研成果的质量也在不断提高;另一方面随着科研人员和企业等其他单位合作情况的增多,知识著作权流失情况严重,知识产权利用不足,经济效益低下。科研成果作为一种无形的资产,对其著作权的流失现象很普遍,科研项目的承担者知识产权意识比较薄弱,在合作开发中不注意要求产权归属问题,同时也不重视对其的利用问题,较差的经济效益也会影响到科学研究的积极性。

(二) 缺乏健全的版权执法和管理体制,盗版现象严重

自 2008 年《国家知识产权战略纲要》颁布以来,自主创新能力越来越受到重视,版权作为知识产权的重要组成部分,其作用也越来越明显。由于其具有使用广泛、创作难、投入大却复制容易且成本低的特点,因此与其他知识产权相比,著作权更容易受到盗版的侵权,也就更加依赖法律和执法的保护才能发挥著作权的最大效益和作用。据统计,2010 年,全国地方法院共新收著作权案件 24 719 件,同比增长 61.54%,占全部知识产权民事一审案件的 57.6%[1],2013 年共进行行政处罚案件达到 7 019 件,惩罚金额 14 182 263.58 元人民币,共收缴盗版数量为 17 666 712。

而随着互联网的迅速发展和普及,其中互联网领域的版权问题更加突出,据统计[2],2005—2013 年,各地版权、公安、电信等部门共查办互联网侵权盗版案件 4 241 起,其中,依法关闭侵权盗版网站 1 926 个,没收服务器及相关设备 1 178 台,移送司法机关追究刑事责任案件 322 件,查处了"天线视频网"影视作品侵权案、

---

[1] 阎晓宏:加强执法厉行监管. 中华人民共和国国家版权局[EB/OL]. [2015-08-10]. http://www.ncac.gov.cn/chinacopyright/contents/554/20800.html.

[2] 国家版权局"强化网络版权执法监管"调研报告发布[EB/OL]. [2015-08-10]. 法制日报-法制网. http://www.legaldaily.com.cn/index_article/content/2015-01-23/content_5940876.htm.

"番茄花园"网站侵权案、"天籁村网"音乐作品侵权案、"霓裳小轩网"文学作品侵权案以及百度影音、快播播放器侵权案等一批有较大社会影响的案件。2014年开展的"剑网2014"专项行动中,各地把案件查办作为最突出的重点任务,陆续查处了"999宝藏网"侵犯软件著作权案、"DY161电影网"侵犯影视作品著作权案、"上海复旦网上书店"等销售盗版图书案、王某等通过互联网销售侵权盗版 ISO 标准案、"高清影视下载网"侵犯著作权案、"射手网"侵犯电影作品和字幕作品著作权案等一批大要案件。由此可见,近年来虽然著作权行政保护力度不断加强,但是我国版权保护环境并没有发生根本性的好转,加强执法、严厉监管成为版权保护的重中之重。

根据湖北省版权局的报道数据,湖北省的盗版侵权现象也比较严重,仅2014年一年就发生了多起盗版侵权案,其中重大的有仙桃"3·5"制售盗版光盘案、武汉非法出版《公民读本》期刊案、荆州"5·10"侵犯著作权案、武汉"5·6"非法出版发行案①等案件。从目前的情况看来,著作权保护的形势依旧不乐观,需要所有人的共同努力,既要完善版权执法监管法律体系,又要加大执法力度,加强版权执法监管的能力。

### (三) 缺乏完善的版权公共服务体系

公共服务体系是一个国家版权管理、交易和保护水平的重要体现,版权公共服务是以维护公共利益为目的,依据法律规定由版权行政管理机构或政府授权的其他组织,在公共领域内围绕版权在创造、运用、保护和管理过程中产生的经济关系所提供的各种服务。② 随着市场经济的不断发展,为了保障文化市场健康有序的发展,就必须建立完善的版权公共服务体系,完善版权质押、作品登记和合同转让等制度规范;建立并加强著作权集体管理组织,充分

---

① 湖北省通报2014年"扫黄打非"及侵权盗版十大案件[EB/OL].[2015-08-10].湖北省版权局,http://www.hbnp.gov.cn/wzlm/zwdt/xwzx/14975.htm.

② 朱永德.版权公共服务体系(上)[N].中国电影报,2009-11-26(012).

发挥行业协会等集体组织的作用，在保证作品充分、正当使用的同时保护著作权人的合法利益；积极创建著作权创新群体，发挥其示范作用。

目前的法律体系并没有发挥出著作权的公共服务作用，版权公共服务体系的建设有许多问题需要注意，比如电影作品的著作权保护，由于其使用领域广和受众多的特点，使得电影作品的著作权人维权的难度加大；对于集体管理，要注意对于集体组织的管理，避免一些中介机构或者传播者的诈骗，侵犯著作权人的利益，并从中获得非法利益。因此在构建著作权公共服务体系的过程中要特别注意著作权集体管理制度的规范，在此基础上进一步完善投资环境、融资制度、登记制度等方面的明确规范。

对于湖北省来说，目前版权管理存在的突出问题有：管理上是版权专职管理人员较少，尤其是市县的专职人员不足，因此需要进一步健全人员和机构的匹配；业务上是湖北公共服务的中介组织尚需发展，市场活力不足。

### （四）对著作权质押的相关规范不明确

根据学界对于著作权质押概念的界定，著作权质押是指以著作权中的财产权或者财产性权利作为出质标的物设定质权对债务进行担保的法律行为。[①] 在知识社会中，作为智力资本的知识产权的价值日益重要，著作权作为知识产权的重要组成部分，利用其财产权作为一种融资手段也应运而生并逐渐被市场接受和认可，无论对个人发展还是企业发展都很重要，对文化创意企业尤甚。目前《担保法》《物权法》《著作权法》《著作权质押合同登记办法》等法律都有涉及著作权质押的内容，基本上建立了著作权质押的法律框架，但是这些法律对著作权质押的规定都比较简单，其中有很多实质问题缺乏规范，还不能满足司法实践的需要。

首先作为无形财产权的著作权进行质押融资本来就存在一些困难，著作权由人身权和财产权两部分组成，现有的法律规定只能将财产权进行质押，但是在立法和实践中，无法将人身权和财产权截

---

① 董涛著.知识产权证券化制度研究[M].清华大学出版社，2009.

然分开，两者相互关联，完全分开的使用可能使得质权人陷入困境；其次没有专门针对著作权质押的规则，目前我国法律规定的著作权质押属于权利质押，适用于有关权利质押的规定，也可以准用动产质权的规定，但是著作权毕竟不是有形财产权，所以可能会导致权利冲突；对未来作品设立质权也是需要解决的一大难题。要解决这些难题就必须建立完善健全的法律规范，综合考虑各种实际情况，对著作权质押的相关规定要明确。著作权质押在以后的实践中会更加普遍，湖北省可以结合本省司法实践，作出相应的具体的针对著作权质押的规范，在发挥著作权最大的经济价值的同时也能够保护著作权。

## 第二节　湖北省著作权的立法与司法战略对策

湖北省著作权保护在立法和司法方面还有很多需要改进的地方，其基本目标是修订完善湖北省有关著作权的地方性法规和地方政府行政管理规章；完善文化、教育、科研、贸易等方面的规定并与版权政策的协调衔接；完善科研成果著作权归属和利益分享机制。

一、制定《湖北省科研成果管理规范》

（1）明确科研成果著作权有关的利益冲突的规则。大学、公立研究机构等的研究人员由于兼职等在产学联合活动时会发生作为研究人员的公务职责和私人利益间的冲突。

（2）要建立与版权转让等相关的合同规则。建立与委托研究、共同研究等相关的合同规则，无论是公立的研究机构还是私人研究机构，都要制定合同范例，对共同研究的处理流程和成果的处理进行明确规定和说明。

（3）对科研成果进行良好的业绩考评制度。对研究者的业绩进行评价的目的是改善研究者的表现，提高从事科学研究的研究者的成就和满意感，从而鼓励继续创新和创作，因此应该综合考虑各种因素，包括知识产权的创造及其成果的转让以及相应的普及活动方面的业绩。

（4）完善良好的学术审查制度。主要包括以下几个方面：学术交流前的审查，避免无意的公开导致创新技术因丧失新颖性而无法获得专利保护；对合作研发的审查，注意明确合作成果的知识产权归属，避免不必要的纠纷；对短期研究人员的离职审查，对于职务作品中属于单位享有著作权的部分由单位进行审查。

（5）可考虑高校建立专门的知识产权中心，加强管理工作，包括前期管理和后期管理。前期管理是指科研活动开始前，和项目主办方及相关参与人员签订一系列的合同，主要包括科研成果的投入及权属划分、署名、利益分配、责任承担等；在立题时就要对现有同类技术的知识产权状态进行分析，要有创新的技术方案和计划要求。后期管理就是在科研项目结束但成果尚未报出时，进行知识产权合法性审查，确认该科研成果不会产生侵权的情形。[①]

（6）科技成果归属权的重视。科技成果有不同的类型也有不同的特点，这就导致其知识产权的归属有不同的情况。因此要加强对科技成果的保护；加强知识产权信息查新，避免科研重复和资源浪费；制定科学合理的规章制度，确保各方的合法权益。

（7）完善科研成果的鉴定管理。科研成果的鉴定必须是有关科技行政管理机关聘请同行专家，以规范的形式和程序，对科技成果进行审查和科学评价，并给出的相应结论。参加鉴定工作的专家在鉴定工作中应当对被鉴定的科研成果进行认真负责的审查，秉承着客观、公正的态度，对科研成果作出鉴定。因此建议应当有明确的鉴定专家筛选制度和鉴定结果的评选制度。

## 二、健全版权执法和管理体制，严厉打击盗版

发挥司法保护版权的主导作用，提高执法效率和水平，强化公共服务，深化版权行政管理体制改革，形成高效的版权行政管理体制，严厉打击盗版，降低维权成本，有效遏制盗版行为，提高版权

---

① 刘彬.浅谈高等学校知识产权管理［J］.中国发明与专利，2008（3）：70-72.

行政执法能力和水平,保证软件正版化,营造版权执法良好生态。

2007年9月29日国家成立了"反盗版举报中心"。2008年设立了中国(湖北)知识产权维权援助中心。为了增加打击盗版的有效性和及时性,发挥版权、新闻出版、海关、工商、公安、"扫黄打非"、文化等部门的综合治理格局。国家版权局与国家工商局共同发布了《关于严厉打击盗版等侵犯著作权行为的通知》,以充分发挥工商行政管理部门在打击侵权盗版中的作用和加强同工商行政管理部门的密切合作。① 在湖北可以设立"湖北反盗版举报中心",增加版权保护的效率。

三、制定《健全湖北省版权公共服务体系,促进版权产业发展的若干意见》

制定的基本考虑是:将版权战略实施中发挥政府作用的事情由本《若干意见》进行规定,以便于为相关措施的实施提供更为明确的依据。

针对湖北省的不足,有以下几项可以考虑的规定:

(1) 完善版权管理机构,解决机构特别是县级政府版权人员编制等问题。

(2) 发挥版权保护的激励机制,积极创建"湖北省版权创新示范基地"。把版权保护工作延伸到各类文化创意园区、动漫创作基地、影视创作基地、数字出版基地、软件开发园区②等产业集群,协调相关部门积极争取为版权产业的发展提供投资、融资、税收、进出口等政策支持。

(3) 发挥版权公共服务功能,进一步完善版权质押、作品登记和转让合同备案制度。

(4) 积极探索建立省内统一的农村产权交易综合服务平台,扩展农村地区产权交易网络,推动和服务农村土地承包经营权、林

---

① 沈仁干. 版权保护的新进展 [J]. 知识产权, 1995 (6): 19-21.
② 隋笑飞. 中国今年将从五方面构建版权公共服务体系 [N]. 中国贸易报, 2009-02-05: 009.

权、集体经济组织股权的有序流转。

(5) 建立"著作权集体管理组织湖北省代办处"。该代办处处理湖省内对音乐作品、文字作品和音像节目作品的代行相关著作权集体管理组织对作品使用者进行授权许可和报酬收转等事宜，同时对于相关的使用者进行相关指导，从而可以提高作品流转的速度，增加作品的社会价值和经济价值。

(6) 建立"湖北省版权保护联席会议"。可由与版权密切关联的相关机构等组成，由湖北省版权局召集，每半年召开一次会议。形成的会议决议发布到相关单位，促进版权的创造、使用、管理和保护的有序进行。

(7) 建设"湖北省版权投资指引目录"，并规定对某些版权投资的优惠措施，为其发展提供投资、融资、税收、进出口等政策的支持。鼓励社会资本、海外资本，国家财政，风险资金等对湖北省版权产业的投入等。

(8) 引导和支持楚文化作品的创作和传播，鼓励群众性的文化创新，培养相关专业人才。深入发掘楚文化传统中的民间文学艺术作品，加强民间文艺保护，促进民间文艺发展，形成湖北楚文化品牌。政府要制定政策法规，促进科技成果向版权产业转化。

(9) 发挥司法保护版权的主导作用，提高执法效率和水平。严厉打击盗版，降低维权成本，有效遏制盗版行为。建立"湖北省反盗版举报中心"，提高版权行政执法能力和水平，保证软件正版化，营造版权执法的良好生态。

(10) 扩大向海外输出版权与版权对外交流合作的措施。继续采取措施巩固省内出版社与我国港台地区的版权合作优势，提高版权输出水平，扩大输出地范围。加强版权领域的对外交流合作。支持引进或聘用海外版权高层次人才。积极参与国际版权秩序的构建，建立版权预警应急机制，大力提升中介组织国际版权事务参与能力，做到引进作品、输出作品的平衡发展。

(11) 湖北省版权战略实施的监督与版权知识普及。对版权战略实施进行绩效评估，建立湖北区域版权战略实施监督与反馈机制。普及版权法律知识，提高全社会版权保护意识。通过多种方式，不断提高宣传效果。

（12）进一步加强人才培养，加强行业自律管理。产权交易就要采取引进与培训相结合的形式，加快人才培养，不断提高从业人员的专业水平和职业素质，提高规范化服务水平。要加强信息披露、交易、风险控制等内部制度建设，加强行业自律，保证交易市场公开、公正、公平运行，不断提高产权市场的社会公信力。①

四、制定《湖北省版权质押管理规范》

（1）对于受到限制的著作权或专有权，如果在担保期限届满时出质人仍不具有完整的处分权，那么，这样的著作权或专有权不能作为质物出质。

（2）作为质物的著作权或其某项专有权必须是合法有效的，即正处于著作权的有效保护期内，至少要存续到担保期限届满时为止。②

（3）作为质物的著作权，只能是著作财产权而不能是著作人身权。

（4）当事人必须对质押有明确的意思表示。

（5）质押合同登记的效力。《担保法》第79条规定，以著作权中的财产权出质的，出质人与质权人应当订立书面合同，并向其管理部门办理出质登记。质押合同自登记之日起生效。（可见，著作权法与担保法在版权登记质押合同的登记效力方面是相冲突的。）

（6）在版权质押方面，可以建议规定：版权质押登记具有对抗效力，未经登记的质权不得对抗善意第三人。日本著作权法第77条规定："以著作权为标的质权的设定、转移、变更、消亡（不包括因混同、著作权或担保债权的消亡）或处分的限制。"出质人

---

① 湖北日报．深入贯彻《省知识产权战略纲要》促进版权产业又好又快发展［EB/OL］．［2013-09-20］．http://news.cnhubei.com/hbrb/hbrbsglk/hbrb07/201009/t1406165.shtml.

② 刘瑛．版权质押合同及其质权人的利益保障［J］．知识产权，2001（3）：24-26.

在订立版权质押合同前与他人订立许可使用合同,出质人有义务告知质权人。根据《担保法》第70条的规定,当作为质物的版权价值有明显减少的可能而足以危及质权的实现时,债权人有权请求出质人另行提供相应的担保;出质人对此不另行提供担保的,质权人有权对质押的版权进行变价处分,所得款项用于期满提前清偿担保债权或向第三人提存。

**五、制定《关于鼓励为文化创意企业提供融资服务的若干意见》**

1. 鼓励金融机构为文化创意企业提供融资服务

支持和鼓励银行、担保公司、小额贷款公司等金融机构为我省中小型文化创意企业提供融资服务。可以给予中小型文化创意企业提供融资服务的金融机构一定的优惠。

2. 鼓励以债权信托产品和创业投资基金为文化创意企业提供融资服务

(1)充分发挥民间资金优势,放大财政性资金的引导效应,鼓励有关单位按规定发行债权信托产品为文化创意企业提供融资服务。(2)建立省文化创意产业专项资金。每年安排一定的资金,委托相关国有资产投资公司作为出资主体,认购相关协议金融机构发起的债权信托产品,按一定比例公开募集社会资金,放大财政性资金引导效应,为有债权融资需求的文化创意企业提供融资服务,融资企业的融资成本控制在一定比例以内。(3)文化创意产业债权信托产品可由专门的担保机构提供担保。

3. 支持和鼓励文化创意企业改制与上市融资

此措施可以规定:(1)分类指导符合条件的文化创意企业改制上市,积极培育一批文化创意大企业大集团及上市企业。积极引导和培育成长性较好、具有一定规模的中小型文化创意企业在中小企业板上市。(2)凡符合上市培育条件的文化创意企业,经有关部门审核后,在上市辅导期内可享受财政税收、土地资产处置、人才落户及住房、相关手续费用减免等优惠政策。

4. 加快文化创意产业融资服务平台建设

(1)可建立由政府有关部门和签订战略合作协议的银行、担保机构等金融机构共同组成的联席会议,定期研究文化创意产业融资工作,研究制定相关举措办法,缓解文化创意企业融资难问题。(2)可组织开展有融资需求的文化创意产业项目征集工作,征集一批具有影响力、符合条件的文化创意产业项目,以"银企洽谈会"、"投融资洽谈会"等形式,加以推介发布,支持金融机构及创业投资机构为企业提供融资服务。(3)建立融资文化创意企业信用评级制度,文化创意产业融资联席会议每年对推介并发生融资的文化创意产业项目及实际控制企业进行信用评级,并通过适当渠道,予以对外发布。(4)加强知识产权保护力度,依托产权交易中心,探索建立知识产权交易平台。(5)加快文化创意产业园区融资服务平台建设,鼓励园区与相关金融机构、创业投资机构合作,为入驻的文化创意企业提供规范合法的融资服务,成绩显著的,给予一定奖励。①

## 六、制定《关于鼓励文化创意企业提供融资担保的实施办法》

可以考虑对中小型文化创意企业与融资担保进行定义,对资金来源进行规划。例如,设立湖北省文化创意产业专项资金,每年安排一定的资金,专项用于对湖北省担保机构的补助及风险补偿;界定补助对象;规定补助方式;融资担保的组织管理;担保费补助以及在规定担保费补助申请程序和担保代偿损失补助申请程序。②

## 七、制定《武汉市文化创意产业园区认定办法》

文化创意产业园区是指集聚了一定数量具备自主创意研发能力的文化创意企业,能够提供相应的基础设施保障和公共技术及服务

---

① 道客巴巴.关于印发《关于鼓励为文化创意企业提供融资服务的若干意见》[EB/OL].[2013-09-20].http://www.doc88.com/p-0307333222505.html.

② 百度文库.关于印发《关于鼓励文化创意企业提供融资担保的实施办法》的通知[EB/OL].[2013-09-20].http://wenku.baidu.com/view/fd932c63caaedd3383c4d312.html.

平台，对区域文化及相关产业发展起示范、带动作用的文化创意产业集聚区。制定《武汉市文化创意产业园区认定办法》，对产业园区的产品进行相关的产权保护。

主要措施有以下方面：

1. 制定认定标准及条件

申报认定"武汉市文化创意产业园区"应具备下列条件：有完整的园区建设和发展规划，并符合武汉城市总体规划和文化创意产业振兴发展规划；有明确的行业特色和定位；有合理规范的管理机构和运营机制，能够有效组织开展园区的建设、管理和运营；有较完善的基础设施和公共服务支撑体系，能为入园企业提供知识产权保护、技术研发、融资等公共服务；园区实际投资额1 000万元以上，建筑面积不低于1万平方米，入驻文化创意企业20家以上，并占全部入驻企业60%以上；建设和运营管理单位是法人单位；取得市发改委出具的社会投资项目核准文件；规范运营两年以上，且经济和社会效益显著。

2. 制定认定程序

申报"武汉市文化创意产业园区"认定的单位，应向区文化创意产业主管部门提出申请，经区文化创意产业主管部门初审后报送市文体旅游局审核，并提供以下资料：（1）《武汉文化创意产业园区认定申请表》；（2）企业法人营业执照代码证和组织机构代码证；作为建设和运营主体的相关证明资料；（3）企业上一年度会计报表的年度审计报告；（4）税务部门提供的企业上一年度的纳税证明及近三年内无违规证明；（5）发改部门出具的社会投资项目核准通知书；（6）市文体旅游局认为需要提供的其他材料。

以上材料均验原件存复印件，复印件按A4纸型制作，并装订成册，一式两份，加盖公章。市文体旅游局对申报单位组织现场考察。考察人员由市委宣传部、文体旅游局至少2名以上工作人员和2名行业专家、1名财务专家组成。考察后应当出具统一格式的考察意见并签名。对现场考察通过的单位，经市文体旅游局局长办公会研究同意后，报市委宣传部审定。市文体旅游局将审定的名单通过"武汉文化产业信息网"等有关媒体向社会公示，公示期为7

天。公示无异议或者异议不成立的，由市文体旅游局授予申报单位"武汉市文化创意产业园区"称号。

3. 制定管理和考核

市文体旅游局对经认定的文化创意产业园区实行动态管理。每年3月底前，被认定的园区应将上一年度的发展情况及经营数据报市文体旅游局，市文体旅游局应定期对园区建设、管理和运营情况进行年审和不定期抽查。被认定的园区有下列情况之一的，考核为不合格，并提出警告：(1) 经营管理不善，不能达到文化创意产业园区认定条件；(2) 投入不足，不能按计划为园区提供相关配套公共服务；(3) 擅自改变园区经营范围；(4) 有违法违规行为，受到法律、行政处罚的；(5) 其他对社会造成不良影响的行为。

连续两年考核不合格的，撤销其武汉市文化创意产业园区称号，并且两年内不再受理其申请。

经认定的园区若发生以下重大变更行为之一，应在变更后15个工作日内将变更情况书面报市文体旅游局。①功能发生变更；②管理单位发生变更；③公共服务平台或基础设施发生变更；④影响园区经营的其他变更。如变更后不符合园区认定条件，市文体旅游局将撤销其文化创意产业园区称号。

经认定的武汉市文化创意产业园区有效期为5年（被撤销称号的除外），到期后按相关办法重新认定。①

八、制定《湖北省展会知识产权保护办法》

制定《湖北省展会知识产权保护办法》，对在湖北省内展会登记部门登记的各类展览会、展销会、博览会、交易会、展示会等展会中有关专利权、商标权、版权的保护。主要措施主要包括：

(1) 明确专利、商标和版权行政管理部门在对各类展会中知识产权保护的职责；明确展会主办单位和参展商应当履行的义务。

---

① 罗湖区电子政务网．深圳市文化创意产业园区认定办法［EB/OL］．［2013-09-20］．http://www.szlh.gov.cn/main/a/2013/f28/a238896_853379.shtml.

（2）对展会主办单位的违规行为进行相应的管理与处罚。

（3）在参展合同中明确相关产品知识产权的保护条款。展会主办单位应当在与参展商签订的参展合同中约定知识产权保护条款，尽可能考虑全面，包括针对参展商、参展项目还有其他的与展会知识产权保护相关的内容。

（4）知识产权权利人或者利害关系人可以就被投诉人的涉嫌侵权行为向展会主办单位投诉，也可以直接向人民法院起诉或者向负责知识产权行政管理的部门提出处理请求。被投诉人被告知参展项目涉嫌侵权的，应当及时出示相关证据，做不侵权举证。被投诉人不能做出有效举证的，展会主办单位应当要求被投诉人按照合同约定立即采取遮盖、撤展等处理措施。被投诉的参展项目已由人民法院做出侵权判决或者由负责知识产权行政管理的部门做出侵权处理决定，并已发生法律效力的，展会主办单位应当要求被投诉人立即采取遮盖、撤展等处理措施。

（5）明确规定知识产权权利人或者利害关系人向负责知识产权行政管理的部门提出处理请求时应当提交的材料；明确规定涉及专利侵权处理请求应当符合的条件。

# 第六章　湖北省著作权的研究战略

本章研究数据主要来源于 CNKI 和 CSSCI, CNKI 数据收录较全但不含引文信息, 而 CSSCI 包含引文信息, 但只收录了 1998 年以来的数据, 数据量较少, 因此结合两个数据库的特点, 分别进行检索。获取 CNKI 研究数据时, 以分类号为 D923.41 为检索路径, 检索 CNKI 所有年份中著作权相关文献, 共获得 11 558 条检索结果, 时间跨度为 1991 年至 2015 年; 获取 CSSCI 有关著作权的数据时, 先利用上述 CNKI 数据统计该领域发文量较多的作者, 视为权威作者名单, 再依据这一名单, 在 CSSCI 中依次选取作者字段检索权威作者的著作权相关文献。为防止漏检, 最后再以 D923.41 分类号在 CSSCI 中检索出所有著作权相关文献, 与上一步的数据合并, 剔除重复数据, 形成最终的研究数据, 共 816 条数据记录。

CNKI 为收录的每篇文献都标注了中图分类号, 检索得到的数据量较大, 收录作者的文献较全, 因此可信度高, 能客观反映出著作权领域的研究现状。CSSCI 虽然提供中图分类号的检索路径, 然而并没有为所有文献都进行分类, 若采用分类号检索, 只能获得 434 篇文献。因此采用迂回的方式获取, 使检索结果明显增加, 较为科学, 虽然最后的数据量相比于 CNKI 仍然较少, 但也具有一定的参考意义。

## 第一节　省内外著作权研究现状调研与分析

随着时代和社会的发展，著作权由鲜为人知的外来概念发展到国内公众维权意识的觉醒，我国《著作权法》颁布至今也经历了时间的沉淀和实践的检验，在实践的考验下通过修订来调整各方权益。为了更好地适应实际生活，尤其是针对湖北省的著作权发展提供参考的建议，对著作权的研究也是与时俱进，呈现不同的时代、地域特色。因此本节从宏观上研究全国范围内的著作权研究现状，从中观上研究湖北省高校著作权研究现状，了解省内外著作权不断变化的研究特点和主题。

一、全国著作权研究现状调研与分析

在全国范围内调研著作权的研究现状，即找到著作权研究存在的一般性特征。按前述方法检索CNKI与CSSCI两个数据库，利用检索到的数据综观著作权的概况有助于把握著作权发展基础和环境，明确不同的发展阶段和重点；从高被引文献的分析中可以看出著作权经典之作的研究主题和重要的学术观点；从对文献关键词的分析中能得到著作权领域的研究热点，并为预测可能的研究趋势提供借鉴。

(一) 全国著作权研究概况

这里的"研究概况"是指著作权研究的大致情况，分为发文数量、实体机构、研究人员三个角度。从发文量观察著作权领域关注热度的变化，从研究机构的共现频次和合作网络得出机构的研究实力以及合作情况，并列举著作权研究实力较强的机构以及比较有代表性的作者。

1. 著作权领域学术关注演变

图6-1是以CNKI为数据源生成的著作权学术关注度演变趋势图，通过每年发文量的变化趋势，反映了学界对著作权领域关注热度的发展态势。如图6-1所示，CNKI收录的文献中关于著作权的文献最早出现于1957年，是《电影世界》摘译自苏联《电影艺

术》杂志 1956 年第 11 期的一篇文章，作者 Б. 奥尔洛夫①结合实际工作，针对苏联 1928 年颁布的《著作权条例》中与电影著作权归属有关的规定进行了分析，认为"电影编剧和导演不是影片仅有的作者"，影片的著作权应该是制作影片的电影生产企业，即电影制片厂所有。这与当代英美法国家、日本以及我国将电影著作权赋予制片人的基本原则是高度一致的，具有很高的预见性。

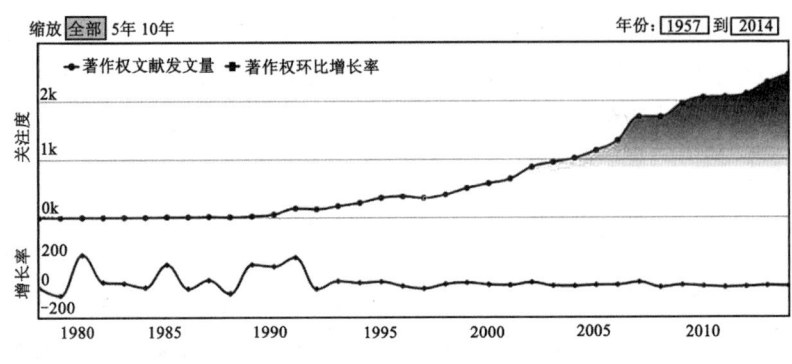

图 6-1　著作权学术关注度演变趋势图

梅纳德（Menard）研究表明，一门学科总的文献增长率随时间而变化，一般可以分为三个阶段：学科诞生时期，文献呈直线型增长，处于稳定界；学科发展时期，文献以较快的指数型速率增长，处于增长界；学科成熟时期，稳定和增长交替发生，处于循环界。② 1957 年我国电影界就已经开始关注影视作品著作权归属问题，并引入国外先进的理念和研究成果，但总体而言，我国著作权领域的研究直到 1989 年始终处于萌芽阶段，这一时期，相关研究文献数量少，基本成直线型增长，文献内容更多的是对著作权基本理论介绍，对基本概念的辨析，对国外著作权理论、制度和案例的介绍等基础性的认知。这一时期代表性的文献主要有

---

① Б. 奥尔洛夫. 电影制片厂工作人员的著作权 [J]. 世界电影, 1957 (9)：80-83.

② 邱均平. 信息计量学 [M]. 武汉大学出版社, 2007：63.

《著作权法的若干理论问题》《中国古代版权史考略》《中国近代版权的演变时期》《略论版权观念在中国的形成》《新技术革命与著作权法》。

在20世纪80年代，我国著名法学家、新中国版权理论的重要开拓者及改革开放后中国版权制度建设的主要奠基人郑成思发表了《谈谈英国版权法》《第一部跨国版权法》等文章，都是国人学习版权制度的启蒙之作。由他翻译引入的许多知识产权领域称谓和概念，一直沿用至今。他撰写并多次再版的《版权法》《知识产权论》等著作，至今仍是我国著作权工作者的重要参考和经典之作。

1990年我国第一部《著作权法》正式通过实施，我国著作权制度初步建立，引发了新一轮的关注热潮，著作权文献发文量迅速增长，1990年、1991年环比增长率分别为129%、184%。1990年至2007年，著作权文献增长曲线呈指数型增长，处于著作权研究的发展时期。这一时期出现了大量优秀的经典文献，积累了丰富的著作权研究成果，集中探讨网络环境下著作权所面临的问题和挑战，以及数字图书馆发展所面临的著作权问题。

2008年至今，每年都有大量以著作权为主题的研究文献发表，总的发文量高于萌芽时期和发展时期发文量的总和，并且发文量呈现出稳定增长的态势，著作权研究逐渐进入成熟时期。这一时期科学技术的发展使得传统著作权面临多方面的挑战：一方面，产生了一些新的受保护客体；另一方面产生了一些新的作品利用方式。相关研究文献也开始就著作权的具体客体、主体对象进行反思性的研究，探讨新形势下，如何更科学合理界定著作权保护的客体，将新的受保护客体、新的作品利用方式纳入著作权法保护范围内。

2. 著作权领域研究机构与作者

将CNKI中以分类号D923.42检索到的著作权相关文献的数据下载导入CiteSpace中进行机构合作网络分析，经过处理后得到了一个包含353个节点，35条连线的合作网络图谱，如图6-2所示。图谱中年轮的厚度反映出不同时间区域该机构的科研产出量。查看出现频次，排名前十位的机构如表6-1所示。

第六章 湖北省著作权的研究战略

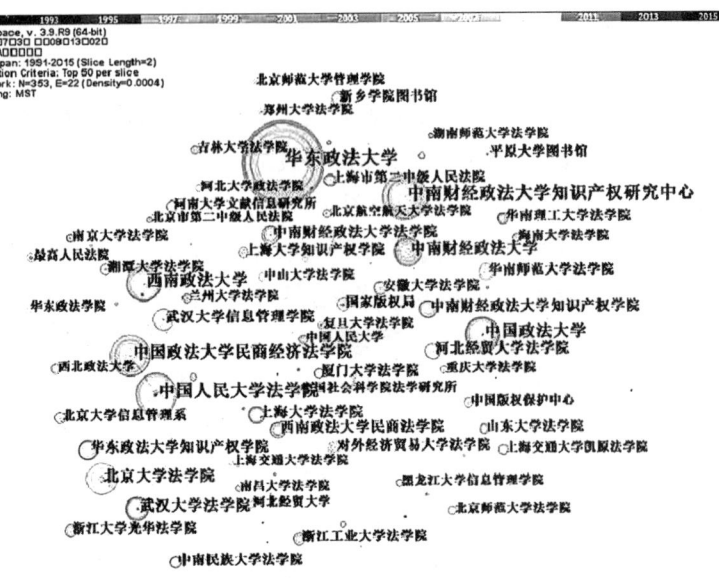

图 6-2　CNKI 著作权领域机构共现知识图谱

表 6-1　著作权领域机构频次表（前十）

| 频次 | 来源机构 |
| --- | --- |
| 144 | 华东政法大学 |
| 85 | 中国人民大学法学院 |
| 84 | 中南财经政法大学知识产权研究中心 |
| 76 | 中国政法大学 |
| 75 | 中国政法大学民商经济法学院 |
| 74 | 西南政法大学 |
| 61 | 北京大学法学院 |
| 57 | 中南财经政法大学 |
| 52 | 武汉大学法学院 |

从表中发现，发表量位于前十的机构全部属于我国法学类院校中的泰山北斗，很大程度上也代表了我国法学研究和高等法学教育

的最高水平。华东政法大学、中国人民大学法学院、中南财经政法大学、中国政法大学、西南政法大学、北京大学法学院、武汉大学法学院分别对应着中华人民共和国成立初期"五院四系"的前身。这些机构一直以来对法学研究、法学教育和发展作出了重要贡献。

利用 CiteSpace 查看引用历史的功能，可知 CNKI 收录的华东政法大学关于著作权的文章最早发表时间为 2007 年，在 2009 年至 2011 年文章数量迅速增长，并在 2011 年达到了 50 篇之多。此外，在华东政法大学发表的所有文章中作者王迁发表的文章数量较多，且时间从 2007 年跨越到 2015 年，说明其为华东政法大学著作权的研究工作具有较大的贡献，是该机构的核心作者。

CNKI 收录的来源于中国人民大学法学院的文献最早为 1994 年刘春田发表在《法律适用》期刊上的《对于国颖诉汪雪琴侵犯著作权案的几点看法》一文。该机构文献产出在 2012 年达到年发表量最高值。该机构被 CNKI 收录的著作权文献较多的作者有李琛、许超、刘春田等。

来源于中南财经政法大学知识产权研究中心的文献检索结果为 100 篇，发文量最多的是熊琦。由于吴汉东教授的知识产权论文较多，CNKI 给出著作权的分类号就不重复给予知识产权的分类号，因此统计的发文量略有偏差。2005 年的三篇文献是 CNKI 收录的该单位有关著作权的最早研究文献，分别探讨著作权集体管理基础问题、著作权转让登记公示制度构建以及入世后版权战略。

作者单位为中国政法大学的文献截至检索日期共 380 篇，按 CNKI 自带的作者统计功能查看，该机构发文量最多的作者是冯晓青。当然这里只包括了作者单位变动后的数据，尽管如此，冯晓青仍然占据发文量的优势。具体到中国政法大学民商经济法学院时，发文量为 100 篇，最早的文献是 2003 年费安玲的《论修改后的著作权法对作者权利保护的强化》，冯晓青仍然是发文最多的作者，署在该学院下的文献有 18 篇。

利用 Ucinet 对机构合作网络进一步可视化分析，利用 Isolate 去除孤立点，根据中介中心性测度指标显示得到如图 6-3 所示的合作图谱。

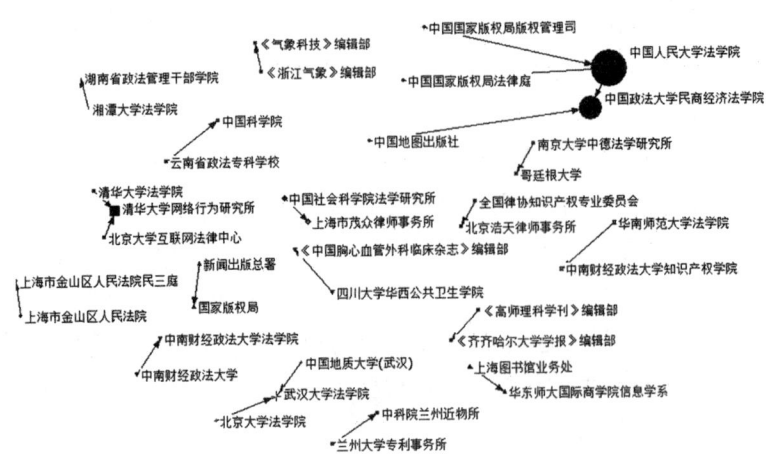

图 6-3　著作权领域机构合作网络结构图谱

从图 6-3 可以看出我国著作权领域存在若干机构合作团体，其中以中国人民大学法学院、中国政法大学民商经济法学院所在团体，武汉大学法学院、中国地质大学（武汉）、北京大学法学院团体，清华大学法学院、清华大学网络行为研究所、北京大学互联网法律中心团体为主。此外，还可以看出我国著作权领域存在跨区域、跨国合作，如武汉大学法学院与北京大学法学院之间的跨地域合作，南京大学中德法学研究所与哥廷根大学之间跨国合作。由此说明，我国著作权领域的机构合作形式较多样化，但是仍然以同区域合作为主，需要进一步增强跨区域的机构合作。

（二）著作权领域文献共被引分析

CiteSpace 提供文献分析功能，利用从 CSSCI 下载好的数据，选择"Cited References"节点，将时间阈值设为 1998—2014 年，Slice 值设为 1，通过寻径算法生成图谱后，在操作界面右侧的模式中点击"time zone"视图。

图 6-4 为 1998 年至 2015 年我国著作权文献共被引时区演进图。从图中节点和连线分布时区来看，1998—2007 年是我国著作权研究的繁荣时期。著作权制度是科学技术的产物，这一时期受数

第一节 省内外著作权研究现状调研与分析

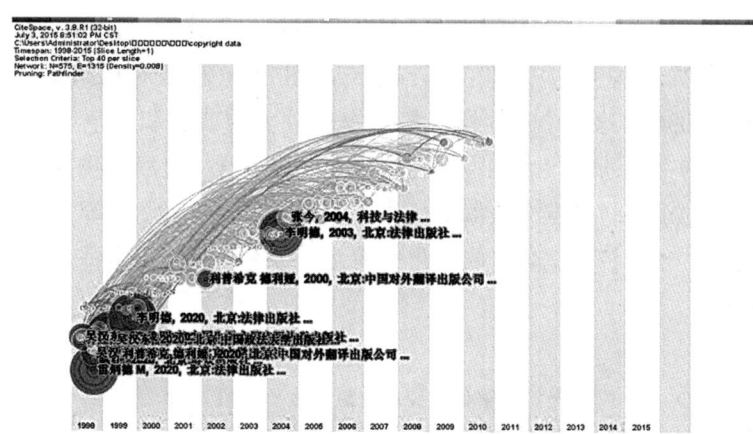

图 6-4 CSSCI 著作权领域文献共被引时区图谱

字技术发展的影响，我国传统著作权制度面临新的挑战：产生了一些新的受保护客体和新的作品利用方式。著作权体系中的邻接权制度产生并发展。这一时期的高被引著作如表 6-2 所示。

表 6-2 著作权高被引文献

| 频次 | 作者 | 年份 | 标题 | 来源 |
| --- | --- | --- | --- | --- |
| 22 | 吴汉东 | 2005 | 著作权合理使用制度研究 | 中国政法大学出版社 |
| 20 | 利普希克·德利娅 | 2000 | 著作权与邻接权 | 中国对外翻译出版公司 |
| 19 | 李明德 | 2003 | 美国知识产权法 | 法律出版社 |
| 19 | 雷炳德·M | 2005 | 著作权法 | 法律出版社 |
| 9 | 姚红 | 2001 | 中华人民共和国著作权法释解 | 群众出版社 |
| 9 | 吴汉东 | 2007 | 知识产权法 | 北京大学出版社 |
| 8 | 张今 | 2004 | 数字环境下恢复著作权利益平衡的基本思路 | 科技与法律 |
| 7 | 薛虹 | 2000 | 网络时代的知识产权法 | 法律出版社 |

233

这些文献与其他时间段的文献之间都存在较密集的共被引连线，一方面由于文献发表时间较早，文献被引频次累计时间更长，另一方面，说明学术价值较高。如图所示，1998—2001 年、2004—2006 年这两个时间段聚集了一些较大的节点和红色突增节点，突增文献通常代表某一研究的转变，说明这一时期是我国著作权研究的重要转折点。依据文献作者、出版社、引证文献等信息确定具体文献，校正文献时间，将突增文献按突增时间顺序排列如表6-3 所示。

表 6-3　　　　　　　著作权突增文献列表

| 突增 | 年份 | 作者 | 标题 | 来源 |
| --- | --- | --- | --- | --- |
| 6.21 | 1990 | 郑成思 | 著名版权案例评析 | 中国人民大学出版社 |
| 4.5 | 1996 | 许超 | 面对数字技术挑战的中国著作权法 | 中国专利与商标 |
| 4.27 | 1997 | 郑成思 | 版权法 | 中国人民大学出版社 |
| 4.06 | 2000 | 利普希克·德利娅 | 著作权与邻接权 | 中国对外翻译出版公司 |
| 3.59 | 2001 | 姚红 | 中华人民共和国著作权法释解 | 群众出版社 |
| 6.29 | 2003 | 李明德 | 美国知识产权法 | 法律出版社 |
| 7.22 | 2005 | 吴汉东 | 著作权合理使用制度研究 | 中国政法大学出版社 |
| 6.21 | 2005 | 雷炳德·M | 著作权法 | 法律出版社 |
| 3.59 | 2007 | 吴汉东 | 知识产权法 | 北京大学出版社 |
| 6.21 | 2009 | 李明德 | 著作权法 | 法律出版社 |
| 3.24 | 2013 | 吴汉东 | 著作权合理使用制度研究 | 中国人民大学出版社 |

比较两个表格所列高被引文献与突增文献，多有重合，都可视为著作权领域的重要文献。郑成思对国外著名版权案例的介绍和评析是我国著作权司法实践、学术研究和案例教学重要的参考资料，且发表时间较早，具有开山之作的意义，不仅在当时，对后世研究也影响深远，其《版权法》在当时填补了我国著作权研究的空白。许超是较早针对数字环境的发展给我国传统著作权法带来挑战作出深刻论证的学者，他对新环境下传统著作权法中的理论所面临的分歧和冲突进行了鞭辟入里的分析，引人深思。紧随其后，陆续出现了一批以"数字环境下著作权发展所面临的问题和挑战"、"网络侵权"为主题的研究文献问世。《著作权与邻接权》在读秀中总被引 319 次，是西班牙著作权和邻接权方面杰出的女专家利普希克·德利娅教授在教科文组织倡议下编著的，参考了世界上不同国家法律和工作、有关国际公约和实践，结合精神作品创作、社会生产与出版方式的技术进步情况，以课本的形式严谨而明确地介绍了著作权和邻接权法律学科的各个方面。它将只是研究学者们使用的专业法律概念用简明易懂的方式阐述，为有效开展著作权和邻接权大学教育作出了卓越的贡献。《中华人民共和国著作权法释解》由全国人大常委会法制工作委员会民法室的同志编著，对著作权法逐条作了解释，为社会各界人士了解我国著作权法提供了权威的参考。李明德的《美国知识产权法》和《著作权法》也是我国知识产权领域的经典文献。《美国知识产权法》在读秀中总被引频次高达 2 557 次，该书较为全面地介绍了美国知识产权法律，内容涉及专利法、商业秘密法、版权法、商标法等，讨论了美国知识产权保护中联邦法与州法的关系及这种关系对知识产权保护的影响。《著作权法》是国内第一部著作权法教科书，作者应用欧美著作权法案例，通解中国著作权法，使读者在阅读中知晓中国著作权法的详略得当、缺失和未来。其内容主要涉及著作权的概念、客体、内容、权利的限制与例外、权利的归属与转移、侵权责任、邻接权、著作权的集体管理、计算机软件的保护和与著作权、邻接权有关的国际公约等10个问题。对于我国著作权法的制定具有很高的参考价值、借鉴意义。吴汉东教授的《著作权合理使用制度研究》和《知识产权法》也填补了我国著作权研究的诸多基础知识的空白,其中《著作权合理使用制度研究》是最早对著作权合理使用制度进行系统研究的论著。此外,两个表格未重复的重要文献还有两篇:一是张今的《数字环境下恢复著作权利益平衡的基本思路》,从分配机制和市场机制两个角度,讨论了数字环境下如何维持著作权人和使用人之间的利益平衡,是否适用权利限制和例外规则,并指出应作哪些调整,如何获得更多的授权方式并使之发挥平衡利益的作用①。二是薛虹的《网络时代的知识产权法》,薛虹一书详细介绍了网络时代的版权、商标权、反不正当竞争和电子商务的知识产权法律环境,包括以下内容:①网络环境下权利保护、权利限制、侵权责任和法律救济的新发展;②网络时代域名纠纷、域名注册组织的作用与责任、域名系统的改革与发展、关于关键词系统、链接、商标的反不正当竞争问题;③数字化权的法律规定和合同解释、网络合同的有效性、创建网站的知识产权授权②。

**(三)著作权领域研究热点分析**

研究热点的形成很大程度上是受客观社会环境、国家政策、法律条例修改等的影响,CiteSpace 通过关键词时区图谱能够直观展示研究热点随时间段的变化。利用 CNKI 数据,可以分析最大时间段 1991—2015 年的研究变化。设定不同的 Slice 值可以发现不同时间段的研究热点。下面将从 1991—2015 年每五年的研究热点和 2011—2015 年每年的研究热点两方面分析。

1. 1991—2015 年每五年热点

利用 CNKI 数据,限定时间范围在 1991—2015 年,设置 Slice 值为 5,采用寻径网络算法(pathfinder),其他采用默认数据。图谱自动生成后,点击"timezone"视图,如图 6-5 所示。

1991—1995 年"侵权行为"为研究热点。自 1910 年清政府颁布我国历史上第一部著作权法《大清著作权律》以来,不过百年

---

① 张今. 数字环境下恢复著作权利益平衡的基本思路 [J]. 科技与法律,2004 (4):52-58.

② 薛虹. 网络时代的知识产权法 [M]. 北京:法律出版社,2000.

第一节　省内外著作权研究现状调研与分析

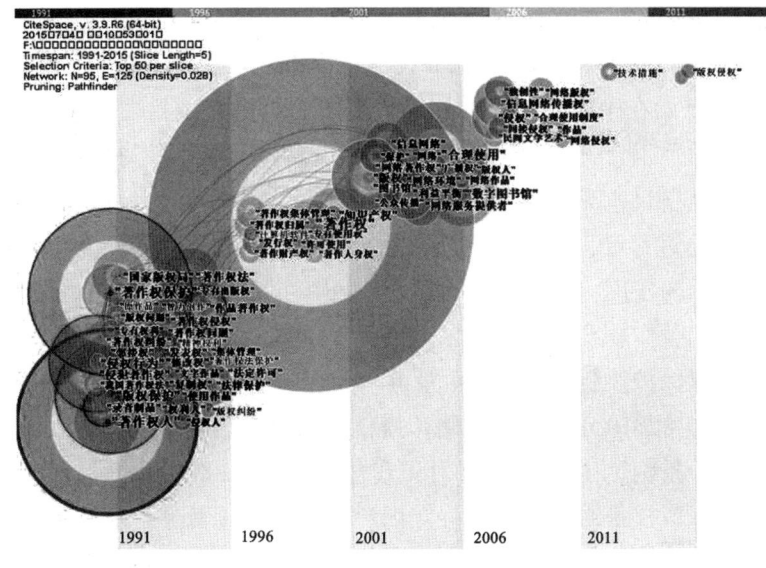

图 6-5　1991—2015 年著作权关键词时区图谱（Slice=5）

时间，《中华人民共和国著作权法》于 1990 年通过，是我国第一部系统规定著作权事宜的基本法律。1992 年我国加入《伯尔尼保护文学和艺术作品公约》《世界版权公约》《保护录音制品制作者防止未经许可复制其录音制品公约》等国际条约的同时，也着手完善法律体系建设。这一时间段内，学界对著作权的研究主要涉及权利人、著作权保护客体及保护范围、著作权侵权方式如假冒、盗版等。

1996—2000 年"著作权集体管理"为研究热点。1996 年在武汉召开了著作权法修改问题座谈会，会议讨论了著作权集体管理的地位和作用；1998 年一起由著作权集体机构为诉讼主体的案件，成为中国审判历史上具有时代意义的事件。在这一时间段，多媒体光盘在种类和数量大幅度增加，探讨光盘出版物的著作权保护出路，统一指向著作权集体管理机构。我国也相继成立了一些著作权集体管理机构，进行著作权保护的新尝试，如中国音乐著作权协会、中国电影发行放映联盟等。总体来说，这一时期的著作权集体管理研究还不够深入，但也引起了业界重视，普遍认可了著作权集体管理机构的必要性和重要地位。

2001—2005年"数字图书馆"为研究热点。数字图书馆从1998年开始在国内被关注，随着数字图书馆重点项目"中国数字图书馆示范工程"的启动，多个省、市先后开展了有关数字图书馆的研究项目，2001年国家重点科技项目"中国试验型数字式图书馆"通过鉴定，我国数字图书馆已达到国际技术水平。随着数字图书馆的发展，在信息资源建设过程中涉及著作权的事项也逐渐显现，如著作权合理使用、法定许可的适用范围和条件、版权许可、版权保护及版权问题的对策等。

2006—2010年"信息网络传播权"为研究热点。《信息网络传播权保护条例》于2006年7月正式开始实施，2007年《世界知识产权组织版权条约》和《世界知识产权组织表演和录音制品条约》在我国正式生效。这意味着，互联网环境下著作权制度在不断规范化，搜索引擎、P2P、数字图书馆、数字作品、网络作品及其他资源等新兴流行事物能够从法律中找到保护和限制的对应条例。"百度案"对互联网和唱片两个行业都带来深远影响，2009年谷歌数字图书馆未经许可扫描收录570位作家的17 922种作品，引起了国内轰动。在现代社会中，互联网是侵权事件多发之地，互联网与技术的结合在提供便利性的同时也造成了一定程度上的混乱，这也是《著作权法》启动第三次修订的重要原因。

2011—2015年"技术措施"为研究热点。为了实施《世界知识产权组织版权条约》有关保护技术措施的规定，我国也实施了旨在防止侵犯著作权的"接触控制措施"和"版权保护措施"，其中"接触控制措施"备受争议。在网络环境下，应用技术措施保护著作权既是履行国际条约义务，也是我国《著作权法》逐渐健全完善的一个表现。而过度使用技术措施保护著作权的行为也带来了相应的危害，一方面导致规避技术措施的软件及程序的出现和频繁使用，另一方面无限制的技术保护措施侵犯了使用者的隐私权、自主权、言论自由等，无法共享的作品就无法保证个人的合理使用权，难以激发后续创作，从长远来看，技术措施也需要一定条件和范围的规制。

2. 2011—2015 年各年度热点

同样利用 CiteSpaceⅢ 分析全国著作权近五年研究热点,以便了解著作权研究热点年代演进规律,从近几年研究热点中发现当前研究现状,为预测未来几年研究主题提供依据。选择时间阈值为 2011—2015 年,设置 Slice 值为 1,选择时区视图,如图 6-6 所示。

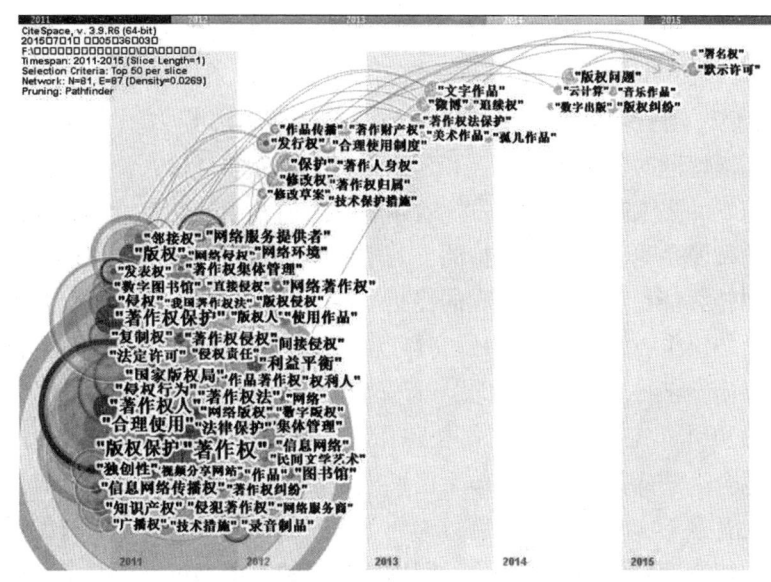

图 6-6　2011—2015 年著作权关键词时区图谱(Slice=1)

2011 年"技术措施"为研究热点。技术措施是著作权人为了保护自己的作品利益,防止被恶意复制和不正当利用而采取的技术手段,相应地也产生了规避技术措施的工具和软件。技术措施受法律保护,《世界知识产权组织版权条约》和《世界知识产权组织表演和录音制品条约》都要求对技术措施加以保护。技术措施的应用,能保护著作权人的利益,但一定程度上也损害了社会公众合理使用权,对强制许可和法定许可形成障碍。

2012 年"修改草案"为研究热点。《著作权法》第三次修改草案于 2012 年颁布,修改的主要争议点在于录音制品的法定许可、网络服务商的侵权责任以及集体管理组织的延伸管理权。网络环境下著作权侵权形式、途径及表现更加多元化，应对科技发展下的著作权保护现状，通过主动修改著作权法来进行权利调整是有其积极意义的。比如将广播权修改为播放权，重新定义了信息网络传播权，增加了使用孤儿作品的规定等。这次修改草案的推出，无疑大大提高了著作权人权利保护的力度，使著作权立法更加适应我国实际情况。

2013年"微博"成为研究热点。新浪微博从2009年发布使用，仅数年时间就已发展到众多用户，虽然每条内容字数不超过140个，但平均每天发布的微博数量却很惊人。作为一个社交平台，微博同时集聚了普通人和公众人物、法人和自然人，由于关注和转发的强大功能，微博发挥着越来越大的作用。其中，具有独创性的微博是受著作权法保护的，若不标明出处就对微博内容进行转发和转载都是对原作者权利的侵犯。

2014年"云计算"为研究热点。云计算自2008年被Google首次提出，已被应用于云物联、云安全、云存储、云服务等多个领域，2014年工信部软件司司长陈伟在中国国际云计算技术和应用展览会上透露云计算技术体系已形成草案。学界着眼于云计算时代的大背景下，分析临时复制行为的著作权属性、科技期刊版权授予及法律制度、作品载体变化、网站侵权、数字图书馆资源共享、计算机软件等著作权问题。云计算环境下改变了人们获取资源的方式，通过扩大合理使用的范围，协调著作权人与社会公众的利益，已成为必然趋势。

2015年"默示许可"为研究热点，对于默示许可的概念，还没有统一的论述，其基本含义是在特定情形中，著作权人虽没有明示许可他人使用其作品，但可以从著作权人的行为或其他方式推测著作权人许可他人使用该作品，这种许可为默示许可，是受到网络环境影响，应对新兴的使用作品方式而引入的制度。默示许可在搜索引擎和网络共享空间得到广泛应用，权利人可以有解除默示许可的自由，也有获得报酬的权利。

## 二、湖北省高校著作权研究现状调研及分析

在大致把握全国著作权研究现状的基础上，对湖北省进行专门的著作权研究现状调研，旨在排除一般性特征，发现湖北省的研究特色。湖北省著作权研究的主要研究对象是高校及其附属机构，如武汉大学、中南财经政法大学、华中师范大学、武汉理工大学等，这些机构的著作权研究都有一定成就。这里选择武汉大学和中南财经政法大学为分析对象。

### （一）武汉大学

CNKI 收录的来源于武汉大学的中图分类号为"D923.41"的文献共 170 篇。最早的一篇为 1994 年王伟军与曲晶晶的《我国计算机软件的保护问题》，从《著作权法》、《计算机软件保护条例》、《专利法》、《反不正当竞争法》和《技术合同法》多个角度阐述了计算机软件保护现有的不足。2006 年武汉大学有关著作权的文献达到年发表量最大，为 20 篇，2005—2014 年平均每年发表量为 13.4 篇。

利用数据库自带的学科分类统计功能，图书情报与数字图书馆学科在武汉大学的著作权研究中扮演着较为重要的角色，占武汉大学总数的 12.94%，而与法学相关的各学科之和占总数的 8.24%。由此可见，武汉大学图书情报学科与知识产权的关系较为紧密。

图 6-7 是利用 CNKI 中知识产权文献有关图书情报领域的数据制成的机构共现图谱，可以清楚地看到，武汉大学信息管理学院是图书情报领域中比较核心的研究知识产权的机构。将机构分布图谱转换成时区图谱，也可以看出各个机构之间知识产权研究的继承与发展关系。如图 6-8 所示，武汉大学信息管理学院在本领域研究中，发挥了中流砥柱的作用，上承早期研究源流，下启近年研究前沿。

图 6-7 与图 6-8 都说明武汉大学信息管理学院是知识产权研究比较突出的机构，该机构同时也是图书情报领域的重要研究单位，研究知识产权也成为该机构的特色之一。

CNKI 自带的作者统计功能显示，武汉大学信息管理学院在著

### 第六章 湖北省著作权的研究战略

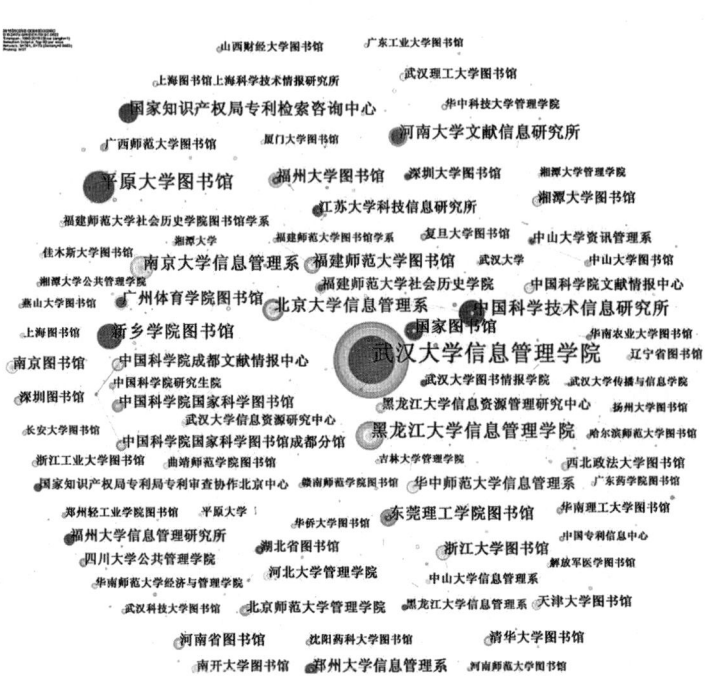

图 6-7 基于 CNKI 数据的图书情报学科知识产权研究机构分布图谱

作权方面发文量较多的作者有陈传夫、黄先蓉、王清、冉从敬等人。

陈传夫为武汉大学信息管理学院教授，兼任数职，如武汉大学知识产权高级研究中心主任、中国版权协会理事、武汉市知识产权研究会常务理事等。他在著作权法领域引用率最高的一文是《维系网络传播与公共利益的协调》，为 25 次，其次是《关于〈信息网络传播权保护条例〉（草案）的修改建议》，为 19 次。前者在《信息网络传播权保护条例（草案）》颁布的背景下，对其中有关数字环境下合理使用制度的内容进行研究①。后者采用单独划分各位合著作者观点的结构，一分为三，可以很清晰地看到每位作者的

---

① 陈传夫，周淑云. 维系网络传播与公共利益的协调［J］. 图书情报知识，2006（2）：5-9.

第一节 省内外著作权研究现状调研与分析

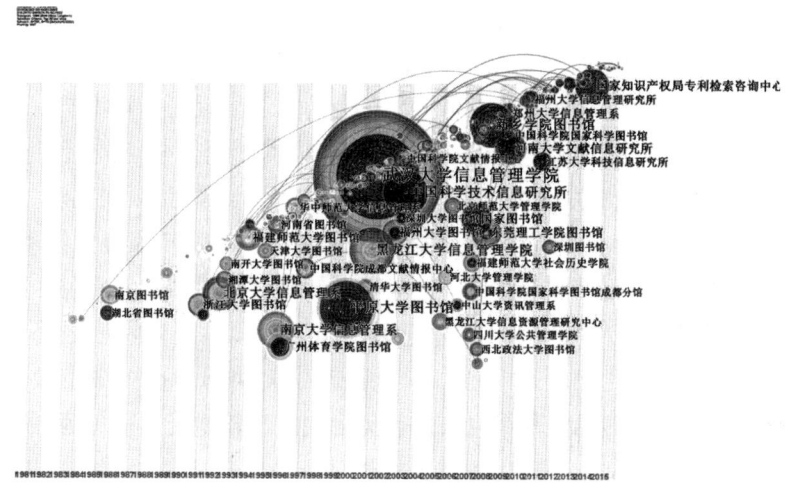

图 6-8 发文机构时区图谱

论述。其中陈传夫阐述了他对信息网络传播权的立法观点,认为国际条约并不要求扩大或缩小该权利合理使用的范围、该权利只针对点对点传播方式并且不应涉及复制权问题、该权利立法目标应与公共利益吻合①。在《国外版权图书馆员岗位设置及其对我国的启示》一文中对国外版权图书馆员的岗位设置情况进行详细介绍,明确了版权图书馆员的职责和任职条件,为我国图书馆领导决策提供了参考②。

黄先蓉教授主要研究方向是信息政策法规、出版法制、出版物市场管理等,除了是武汉大学出版科学系主任外,同时也担任中国图书馆学会知识产权学术委员会委员等项职位。被引频次最高的一文是《中外数字版权法律制度盘点》,为 17 次。该文的比较对象为中、美、英、德、日、韩的数字版权法律制度,比较各国的数

---

① 詹福瑞,陈传夫,肖燕.关于《信息网络传播权保护条例(草案)》的修改建议[J].中国图书馆学报,2006(2):5-8,14.
② 陈传夫,汪晓方,符玉霜.国外版权图书馆员岗位设置及其对我国的启示[J].国家图书馆学刊,2009(2):39-42.

字版权法律制度限制、特点以及立法保护趋势①，对我国数字版权制度建设有重要借鉴意义。

王清为武汉大学知识产权高级研究中心副主任，中国知识产权研究会知识产权保护专业委员会高级会员，以出版法、知识产权法为主要研究方向。他与北京大学法学院教授刘剑文合著的《关于版权客体分类方法与类型的比较研究》一文，被引频次高达29次。该文在加入世界贸易组织和《著作权法》修正后的背景下，参照国际条约如TRIPs协议、伯尔尼公约等进行比较，对有关作品分类和计算机程序适用问题进行阐述。他的《中美版权法之公益图书馆豁免制度比较》一文，通过比较中美两国公益图书馆版权豁免制度，得出我国著作权法的豁免权规定比较笼统，豁免范围过于狭窄的结论②。

冉从敬被引频次最高的一文是《著作权合理使用制度的挑战与重构规则初探》，为53次。该文从网络化、国际化两个方面谈著作权合理使用制度面临的挑战，认为需要同时考虑因素主义和规则主义对合理使用制度的影响，并在两个挑战和两种主义的基础上把握著作权合理使用制度的理论基础和法律原则③。

（二）中南财经政法大学

中南财经政法大学的前身为"中原大学"，中华人民共和国成立初期以中原大学政法学院为主，合并国立中山大学、国立湖南大学、国立广西大学的政治系和法律系组建的中南政法学院，属于"五院四系"中的一员，发展到今天依然是我国法学研究和法学人才培养的重要高校之一。

CNKI收录的来源于中南财经政法大学的著作权文献有274篇，最早的文献发表时间为2001年，一篇是杨冠锋的《试论网络环境

---

① 黄先蓉，李晶晶．中外数字版权法律制度盘点［J］．科技与出版，2013（1）：14-25.

② 王清．中美版权法之公益图书馆豁免制度比较［J］．图书馆杂志，2008（9）：2-5.

③ 冉从敬，黄海瑛．著作权合理使用制度的挑战与重构规则初探［J］．知识产权，2003（6）：43-45.

下复制权的合理限制》,另一篇是梁成意、周念军的《著作权利用制度的比较研究》,前者讨论了在网络环境下复制权合理限制的必要性、限制的原则以及为加入世界贸易组织必须做出适应国际条约的转变①,后者着眼于知识经济时代下商品价值的挖掘,对著作权利用制度在不同国家的立法情况进行比较分析,并提出完善我国著作权转让、许可使用、质押等利用方式的建议②。

同样,利用数据库自带的学科统计功能,查看中南财经政法大学著作权研究偏向。其中法理、法史、国际法、刑法、行政法及地方法制、经济法、诉讼法与司法制度相加之和占中南财经政法大学总数的 6.57%,而图书情报与数字图书馆仅占总数的 1.46%,与武汉大学相比,研究力量的分布有较大区别。这也再次佐证了武汉大学图书情报学科的特色。

知识产权界的核心学者吴汉东教授,是原中南财经政法大学校长,现为中南财经政法大学知识产权研究中心(中南财经政法大学法学院下设的国家重点人文社会科学研究基地)主任和国家知识产权战略专家组成员,2009 年、2011 年两次入选英国《知识产权管理》(MIP)杂志评选的年度"全球知识产权最具影响力 50 人"名单。他是我国知识产权理论体系化研究的奠基者,在知识产权基础理论、无形财产权理论、著作权合理使用制度上的研究成果始终是学界高被引的经典之作。虽然在 CNKI 中以吴汉东为作者,以 D923.41 为中图分类号检索得到的文献结果较少,但这并不影响他在知识产权界的重要地位。

吴汉东的《著作权合理使用制度研究》《知识产权法》有较高的被引频次,具有教科书的价值,是早期国内知识产权领域的重要论著。他在《关于知识产权本体、主体与客体的重新认识——以财产所有权为比较研究对象》一文中对知识产权的性质、基本特

---

① 杨冠锋.试论网络环境下复制权的合理限制[J].大理医学院学报,2001(S1):149-153.
② 梁成意,周念军.著作权利用制度的比较研究[J].广西社会科学,2001(4):71-73.

征、主体和客体都进行了详细阐述，界定了主体身份资格与多重主体、客体的非物质性和知识产权的范围①，他的研究成果获得了高度认可。同样有较高被引次数的还有《知识产权的私权与人权属性——以〈知识产权协议〉与〈世界人权公约〉为对象》与《知识产权立法体例与民法典编纂》，前者揭示了现代知识产权制度关于专有权力保护与知识财产利益分享的均衡思想，在私权与人权的统一范畴中把握与认知知识产权法，考察这一法律制度的价值理念与社会功能②；后者论述了知识产权立法与近代民法典失之交臂的历史与现代民法典尚未成功接纳知识产权制度的现状，以及作者认为不宜将知识产权法全部植入民法典的观点③。

该单位在著作权方面的后起之秀熊琦，是较为年轻的多产作者之一。既是中南财经政法大学知识产权研究中心副教授，也是中国知识产权法学研究会理事，国家版权局国际版权研究基地研究员，腾讯互联网法律专家委员会委员，中国著作权法第二次、第三次修改专家建议稿起草课题组成员。CNKI 收录的熊琦发表的文献中，被引频次大于或等于 20 的论文共 5 篇，依次为《著作权法定许可的正当性结构与制度替代》《论"接触权"——著作财产权类型化的不足与克服》《著作权法中投资者视为作者的制度安排》《著作权集中许可机制的正当性与立法完善》以及《论著作权合理使用制度的适用范围》。在著作权集体管理方面，他认为应该以准则主义代替行政许可主义，允许私人设立集体管理组织，并以集体管理制度逐步取代法定许可制度，维持著作财产权的排他性④；在合理使用方面，他认为应将其定位为市场失灵的补充，考察利用行为是

---

① 吴汉东. 关于知识产权本体、主体与客体的重新认识——以财产所有权为比较研究对象［J］. 法学评论，2000（5）：3-13.

② 吴汉东. 知识产权的私权与人权属性——以《知识产权协议》与《世界人权公约》为对象［J］. 法学研究，2003（3）：66-78.

③ 吴汉东. 知识产权立法体例与民法典编纂［J］. 中国法学，2003（1）：48-58.

④ 熊琦. 著作权法定许可的正当性结构与制度替代［J］. 知识产权，2011（6）：38-43.

否符合"交易不能"或"正外部性"市场失灵,以利用行为对作品潜在市场的影响为合理使用适用范围的最关键判断标准[①]。在他发表的文献中,对集体管理、合理使用及许可制度、数字音乐版权和著作权法修改的研究较多,尤其是在集体管理和法定许可制度方面已有较为完善的体系化成果。

## 第二节 湖北省著作权的研究战略对策

为了响应国家知识产权战略政策,制定湖北省著作权的研究战略对策有其必要性。基于上一节对全国著作权研究现状的一般性特征的掌握包括研究机构与作者的分析、学术热点的梳理等,本节将拟出湖北省未来几年可能的著作权研究主题;在分析了湖北省内较有代表性的两所高校著作权研究的具体特征后,拟出针对湖北省的著作权研究战略对策,包括高校的研究人才培养等策略。

### 一、湖北省著作权研究主题预测

研究主题与研究热点类似,是就研究的内容进行分析。预测研究主题有其科学性,它的基础是在对大量文献进行统计后发现其中关键词的频次、共现特征及演进规律,并结合奠基性文献、经典文献及前沿文献的阅读,得出的主题发展规律。著作权与社会的联系越来越紧密,著作权研究主题尤其易受新兴技术手段和变更的法律条例影响。因此,预测著作权未来可能的研究偏向不是毫无根据的臆测。湖北省未来的著作权研究主题可能有以下这些内容:

#### (一)社交网络与著作权

社交网络是指人与人之间通过朋友、血缘、交易、兴趣、链接等关系建立起来的社会网络结构,网络内以日志、相册、分享、小

---

① 熊琦.论著作权合理使用制度的适用范围[J].法学家,2011(1):86-98.

游戏为主要内容①，开始出现针对特定人群的 SNS（Social Networking Services）网络。近几年社交网络发展之势迅猛，"社交网络"也是近些年最受关注的互联网名词之一。

熊琦在《社交网络中的著作权规则》一文中认为，社交网络在提高社会交往效率的同时，也是在借助网络技术复制现实中的社会关系，以服务平台的形式使作品创作更加自由个性，传播方式多样且速度惊人②。社交网络推动了信息爆炸，用户自由传播与分享文字、图片等内容，使信息在社会上的流动与扩散超越以往任何时候。这种传播方式以实际的和虚拟的两种社会关系为基础，很容易诱发著作权侵权行为。比如直接复制他人的成果作为自己的成果发表，将受著作权法保护的纸质作品擅自制作成电子形式上传至网络空间，以致无限制地大规模复制传播的出现。这些行为挑战着现有的著作权保护制度，但如果采取彻底限制方式，又损害了社交网络共享与开放的本质。现有的解决方案基本是用户在注册该平台时选择同意平台协议，包括同意自己的作品免费传播，同意其他用户转发不侵权等条款。

社交网络中涉及的大多还是信息交流、共享问题，不可避免地会使用受著作权法保护的作品，并且传播主体可以是任意一位网络终端用户，远超出传统著作权法控制范围。在个人共享信息之外，也发展出提供共享资源的平台，用户自由上传下载资源，平台通过广告等获取利益，却未审核站内资源是否合法，难以杜绝使用作品但未经过权利人许可也未支付报酬的情形，侵害了著作权人利益。因此，在合理保护著作权与增进社交网络发展的活力之间取得平衡将会是一个研究重点。

### （二）自媒体与著作权

根据百度百科可知，自媒体（外文名：We Media）又称"公民媒体"或"个人媒体"，是指私人化、平民化、普泛化、自主化

---

① 张梦. 社交网络的现状与发展趋势 [J]. 佳木斯教育学院学报，2014（5）：466-467.

② 熊琦. 社交网络中的著作权规则 [J]. 法学，2012（11）：44-53.

的传播者，以现代化、电子化的手段，向不特定的大多数或者特定的单个人传递规范性及非规范性信息的新媒体的总称。自媒体平台包括：博客、微博、微信、百度官方贴吧、论坛/BBS等网络社区。

自媒体的共享性、大众性、传播性、继承性、开放性、随意性和普及性等特征使得用户在使用的时候极易不自觉和无意识地使用他人具有独创性的作品，侵犯他人的著作权。而自媒体本身的媒体属性就是信息传播和共享，如果用户不能自由分享信息内容，或是在分享的时候要时刻追本溯源分析自己是否有侵权，那自媒体就没有长远发展的可能性了，尤其是在大部分用户没有侵权或维权的意识和相关知识的背景下。自媒体又是一个较新的领域，且以微信为代表的自媒体又发展得如火如荼。那么关于自媒体在使用过程中的著作权研究，以及如何在发展此类媒体和保护著作权之间取得平衡也就必然会成为近年来的趋势之一了。

国内当前最热的自媒体要数微博和微信了。微博自2009年推出以来，关于微博的著作权纠纷案例层出不穷，其中比较典型的案例有华盖公司起诉被告在其新浪官方微博中，基于商业目的、未经授权擅自使用了华盖公司享有著作财产权的10张摄影作品，已经侵犯了原告享有的著作财产权；"童话大王"郑渊洁指责名为"方雨007"的博主于2011年7月7日发的一条微博与其2010年发布的关于北大数学系高材生遁入空门的微博一字不差，标点也一处未改；2012年张海峡与于建嵘侵害著作权纠纷案等。这些案例说明微博著作权侵权已经不容忽视了。

微信是2012年推出来的典型的自媒体，并且后来居上，成为众多自媒体中的佼佼者。微信这类自媒体是新兴的传播方式，我国法律对这些形式的著作权保护还没有特别细化的规定，但是，微信平台中著作权的纠纷却是始终存在的，尤其是众多公共号之间对于一些高质量的文章的转载，又未注明出处的，极易引起著作权纠纷。因此，随着著作权纠纷的增多和案例的判定，相关立法也会得到必要的修订、增补和完善。社会经济的发展和相关立法的出台会影响到知识产权的研究趋势，因此，可以肯定地说，自媒体与著作权将会成为下一个研究热点和趋势。

### （三）移动信息服务与著作权

移动信息服务是指利用各种移动终端，如：智能手机、掌上电脑、电子书阅读器等向用户提供各种咨询服务。如高校图书馆通过SMS服务的短信功能向用户提供：催还提醒、预约提醒、信息查询、图书续借、新书告知、培训与讲座、好书推荐等服务[①]；购物网站通过自主经营的微信平台向用户提供订单管理、物流追踪等信息服务；银行通过短信或微信向用户提供即时交易信息服务等；移动阅读用户只需将电子书下载到 Kindle 或者通过电子书阅读器如掌阅、快看就可以不受时空限制地阅读海量数字作品。

随着各种移动终端的推广以及网络的快速普及，移动信息服务越来越受重视并得到用户的好评和欢迎，但是，移动信息服务在开展的过程中，也会面临很多著作权侵权风险。

首先，就图书馆的移动信息服务来说，主要有三个风险来源：一是网络学科信息导航库的知识产权风险，网络学科导航库的建库方法有：下载粘贴和制作超文本链接，下载粘贴可能有侵犯复制权的风险；超文本链接若无视权利人特别声明或者加框链接则会有侵权风险；二是电子资源使用的知识产权侵权风险，如短时间内从某个数据库批量下载电子资源就可能面临侵权风险，我国高校已出现过多起因非法下载引起的知识产权侵权事件[②]；三是间接侵权风险，很多图书馆尤其是高校图书馆开展移动信息服务的一个重要途径就是通过各种数据库向用户提供信息资源服务，图书馆在购买数据库的时候只和数据库商签订购买协议，并没有与权利人之间达成协议，一旦购买的数据库出现著作权侵权问题，图书馆就面临着间接侵权的风险。

其次，就电子阅读器的移动信息服务而言，侵权风险主要来自其所购买的电子资源是否都是经过授权的。众所周知，随着数字技

---

[①] 余世英，明均仁．移动信息服务在国内高校图书馆中的应用模式分析［J］．图书情报知识，2012，6（6）：60-67.

[②] 梁建菲．图书馆移动服务中的知识产权研究［J］．中国科技信息，2013（5）：85-85.

术的发展和网络化的普及,网络文学兴盛,网络环境下的盗版现象泛滥成灾。电子资源的获取渠道多样化且复杂化,纸质作品电子化成本更低,再加上利益的驱使,很多电子阅读器提供的内容没有经过授权就直接向公众传播,或者直接就是盗版的资源,并且大部分阅读器采取付费阅读的模式,若是未经权利人许可就使用其作品并获取商业利益,就极大地损害了著作权人的利益。

最后,就各种通过微信提供移动信息服务的网站或企业来说,如果在推送消息的过程中使用了具有版权的图片又未注明出处,或者在转载他人的文章时没有注明出处,或权利人声明"未经允许不得转载"却执意转载、或直接将他人具有版权的作品据为己有,或篡改他人作品都属于侵犯著作权的行为。微信属于较新的自媒体,公众号的出现也聚集了一大批高质量的文章,有的公众号为了吸引用户,直接转用他人文章,由于缺乏相关的监管机制,微信平台上的侵权行为尚得不到有力的惩罚,但随着微信这一自媒体向纵深方向发展以及我国立法的跟进,未来必定会颁布有关微信著作权管理条例的文件。

因此,移动信息服务在给公众带来极大便利的同时也会带来一系列的侵权风险,提供移动信息服务的各类主体应提高知识产权意识,把好提供信息服务的各个关口,尽可能避免侵权风险,向用户提供安全、放心的移动信息服务。

(四) 信息网络传播权与著作权

我国于 2006 年颁布了《信息网络传播权保护条例》并于 2013 年再次修订。信息网络传播权是指以有线或无线的方式向公众提供作品、表演或者录音录像制品,使公众可以在其个人选定的时间和地点获得作品、表演或者录音、录像制品的权利。它是在传统著作权的基础上,融合了现代数字化网络的特点而发展起来的,具有交互性、复合性、数字性、传播性的特征[1]。相对来说,信息网络传播权是著作权范围内新出现的一个概念,是网络技术发展下的产物,其内容也会随着时代环境的改变而有所调整,尤其是在当前移

---

[1] 于宁. 论信息网络传播权 [D]. 济南:山东大学,2014.

动网络快速发展、版权作品触手可及的背景下，信息网络传播权的研究也会刻上时代的烙印。

由前述关键词热点分析可知，国家相关立法颁布和修订、新出现的社会动态、网络技术都会对相关领域的研究趋势产生影响。《信息网络传播权保护条例》在 2013 年重新调整条例规定，加上"今日头条"事件的出现，引起学者广泛关注。移动互联网时代，各种社交网络和自媒体的出现，改变了作品的传播方式；同时，用户数量与日俱增，网上作品、录音、录像等更是以指数速度增长，再加上互联网的无地域性使得任何作品的上传、下载和利用变得更为简单和便利。这在客观上滋生了信息网络传播权的侵权环境，网络服务提供者也很容易无意识地陷入侵权之争。在新的立法和网络环境下，信息网络传播权的侵权行为变得更加多样和复杂，移动互联网和信息网络的发展已是不可逆转的进步趋势，要在促进信息网络发展的同时做好信息网络传播权的保护工作，保护好权利人的利益，激发创作者的积极性，反过来才更能推动网络信息的繁荣，但过度保护又会抑制网络信息的传播，二者之间的博弈是一个值得继续实践和探索的领域。

**（五）数字时代的著作权集体管理**

根据 2005 年 3 月起施行的《著作权集体管理条例》给出的定义，著作权集体管理，是指著作权集体管理组织经权利人授权，集中行使权利人的有关权利并以自己的名义进行的下列活动：（1）与使用者订立著作权或者与著作权有关的权利许可使用合同；（2）向使用者收取使用费；（3）向权利人转付使用费；（4）进行涉及著作权或者与著作权有关的权利的诉讼、仲裁等。著作权集体管理只是一种行为或活动，这种活动的主体之一是著作权集体管理组织，我国最早成立的著作权集体组织是中国音乐著作权协会，随后又成立了中国音像著作权集体管理学会、中国文字著作权协会、中国摄影著作协会和中国电影著作权协会等。我国著作权集体管理的立法起步晚、发展慢，虽然学术界也曾对著作权集体管理研究有所涉足，但始终没有形成成熟的理论体系。随着实践的不断深入，著作权集体管理变得越来越迫切，尤其是在数字时代，传统著作权集体管理受到挑战,相关组织的保护措施也显得力不从心,因此,加强数字时代的著作权管理研究、催生相关立法的修改和出台有着重要的理论和现实意义。

数字化技术与信息网络的快速发展,使得版权作品被利用的机会大为增加,同时利用作品的方式也发生了巨大变革,权利人无法了解自己作品被使用的情况,也无法有效行使自身权利的情况更加突出①。也就是说,技术是一把"双刃剑",数字技术和互联网的发展一方面为著作权集体管理带来严峻挑战,但另一方面也为解决数字环境下的著作权集体管理制度提供了技术支持和方法策略。

著作权集体管理产生的背景之一是个体维权能力弱小、效率低下,在数字时代,技术的发展使得版权作品被侵权的方式逐渐复杂化、隐蔽化和扩大化,单靠著者自身的力量很难保障自己权利的实现,甚至被侵权了还不知道。因此,数字时代的著作权管理就更显得迫切和必要了。著作权集体管理组织一般由专业的知识产权人员组成,有着更雄厚的资金实力,对数字技术的接受利用和消化能力更强大,能够用相关的数字技术如:保护作品免于被复制和篡改的技术、检索技术、授权契约缔结技术等来完善数字时代的著作权集体管理制度。②

(六) 数字版权管理

"数字版权管理"简称 DRM(Digital Right Management),是为了控制和限制被保护的数字化内容所使用的技术,针对电子音频视频节目,防止其在互联网上因非法复制等原因广泛传播而发展起来的一种新技术,是一种保护数字媒体版权的新技术。在一定程度上,数字版权管理使复制很困难,最终用户必须得到授权后才能使用数字媒体。数字版权管理主要采用的技术为数字水印、版权保护、数字签名和数据加密,这些技术主要有两大功能,一是保护数

---

① 曹世华. 论数字时代著作权集体管理的数字化 [J]. 电子知识产权, 2006(2): 30-34.
② 毛义莎. 我国著作权集体管理制度研究 [D]. 成都:西南财经大学, 2007.

字内容的知识产权,二是获取许可证(License Acquisition)[①]。通过数字版权保护和认证计费技术实现数字内容的知识产权保护,从DRM许可证服务器获得许可证的过程,以便允许用户的设备播放受DRM保护的内容。

数字版权管理有效地防止了公众对数字产品的非授权使用,在保护版权人利益方面功不可没,但与此同时,强力的技术保护措施又与公众依法享有的合理使用权相冲突[②]。根据《著作权法》的规定,合理使用是指以一定方式使用作品可以不经著作权人的同意,也不向其支付报酬,这是出于保护公共利益的角度做出的规定。我国著作权法第22条还规定了12种合理使用的方式。但数字版权管理的加密技术、版权保护技术、数字水印等技术以及"授权—许可"模式使得公众只有在经过身份认证、获得授权后或者通过付费的方式才能使用版权数字资源,限制了公众在"合理使用"制度内自由使用数字版权作品的权利,也不利于作品的传播。因此,对于数字版权管理性质的界定,学术界是有争议的,支持者认为该项技术能够保护数字版权作品不被任意复制、传播甚至修改,对于保护版权人的利益是有利无弊的,尤其是在当今盗版侵权行为泛滥的环境下,需要有技术保护措施来规制;反对者则认为数字版权管理的技术措施有损公众获取信息的权利,尤其是与"合理使用"制度相冲突,形成垄断,有损公平竞争,不利于公众资源的优化配置。

技术是中立的,技术本身并没有优劣之分,但是对技术的使用方式、应用领域、使用权限等会使技术附上非中立的色彩。因此,将数字版权管理的技术应用到所有数字版权作品、针对所有用户是不合时宜的。当前有必要将数字版权管理的研究重点转移到版权人利益与公众利益的平衡之上。"利益平衡"一词也是近几年的高频

---

① 姚维保,望海军. 数字版权管理(DRM)与个人合理使用的冲突及解决途径[J]. 现代情报,2005,25(1):103-105.

② 王宇红. 数字版权管理与合理使用的冲突与协调[J]. 武汉理工大学学报(社会科学版),2009,22(6):76-80.

关键词。一是可以通过技术的调整，凭借身份验证将"合理使用"纳入"授权许可"范围内，二则可以缩小数字版权管理技术应用的作品范围，对于进入公有领域的数字作品，或者经权利人同意，允许公开传播的作品不加限制。总之，数字版权管理是伴随着数字作品的出现而出现的，是一个相对较新的研究领域，尤其是在学术界对其还有争议的背景下，如何利用数字技术来规避侵权、保护权利人的利益是一个重要方面，如何寻求权利人与公众之间的利益平衡也是未来的研究重点。

### （七） P2P 传播的著作权问题

P2P 是 Peer-to-Peer 的缩写，即点对点传播，通俗地说，就是用户通过互联网和计算机的直接交互和共享，不再需要连接到服务器上去浏览和下载。目前常用的 P2P 软件有电驴、迅雷、BT 等。传播能够在很大程度上增强网络用户间的人际交流、文件传送、即时通信和信息共享，改变以往的以大网站为中心的现状，呈现"去中心化"的趋势，使计算机联网用户能够拥有更多的自主权利，但 P2P 技术在带来便利的同时又会引起很多著作权问题。全球首例因 P2P 技术为代表的 BT 侵权而获刑的案例发生在 2005 年，该案被告因使用 BT 软件非法上传三部版权电影至互联网，被判监禁三个月。美国根据现有的 P2P 侵权案例，如典型的 Napster 案、Grokster 案、索尼（Sony）案等，确定了帮助侵权、替代侵权、引诱侵权、技术中立的非侵权使用等基本原则，前三者是目前国际上常见的 P2P 网络著作权间接侵权责任形式[①]。总的来说，P2P 文件共享与传输涉及主体较多，包括软件提供者、网络服务提供商、文件传输用户等，由此产生的著作权纠纷类型多，侵权责任界定和举证难度大。

技术的发展日新月异，P2P 的技术已经由最初的集中式 P2P 网络进入分布式 P2P 网络阶段，目前已进入到第三阶段：混合式 P2P 网络阶段。技术的不断改进使得文件的批量传播以及大文件如

---

[①] 冉从敬，董舞艺，刘洁. 科学交流中的著作权责任：基于 P2P 共享环境的分析 [J]. 出版科学，2012（4）：95-100.

电影、视频、音乐和计算机软件的共享成为可能，且成本更低，速度更快。因此我们得以在网上不受限制且免费地下载海量的音乐、电影、文献资料等版权文件，每个人也可以自由地将自己或已有的他人版权作品擅自上传到网上，这确实极大地促进了公众信息传播，造福了广大网络用户，我们因此可以免费地下载或在线观看具有版权的电影、欣赏最新推出的音乐、浏览未经授权的版权作品甚至无偿使用各种盗版软件。

然而，众所周知，技术是一把"双刃剑"，权利也是相对义务而言的。这种不加节制地上传和下载行为极大地破坏了网络环境下的著作权保护制度，助长了网络盗版的猖狂气焰，打破了业已形成的版权保护秩序，破坏了正常的市场竞争环境，严重地损害了权利人的经济利益和人身权利。而我们又不可能限制技术的发展，毕竟这是一种进步的趋势，因此，未来的P2P研究可以聚焦于传播过程中的版权保护技术、加强P2P网络用户的版权意识，同时，借鉴国内外典型的、著名的P2P著作权侵权案例的法律判决，再结合我国的具体国情以及P2P传播过程中的实际侵权行为来完善我国著作权的相关立法，将德与法结合起来，规范我国P2P传播中的行为，防治侵权行为泛滥成灾，促进P2P向着健康有序的方向发展。

**（八）网络盗版盗链的著作权**

网络技术的发展，加快了信息传播的速度，降低了用户获取信息资源的资费，催生了网络盗版的温床，再加上公众版权意识尚未成形，导致近些年来网络盗版已经愈演愈烈，不仅包括网络文学的盗版，还出现众多网络视频的盗版盗链问题。财新网在2014年12月根据媒体报道量、微博文章数和论坛博客文章数盘点出网上版权侵权十大舆情热点事件，分别是人人影视、射手网因涉版权问题关闭、商务印书馆被网络盗版严重、中青文图书遭扫描上网、百度文库涉侵权、微博140字享有著作权转发或侵权、"今日头条"新闻APP版权纠纷、百度影音、快播被责令停止盗版侵权、"中国版权第一案"思路网侵权案、"网易云音乐"涉侵权623首歌曲将停播、纵横中文网侵权小说《永生》赔偿300万元。

2009年9月，中国网络视频反盗版联盟正式创建。该联盟由优酷土豆、搜狐视频、腾讯视频、乐视网、酷6视频等组成，是在政府版权部门指导下、实施自我管理和联合维权活动的跨行业组织，旨在加强行业自律，依靠组织的力量联合维权，力争在行业和政府之间发挥桥梁和纽带作用。为了对抗百度、快播等日益严重的网络视频盗版和盗链行为，该组织于2013年11月13日发布"中国网络视频反盗版联合行动宣言"，国家版权局也就此表态，支持权利人正当维权，坚持"尊重版权、尊重创造"的理念。中国网络视频反盗版联盟的出现，说明权利人的维权意识开始觉醒，但也从侧面反映出我国网络视频盗版现象的猖獗以及网络环境下著作权侵权行为的泛滥。

国家版权局及相关部门自2005年就多次在全国范围内开展了打击网络侵权盗版专项治理的"剑网行动"，该项行动查处了一批大案、推动了版权执法制度建设、有力地打击了网络盗版盗链行为，在提高合法网站的版权保护水平、动员广大社会公众和权利人组织提供支持和协助方面取得积极成效。但是，网络盗版盗链问题依然屡禁不止、层出不穷，根本原因在于网络盗版盗链背后的巨大利润空间、数字出版行业对传统出版业的严峻挑战以及我国法制目前对于网络盗版盗链侵权行为的处罚力度不够。虽然快播侵权一案被罚2.6亿，被称为"天价罚单"，但这一案件的处罚并不足以逆转众多网站的"价值观"，他们为了获取巨额利润，仍旧选择铤而走险，在技术外衣的保护下，进行网络盗版盗链的侵权勾当，严重污染了网络维权的环境，加大了著作权保护的难度。

因此，网络盗版盗链仍旧会是著作权研究的重点，未来的研究应该聚焦于促进网络信息传播与保护权利人利益的平衡之上，完善相关立法，加大网络侵权的处罚和赔偿力度，适当降低网络盗版侵权的门槛，提高网站和网络用户的版权意识和维权能力。一方面靠国家相关部门和立法来整治混乱的网络秩序，加大监管力度，提高网络防盗版盗链的技术保护措施；另一方面要在公众之间进行普法宣传，拒绝接受网上的盗版内容，但同时要致力于降低网络资费，保障公民获取网络资源和信息的权利。

### (九) 大数据时代的版权保护

大数据（Big Data）通常是指以多元形式、从许多来源搜集而来的庞大数据组，这些数据不经过简便化处理，对其全部数据进行操作，往往具有实时性，无法在可承受的时间范围内使用一般的软件工具管理，它体现了大数据的 4V 特征：Volume（大量）、Velocity（高速）、Variety（多样）、Value（价值）。1980 年就有学者预感到大数据将成为"第三次浪潮"。事实上大数据自 2009 年成为计算机领域流行词汇以来就备受关注，2013 年更是被称做"大数据元年"。与大数据有关的典型的著作权侵权案例之一就是"今日头条"通过大数据技术分析用户的偏好，并在此基础上推送"头条"新闻，进而获得极高的浏览量。在这个过程中，"今日头条"并不产生新闻内容，只是根据用户偏好分析集成相关新闻信息，这种行为却遭到多家传统新闻媒体的集体声讨，控告"今日头条"侵犯版权。原因在于"今日头条"推送的新闻内容是由其他媒体原创的，而不是自己原创的，也就是内容的传播者并非是内容的制造者，二者之间易引起版权纠纷问题。

事实上，在大数据背景下，由于数据来源的多样化以及内容的海量化，很难对所有内容进行版权界定，稍不注意就可能既没有征得版权人的同意又没有支付版权费就使用了版权作品，因此就很容易发生侵权行为。目前使用大数据技术进行用户偏好分析的多是公司和企业，尤其是在互联网的背景下，精准的用户偏好分析对于促进企业宣传和营销，节约人力、物力，提高利润率都是有百利无一害的。也就是说，很多大数据分析是基于盈利目的，这样一来，一旦发生版权侵权行为，赔偿数额就会相对较大。

大数据涉及的版权问题相对复杂，李开灿在《大数据时代数字版权保护研究》一文中谈道："大数据时代的到来，为我国的数字出版内容、审核流程、营销渠道以及用户反馈等方面带来革新的同时，也造成了版权保护立法、作品授权及作者维权方面的困局。"① 齐元军在《大数据时代数字出版版权保护的难点与策略研

---

① 李开灿. 大数据时代数字版权保护研究［J］. 金田，2014（5）：337，333.

究》一文中认为："大数据背景下的数据开放共享日渐普及，网络侵权日益泛滥，给数字出版版权保护带来了新的挑战。"① 王淑君在《大数据时代著作权授权机制的不足与完善》一文中认为："大数据时代的到来，对作品创作、传播及利用方式都产生了深刻影响。作品创作者由精英化向大众化方向纵深发展，作品复制方式由静态向动态复制方向演变，作品传播渠道由单一的媒介向媒介大融合迈进。这种变化凸显了传统'先授权后使用'著作权授权机制的不足，一方面容易造成市场效率损失，另一方面也使得技术创新成为了侵权者的武器与借口，严重损害著作权人的财产利益。为应对大数据时代传统著作权授权机制引发的难题，必须对其加以变革。大数据时代，作品类型繁多、使用目的及传播渠道多样，任何单一的许可使用模式均无法充分平衡著作权人与作品使用人之间的利益关系，宜构建多元化作品授权模式。"②

不难看出，大数据应用的范围十分广泛，带来的版权保护问题也非常复杂，有深入研究的潜力和现实意义。

（十）三网融合与著作权

三网融合是指电信网、广播电视网和计算机通信网的相互渗透、互相兼容，并逐步整合为全世界统一的信息通信网络。三网融合极大地促进了我国广播电视事业的发展，加速了我国经济的发展。在三网融合的背景下，很多电视节目可以通过网络直播，也可以通过电视机接收各种网络节目，通过各种移动终端也能够不受时空限制联网观看各种视频音频等内容。也就是说，三网融合使得传播渠道更加畅通、多样，并且速度更快、范围更广。但是，在知识产权逐渐上升到国家战略高度的时代，三网融合给著作权的发展又会带来怎样风云变幻的影响呢？

三网融合环境下，主要有三个问题的产生，一是权利人和消费

---

① 齐元军.大数据时代数字出版版权保护的难点与策略研究［J］.科技与出版，2014（11）：52-55.

② 王淑君.大数据时代著作权授权机制的不足与完善［J］.中国版权，2015（1）：37-40.

者关系调整，二是侵权行为与形式变化，三是技术措施的使用与规避。三网融合时代，版权管理制度可能出现垄断，权利人抬高作品价格，消费者利益无法得到正当保护①。高崇慧、卿越在《三网融合背景下著作权的法律保护》一文中也认为在三网融合时代，著作权人的权利将得到扩张，著作权保护范围得以扩展，授权价格大幅提高②。三网融合还可能带来的问题是，侵权形式更为复杂，新类型的侵权纠纷以及权利冲突不可避免地会引起著作权领域的波澜。三网融合将大幅拓展作品的传播途径，在一定程度上促进正版传播的同时，也给著作权法律制度带来了许多新问题，著作权侵权形式将更加多样，增加了著作权侵权管辖难度和保护难度。另外，新型著作权侵权问题将伴随着技术的进步而产生。即使出现技术措施保护作品，仍然会有新的反技术措施进行规避，限制使用作品的技术措施走向极端，著作权保护的平衡机制可能被打破。

由此可见，三网融合对著作权的影响是辩证的，很难对三网融合在著作权领域的利弊进行归纳和界定。三网融合使版权作品传播途径趋向多元化和复杂化，有利于提高作品的受众度和知名度，也在更大程度上保障了公众的获取信息的权益，但由于缺乏合理的作品定价制度，以及相关法律滞后等原因，在三网融合背景下，版权费越来越高，而权利人并不是高额版权费的最终受益人，版权费的直接受益人实质上是传播者，消费者实际上充当了版权费用增加的转嫁角色。这也是为什么网络上需要付费才能观看的视频节目越来越多的原因之一。此外，三网融合扩大了作品的传播范围，丰富了作品的传播形式，反过来也就加大了版权作品的被侵权的风险，加大了版权管理的难度。

三网融合已经是不可逆转的趋势了，并且正发展得如火如荼，因此未来几年有关知识产权的研究很有必要聚焦到三网融合与著作

---

① 王渊. 三网融合中的版权问题与对策研究 [J]. 中国科技论坛，2013，1 (2)：28-32.
② 高崇慧，卿越. 三网融合背景下著作权的法律保护 [J]. 云南财经大学学报，2012，28 (1)：155-160.

权的问题上。一方面研究如何防止三网融合带来的行业垄断问题，另一方面，加快相关立法研究的步伐，用法制手段规范三网融合背景下的著作权保护制度，明确侵权行为的界定，保障公众的合法权益。

(十一) 互联网+与著作权

自今年两会以来，"互联网+"已经成为网络热词。2015年政府工作报告中指出："指定'互联网+'行动计划，推动移动互联网、云计算、大数据、物联网等与现代制造业结合，促进电子商务、工业互联网和互联网金融健康发展，引导互联网企业拓展国际市场。"由此可见，在互联网+时代，最重要的是要转变思维，探索各个行业新的发展模式，这样才能在新的环境中求得生存。互联网+零售，成就了"淘宝"；互联网+汽车，出现了"汽车之家"；互联网+旅游，出现了"携程网"；互联网+分类广告，出现了"58同城"。"互联网+"把触角伸向更多领域和层面的过程中，新的商业形态、商业模式、商业方法不断涌现，而涉及知识产权的内容也大量地进入互联网。这预示着"互联网+"新形态下的知识产权保护问题已经成为互联网发展绕不开的坎儿。

我国比较有代表性的三大门户网站新浪、搜狐、网易用较低成本获得高额利润，这种超常发展现象反映出我国知识产权保护发展不尽完善。近几年，搜狐、腾讯、百度等也斥巨资在全球范围内购买版权，这说明，在互联网+的背景下，开发具有自主版权的产品，高度重视著作权战略已成为互联网企业求得生存和发展、力争成为行业领先者的共识。

根据北京海淀区人民法院统计显示，近年来网络著作权案件在知识产权案件中的比重越来越高，其中公共平台传播盗版影视、音乐、文学作品两类案件数量位于前列。因此，需要注意在保护著作权和鼓励创新之间找到一个合理的平衡点。

"互联网+"时代的到来，背后是强大的技术的支撑，而技术的发展，又使得侵犯著作权的行为简单易行、成本低廉，比如，微博上的一个转发就可能侵犯著作权，微信公众号一篇文章的分享可能侵权，甚至新闻媒体转载未经证实的消息也可能侵权。更别说网络上泛滥的论文抄袭、代码盗用等现象了。毫无疑问，技术的发展是要鼓励和支持的，但著作权的保护也是当务之急，发展与保护之间的博弈之间还有很大面积的法律空白，也有重要的研究意义。国家版权局2015年4月份下发《关于规范网络转载版权秩序的通知》，要求互联网媒体转载他人作品，须经著作权人许可并支付报酬，并指明作者姓名、作品名称、作品来源。这是应对"互联网+"环境下传播媒介和路径发生变化的重要一步，为著作权人维权提供了有力保证。

"互联网+"时代的到来，必然会对著作权的发展产生深远影响，无论是从侵权界定、维权方式、法律修订方面还是从保护措施、发展策略、风险规避等角度，"互联网+"背景下的著作权研究都是一种新的方向、视角和趋势。

### （十二）云计算与著作权

云计算（Cloud Computing）最早由Google于2006年正式提出，最早的云计算产品来自亚马逊（Amazon）。现通用的定义出自美国国家标准与技术研究院（NIST），认为云计算是一种按使用量付费的提供便捷、可用、按需的网络访问模式，资源共享包括网络、服务器、存储、应用软件和服务。谷歌、微软、苹果等公司都纷纷将云计算应用于技术开发和产品推广，云计算开始成为一种重要的新型工业基础和资源，在互联网领域应用最为广泛。

云计算日趋完善，具有服务多、成本低、稳定性能好、安全性强等优势，用户直接或间接使用云计算服务的情况越来越多。它以高度虚拟化和智能化的操作渗透进日常生活，无形地存在着，也因此带来了可能侵害著作权并且掩盖其侵权行为的危害，形成了对现有著作权保护制度的挑战。这些挑战包括智力劳动成果的虚拟操作问题、计算系统高度智能化带来的侵权问题以及其他知识产权保护的相关问题[①]。其中，著作权中的复制权、传播权等与云计算较为相关，同时云服务商自身也有一定的著作权保护责任。

---

① 唐春.基于云计算模式特点的知识产权保护新问题探讨［J］.电子知识产权，2011（12）：38-42.

云计算环境下的作品创作呈现模块化、协作性、用户共同参与等特点,作品在使用中不是必须通过复制而是在线即可进行,同一作品多个用户共同使用,作品传播不受载体限制①。这些特点使云计算对现实生活具有重要的革新意义。云计算是一种全新的计算方式,毫无疑问,作为一个新事物,云计算虚拟世界将给著作权制度和实施提供一定便利,同时也会带来很多新的矛盾、冲突和问题,因此,相关著作权的法律更新和调整,权利主体和客体自我防备和保护,以及新技术的发展与著作权保护之间的平衡等问题,都急需得到进一步的前瞻性研究。国内学者目前对云计算与著作权领域的研究也尚处于起步阶段,但可以相信,云计算环境下著作权制度将有重大转变,比如财产权结构的调整、权利限制的强度、集体管理组织的职能等,因此后续加深云计算与著作权相结合的研究将会是一种必然的趋势。

(十三) 物联网与著作权

"物联网"(Internet of Things)一词自1995年第一次在比尔·盖茨的《未来之路》一书中提到以来,到现在已经发展成为新一代信息技术的重要组成部分,也是"信息化"时代的重要发展阶段。物联网的基础和核心仍然是互联网,是在互联网基础上的延伸和扩展的网络,也被认为是继计算机和互联网之后,世界信息产业第三次改革的重要标志,能够极大地节约成本,提高经济效益,同时还能运用技术帮助复苏全球的经济,它有着应用的开放性、即时性和广泛性②。同其他国家的发展模式类似,我国物联网技术产业要得到长足的发展也必须走与知识产权的保护相结合的道路。类似物联网这类的高新技术产业,通常会具备前沿性和复杂性的特征,在实际操作和运行当中就必然会引起法律体系上的完善,这就要求相应的知识产权制度不断完善。

---

① 王太平.云计算环境下的著作权制度:挑战、机遇与未来展望[J].知识产权,2013(12):17-27.

② 孙赫.物联网的发展与知识产权保护[D].北京:北京交通大学,2014.

具体到著作权来说，物联网的发展有赖于技术的创新，研究机构重视物联网技术的推进，必将投入精力开发更多的物联网类软件，其软件著作权受到著作权法律制度保护。著作权保护制度能够激励权利人的积极性，充分调动他们的主观能动性，进而增强自主创新能力和市场竞争力。这也是为何在物联网背景下，各大企业开始致力于开发有自主知识产权的产品，并投入巨大的人力物力维护自己的权利，积极部署知识产权战略。

如果相关著作权法律来为物联网的发展保驾护航，那么其核心技术便很容易被抄袭和复制，技术背后的权利人就得不到必要的尊重。权利人的积极性被打击，技术创新的热情也会受到抑制。反过来，如果借助著作权保护的外衣形成垄断，又不利于物联网新技术的传播和普及，不能使发展成果惠及普通大众。因此，需要在技术创新和知识产权保护之间找到一个权利与义务的平衡点，既能合理适度地保护权利人的正当权利又能在不损害权利人利益的情况下让新技术的成果惠及最广大的人民。达到这种理想的状态不是一朝一夕就能完成的，它受制于社会经济发展的实际，也有待知识产权保护制度的完善。目前物联网的发展与权利保护之间还有很多不和谐的方面，如何取得二者之间的平衡还有待进一步研究。

(十四) 创客空间与著作权

"创客"来源于英文单词 Hacker 或者 Maker，和"播客""拍客"等类似，指的是一类新生的群体。他们不追求盈利，以实现创意为目标，坚持分享和传播知识的崇高信仰，热衷于创意、设计和制造，追求为全人类创造美好的人生价值。创客空间，英文翻译有多个：Hackerspace, Hackspace, Hacklab, Makerspace, Makerlab, Creative Space 等。目前，创客空间主要存在于公共图书馆和大学图书馆，虽然是一个新事物，但是具有很强的生命力，是图书馆领域的后起之秀，国外很多图书馆利用创客空间来吸引用户，调动图书馆的活力，更好地履行图书馆学习和教育的社会使命。美国更是有不少图书馆创客空间的成功案例，如：美国 DeLaMare 科学与工程图书馆的创业型创客空间、美国 Allen County 公共图书馆的协作性创客空间以及美国 Cleveland Central 公共图书馆的集中分布型创客空间①。

创客空间的兴起和发展将会给图书馆带来一场极具意义的变革,是图书馆转型的一个良好契机,但同时也会面临著作权问题。原因在于虽然创客空间的主旨是聚集一批志同道合的创意人士,开发适合现实需要的产品,主要用于教育的目的,属于非营利性组织。但在实践中,很多创客空间中的产品是具有潜在的商业价值的,使得其本身的公益性问题变得复杂,伴随的著作权问题也值得关注和探讨。

例如,在创客空间诞生的作品的归属权问题,是职务作品还是法人作品,如何界定;该作品的使用权和适用范围尚不明确,创客空间的产品不是批量生产的,但是如果产品能够造福社会,显然又是可以投入批量生产的,这个时候就带有商业性质了。那么,其背后的利益协调问题有待解决;创客空间的创意产品如果被恶意抄袭或投入生产以获得利益,这个时候图书馆的创客空间该如何维权,维权主体是图书馆还是创客主体。大部分创客空间产生的产品都是智慧的结晶,但每个人对产品的贡献又都不一样,种种问题都使得权利界定和权利主体界限模糊,有待学者的进一步研究和深化。

创客空间虽然发展起步相对较晚,但是不可否认它蕴藏着惊人的经济价值和教育价值,是创新有力的助推器。而当前图书馆又处在一个转型和变革的时期,创客空间在国外的发展证明它是有活力和发展潜力的。在国内,图书馆界的创客空间也在不断深化和推进,并得到政府、教育界和社会的广泛关注和支持。随着实践的不断深入,与著作权相关的问题也会成为新的研究领域,学术界应该对这些问题加以研究和探讨。

### (十五) 移动互联网与著作权

移动互联网是当今世界最为引人瞩目的领域之一。移动互联网的无国界特征与著作权保护的地域性特点导致了移动互联网发展服

---

① 陶蕾.图书馆创客空间建设研究[J].图书情报工作,2013,57(14):72-76.

务著作权保护的困境。互联网与移动通信相结合,人们可以通过随身携带的移动终端如智能手机、平板电脑等随时随地、不受空间限制地获取信息。移动互联网的发展给众多行业,尤其是传统商业模式带来转型突破的机会:一方面,移动应用的开发使用,改变了人们创建、使用和共享信息的方式,不同终端的信息也可以同步接收、存储;另一方面,移动互联网络信息呈现碎片化、即时化、场景化等特点①,整合了同行业信息的同时也带来了集聚效应,对电子商务而言,移动互联网的出现也是商业的福音。全球互联网也正朝着为用户提供移动性支持、个性化和定位功能等服务发展。与传统互联网相比,移动互联网在便捷度、便携性、安全和隐私保护上有了长足进步,但网络服务器、网络接收器、计算机终端等均具有移动的属性,如何确定侵权行为地、侵权结果发生地、被告住所地成为目前所面临的技术难题,原有的管辖权理论一定程度上丧失了实际意义②,这也是新时代的移动互联网对著作权法律制度所提出的技术挑战。

相对互联网来说,移动互联网的最显著属性就是自由,不局限于使用固定位置的终端。互联网的终端主要是 PC,而移动互联网的终端主要是智能手机、平板电脑等。智能手机用户逐年上涨,奠定了移动互联网的用户的数量基础,移动网络以及移动应用的普及使得用户能够自由地在网上上传、下载、转载、链接作品,并且在移动互联网环境下,对作品的复制、修改和传播变得更为容易和便捷,但当侵权行为发生后,侵权者的信息确认和调查取证却因为移动互联网的移动性和即时性等特征变得困难。移动互联网的发展也使得像腾讯、亚马逊、百度等互联网企业更加重视著作权战略。

在移动互联网的环境下,传播渠道多样化、传播手段复杂化以及传播技术先进化提供了侵权的温床,著作权的保护变得更加困

---

① 徐伟新. 论移动互联网会展服务的知识产权问题 [J]. 电子商务, 2015(4):20-21.

② 王琴. 知识产权视野下的移动互联网法律问题研究 [J]. 湖北警官学院学报, 2012(10):120-121.

难,但侵犯著作权的现象却愈演愈烈。著作权作为激励创作、保护权利人利益的机制,如果不能发挥应有的作用,最终必将阻碍移动互联网这一具有长远发展潜力的新兴产业的发展。因此,有必要根据我国移动互联网的特点和发展现状,再结合已经出现和可能出现的著作权问题,在现有的法律基础上,增加有关移动互联网的著作权保护条款。移动互联网在著作权方面的表现改变了人们的阅读体验。移动终端阅读加快了作品渗透进生活的速度,同时也对著作权保护提出了挑战。

(十六)著作权的国际冲突与协调

著作权具有很强的地域性特征,一国的著作权保护法规在另一国却又有不同的本土适应性。国际版权保护,即在国与国之间根据双边或多边协议相互提供的版权保护。为了调整各国由于版权保护不同要求带来的矛盾,按以下三个原则进行协调:一是国民待遇原则,一方给予其他方国民以本国国民相同的保护;二是最低限度保护原则,任何形式的国际版权保护就保护程度规定各方都能接受的最低标准;三是形式上的互惠原则,参加国际版权保护的一方,仅要求其他各方给予版权保护,遵守国民待遇原则而不问其保护程度如何①。

目前比较有代表性的国际版权公约有:《与贸易有关的知识产权协定》(TRIPs协议)、《巴黎公约》《伯尔尼公约》等。"TRIPs"协议涉及的知识产权共有八个方面,其中包括著作权及其相关权利;《巴黎公约》的调整对象即保护范围是工业产权,包括发明专利权、实用新型、工业品外观设计权、商标权、服务标记、厂商名称、产地标记或原产地名称以及制止不正当竞争等;《伯尔尼公约》主要是保护文学和艺术作品。此外,还有一些区域性、专业性的多边协定,如欧洲国家之间的《交换节目和电视影片协定》《保护电视播放协定》《保护表演者、唱片录制者和广播

---

① 百度百科.国际版权保护[EB/OL].[2015-08-02]. http://baike.baidu.com/link? url = xbUUulDnYHzZcQliaHSLQd9HJdimRpbU0QvPIFl8LpZZh MoL6Ezperjxqyj2v_y9Rxk2i1JkYTQ_DQbGwLid_K.

组织国际公约》等。

随着这些国际公约的不断出现和修订,它们所能发挥作用的领域也就随之调整,截至目前,TPIRs 有 150 个成员国;《巴黎公约》有 107 个成员国;《伯尔尼公约》已有 168 个缔约国家。也就是大部分国家都能受到这些国际公约的保护,统一承担相应的责任并履行应有的义务,因此当国与国之间发生著作权冲突时,可以按照这些国际公约的条款加以协调和解决。

但是,并不是所有国家都签署了这些国际公约,也就是这些公约对非成员国是没有法律牵制力的,因此,当国际的著作权冲突超出国际公约的协调范围时,该如何解决纠纷?参照哪国法律?法律的适用范围怎样界定?此外,这些国际公约也并不是尽善尽美,随着技术手段的不断更新,国际的著作权纠纷越来越复杂和难以界定,而这些公约的立法并不能及时增补和更新,也不可能面面俱到。怎样保障公平以及如何在保护著作权的同时又能加大惩罚力度以警示他人、减少纠纷和冲突,都是目前著作权领域的难点,也是未来研究的趋势之一。

(十七)国际化与著作权

著作权本身是带有地域性质的,各国法律保护的著作权仅在该国领域内产生法律效力。随着知识经济和经济全球化的发展,特别是互联网和信息技术的不断成熟,世界逐渐发展成为一个"地球村",地域限制逐渐被打破。与此同时,知识在经济中的价值不断加强,所以对于知识等无形产品的关注度也越来越高。但是由于各国的经济、政治和法律制度上的差异,在国际贸易中各国的利益冲突也越加明显,在这种形势的推动下,缩小各国的差异,加强国际互动与交往,促进著作权法律制度的国际化成为各国的选择。

在著作权国际化规则的制定中,发达国家和发展中国家的地位和享受的利益也是不一样的,对于我国这种发展中国家的影响有积极的也有消极的影响。[①] 一方面,著作权国际化有其自身的优越

---

[①] 张辉. 知识产权全球化与发展中国家的应对 [D]. 宁波:浙江万里学院,2011.

性，著作权保护的国际化可以激励创新，促进国内外作品输入与输出，丰富行业内交流，推动文化产业升级，从而促进国民经济的增长；另一方面，发达国家在著作权国际化规则制定过程中更加具有话语权，发展中国家陆续加入国际公约，虽然对解决国际著作权纠纷有一定帮助，但是也避免不了本国版权事业受到冲击，难以发出维权呼声的情况。我国已加入《保护工业产权巴黎公约》《伯尔尼保护文学和艺术作品公约》《与贸易有关的知识产权协议》等国际公约，受这些因素的影响不断修改和完善本国著作权法律体系，在著作权的国际保护问题上扫清了障碍。同时，在国际化过程中，仍然要针对本国情况，对不能接受的条款提出保留。如2006年我国决定加入"国际互联网公约"时，针对国内广播组织对录音制品的使用惯例和现有著作权法律法规实际情况，提出对《世界知识产权组织表演和录音制品条约》（WPPT）第（1）款做出保留，保留的内容为"对于将为商业目的发行的录音制品直接或间接地用于广播或用于对公众的任何传播，表演者和录音制品制作者应享有获得一次性合理报酬的权利"[①]。这一保留行为与多个国家保持一致。

在国际化的条件下，发达国家与发展中国家、发达国家之间以及发展中国家之间的利益达到一个相对平衡的状态，具有多元性和复杂性。因此，如何实现国际著作权领域各方的利益平衡，尤其是发达国家与发展中国家之间的利益平衡；如何促进国际社会公益的最大化；政府、企业、研究机构如何制定著作权战略，从而应对全球化社会的挑战和激烈的国际竞争……这些都是在理论和实践中需要进一步探讨和研究的问题。

### （十八）产业链整合与著作权

产业链是产业经济学中的概念，从微观来说，是产业内各个部门之间产生的技术经济关联，从宏观而言，是描述具有某种内在联系的企业群结构，是相关产业组织形成的一种功能性网链结构，包

---

① 肖燕.2007年网络知识产权立法最新进展与图书馆的对策[J].图书馆建设，2008（1）：19-22.

括价值链、企业链、供需链和空间链四个维度的概念。价值链是指从原料到产品到服务的价值传递和增值过程；企业链是指企业内部物质、资金和技术的流动和相互作用而形成的关联；供需链是指企业业之间彼此满足供应和需求的关系；空间链是指地理布局特征。①这四个维度之间相互影响、相互制约，共同形成了影响企业发展的"无形机制"——产业链。

产业链的核心问题是提高链条上各个节点的效率，在动态的协调过程中维持产业链的发展②。这就决定着产业链的各个维度内部或者维度之间需要进行一定的调整，所以产业链整合就是综合考虑各个因素，通过调整和优化其关联，提高整个产业链的运作效率，从而提升企业的竞争优势。产业链整合现象的产生受到了生产要素、技术创新、产业管制和相关产业及支持性等因素的影响。③

由于信息技术和知识经济在全社会范围的渗透，整个社会正在经历重大变革的过程，各个产业也必然会整合各种要素，通过产业链整合形成良性的产业链发展态势，我们正在面对一个产业链整合创新的时代④，并且是一个不可逆的趋势，但是在产业链整合的过程中，必然会涉及著作权问题。

产业链整合的著作权问题在出版产业的表现尤其突出，传统的出版产业和现代的数字出版在创作、出版、发行和销售等多个环节都有很多不同，数字出版主要是依赖于网络平台，其中对著作权的挑战包括：数字出版中的版权授予手段不够清晰；在数字出版方式中侵权行为难以被界定，从而使得责任追究难度较大；数字出版对

---

① 百度百科. 产业链［EB/OL］.［2015-08-05］. http://baike.baidu.com/link? url = z _ XtqqfcMXL5y6vQ _ 6Zd4ada48u17Tncjro-o7S3mjb7SN9K0i3I70w61U2O3OHXVSapR6gzW95T65Y1wRN9Z_.

② 林中燕. 产业链视角下的信息服务业蛛网模型［J］. 河南科技大学学报（社会科学版），2009（1）：76-79.

③ 郑大庆，张赞，于俊府. 产业链整合理论探讨［J］. 科技进步与对策，2011（2）：64-68.

④ 孟跃. 产业链整合创新时代来临［N］. 华夏酒报，2012-02-28：A16.

侵权行为的赔偿数额未能形成有效的规定。① 随着出版方式的多样化，多种作品在手机等移动终端可无缝切换。以"动漫+众创空间·咪咕版权服务平台"为例，该平台集合了个人创意、优质资源、多方渠道等价值链于一体，实现资源优势最大化，并带动整个产业链整合运营。该平台在动漫、游戏和影视文化等方面显示了强大的版权运营优势。产业链整合给著作权带来了新的商业发展模式和更大的发展空间，涉及产品、服务全版权领域，很大程度上既促进了著作权的保护也推广了著作权作品的使用。

(十九) 国家创新与著作权

2015年3月，李克强总理在政府工作报告中提到：打造大众创业、万众创新和增加公共产品、公共服务"双引擎"。与往常相比，2015年的政府报告里出现一个热门关键词：大众创业、万众创新。中国在新的经济形势下，万众创新已成为必然选择。而且在过去6个月里，大众创业、万众创新是本届政府施政中出现频率最高的词语之一②。中国科学技术发展战略研究院发布的《国家创新指数报告2014》显示，中国创新能力稳中有升，国家创新指数排名居第19位，是唯一进入前20位的发展中国家。此次政策导向将是着重建立一种以政府为主导、充分发挥市场配置资源的基础性作用、各类科技创新主体紧密联系和有效互动的社会系统，即国家创新系统③。国家创新系统有效运行的关键在于——各创新主体的创新绩效能否提高。

1. 促进产业创新

产业转型升级是国家创新系统建设中的重要内容，其核心动力是产业创新。趁着诺贝尔文学奖将莫言的作品推向国际阅读的热

---

① 邹国正. 数字出版对我国知识产权保护的挑战［J］. 出版广角，2013（6）：25-27.

② 中国青年网. 解读大众创业、万众创新：李总理期待激发青年创新创业基因［EB/OL］.［2015-07-13］. http://news.youth.cn/gn/201503/t20150308_6512329.htm.

③ 新华社. 国家中长期科学和技术发展规划纲要（2006—2020年）［EB/OL］.［2015-07-13］. http://www.gov.cn/jrzg/2006-02/09/content_183787.htm.

潮，出版行业迎来了版权代理和作品输出的新契机；Keith E. Maskus 对亚洲国家的研究发现，软件业苦于盗版的流行，不得不将市场局限于不易拷贝的应用软件领域，从而使全行业停滞在小规模、低成本的低水平竞争之中。除了软件著作权外，移动游戏、电视行业的版权引进与输出也反映了产业升级与创新的能力。"文化产业"作为发达国家利用著作权获取经济收入的重要来源，在我国国民经济中的比例还较少。我国目前的"山寨"之风难以杜绝，在国家创新的政策号召下，有必要更加重视文化产业，打造具有独创性、新颖性的著作权作品。

2. 改善创新环境

政府作为著作权保护的法律制定者、推动者，必须注重对于创新环境的优化。作为行使公共权利的政府，在维持权利人和使用人之间的利益平衡时要避免偏向社会公众而压抑权利人的创作激情，也要避免偏向权利人而使受著作权保护的作品得不到应有的传播、扩散。政府机构也需避免缺乏疏导管制致使著作权系统无序臃肿，从人才配备、政策支持、平台搭建、集体管理组织等方面打造宽松优越的著作权发展环境。目前我国著作权事业已有广泛公众参与，如主动建言献策《著作权法》修订，政府的行政司法保护也转向主动监管和引导的角色。

### （二十）电子商务与著作权

随着互联网技术的日趋成熟和迅猛发展，电子商务已成为当今经贸活动中不可或缺的重要手段。诸多电子商务活动都会涉及公民、法人和其他组织享有的著作权，新兴的电子商务涉及较多的是网络著作权问题，它伴随着地域性限制的消失，传统的"平行进口"的可对抗因素减弱，跨地域购买享有著作权的产品不再有阻碍，难以控制人们获取的手段和数量。电子商务以其独特的发展特点在多方面对知识产权的保护形成了冲击。

电子商务模式在给顾客和商家带来便捷的同时，也打乱了原有的法律已经调和的当事人之间的利益平衡关系，对于存留已久的法律理念和法律秩序造成了一定冲击。传统著作权是针对纸质出版物和其他实体载体出版物的法律制度，包括计算机软件程序，它也是著作权保护的作品形式之一。而网络空间可以连接任何地域不受时空限制，以无差别的跨越性、强大的聚合性使交易双方挣脱有形传输的物质实体束缚。常见的网络作品版权交易，就是这种以网络为平台的电子商务模式，交易的产品也大多是数字化技术产物，仍然融入了作者的智慧劳动，但削弱了传统条件下著作权的专有性，版权人无法得知自己作品的被使用情况，使用人也不一定知晓版权人的权益，只是从网络平台中获取资源，对传统的著作权制度产生了有力的冲击，并在一定程度上打破了传统著作权法所建立的平衡机制。受著作权保护的作品在网络上传播，若未采取一定的技术安全保护措施，任何人都可以不受限制地使用①。在网络信息技术普遍应用的今天，新出现的体现人类智力的产品同样需要得到著作权法律的认可和保护，及时弥补著作权制度缺口，厘清电子商务与著作权的关系，也是知识经济时代重视著作权的要义。

## 二、湖北省著作权研究战略对策

研究战略是一个统称，包括推动研究的各方战略，比如知识产权局、高校、研究人才等多方发展战略，以促进著作权的研究取得突破和提升为目标。对湖北省进行有针对性的著作权研究战略部署，有利于全面发掘研究力量，充分利用人才和资源配置，迎接著作权研究的挑战。

### （一）湖北省著作权战略实施的监督与版权知识普及

对著作权战略实施进行绩效评估。建立湖北区域著作权战略实施监督与反馈机制。普及版权法律知识，提高全社会的版权保护意识。通过多种方式，不断提高宣传效果。

### （二）建立"湖北省版权高级人才培训基地"

2013年2月，国家知识产权局办公室印发的《2013年全国知识产权人才工作要点》中指出，知识产权人才体系是知识产权事业发展的重要支撑，是可持续发展的关键；继续实施"百千万知

---

① 刘贝蒂. 我国电子商务著作权侵权行为研究［D］. 开封：河南大学, 2011.

识产权人才"工程，以百名高层次人才培养对象为重点，大力推动国家知识产权培训基地建设工程等。在这种大环境下，湖北省培养版权高级人才，建立"湖北省版权高级人才培训基地"刻不容缓。培训基地可以利用省内的优秀师资，也尽可能地聘请省外专家和国外专家授课。对于版权产业领域的高级管理人员倡导其参与该培训，并发给相应的结业证书。基地需要开发出和湖北省著作权战略和版权产业相应的教材体系。该基地可以是省内版权理论人才和实务人才的交流平台，可以推动著作权战略在湖北省的高效实施。

湖北省可借鉴其他省市成功的经验。如浙江省知识产权局和中国计量学院于2012年12月4日合作建立的"浙江省知识产权人才培养基地暨中国计量学院知识产权学院"，该基地旨在培养专业务实的知识产权人才，中国计量学院负责制订相应培训计划、设计培训课程、提供培训师资和场地，而省知识产权局接受中国计量学院知识产权教学研究人员挂职锻炼，并为知识产权专业学生提供实习、实践基地，推荐省内有知识产权实务经验的专业人员授课，共同承担浙江省企业经营管理者、专利代言人、律师、政府工作人员等的培训工作。此外，双方还将合作开展知识产权领域的研究，结合知识产权工作的实际需要，开展知识产权基本情况调查，由省局组织或委托学校对国内外知识产权教育、高端人才培养、知识产权工作中的热点、难点问题和重大经济活动知识产权制度等开展研究，提出政策建议和咨询意见①。再如"广西知识产权人才培养基地"于2013年6月20日得到广西科技厅及知识产权局的批复，在广西大学正式成立并获拨50万元建设经费；9月迎来其第一批本科生。而"济南市知识产权人才培养基地"也于2012年4月13日在济南大学成立。

湖北省也可以效仿以上省市，发挥本地高校众多，科研实力雄厚的优势，利用省内外优秀师资，由湖北省知识产权局、湖北省版权局与高校合作成立"湖北省高级版权人才培训基地"，为省内版

---

① 王颖. 打破浙江省知识产权人才缺乏瓶颈：浙江省知识产权人才培养基地落户中国计量学院［J］. 今日科技，2009（12）：19.

权专业人才提供学习和实践的基地。

**（三）支持和推动高等院校培养硕士生和博士生**

武汉大学、华中科技大学、中南财经政法大学、华中师范大学、武汉理工大学等都有知识产权教学的院系和研究中心。可以根据这些院系和研究中心的擅长领域推动其招收硕士生和博士生，并给予政策上的支持和经费上的帮助。硕士生的培养以实践课程为主体，强调其应用性思维的培养；博士生的培养以理论创新和国际课程为主体，强调其战略性思维的培养。要对博士课程结业人员和曾就读博士研究生的人员在获得实务、实践能力方面提供支援。要培养知识渊博，专业性强，既活跃于大学、公共研究所，也活跃于企业的研究人才。要就培养的方案进行广泛讨论，要兼顾本大学的优势科研领域、企业的业务需求和版权政策制度的实际制定并进行总结，以实现这一目的。

**（四）建立湖北省著作权战略研究**

我国目前存在有中国文字著作权协会、中国音乐著作权协会、中国摄影著作权协会、中国电影著作权协会、中国音像著作权集体管理协会、中国互联网协会行业自律工作委员会网络版权联盟等。建立湖北省版权协会或著作权战略研究会可以参照国内目前存在的成熟模式，研究会可由湖北省有关版权的教学、科研、立法、行政和司法人员组成，同时引进多领域的著作权人才，可为湖北省文学、音乐、摄影、电影、数字作品等多领域版权发展、版权创造、保护、管理与应用提供咨询和决策建议；可与国内外有关政府机构、学术团体、非政府组织等建立良好的合作关系，在民间外交领域发挥着重要作用；可定期出版《湖北版权》等出版物；可组织国内国际著作权战略领域的研讨会，研究国家版权政策在湖北省的实施，提出湖北省有关版权的立法提案或其他规范性文件草案。

**（五）实施人才战略，提高技术创新水平和知识产权管理水平**

拥有一大批高素质的创新人才，是推动区域自主创新，提高自主创新能力的关键所在。实践证明，谁占领人才高地，谁就能掌握自主创新的主动权和制高点。创新型科技人才是新知识的创造者、新技术的发明者、新学科的创始者，或者是新路径的引领者，包括技术人才、管理人才、经营人才等。加强专业技术人才的培养和引进，提高区域内企业与科研院所、高等院校的研发水平，为自主知识产权的获得奠定人才资源基础，提升技术创新能力和水平，推动区域自主创新能力的提高。培养创新型科技人才，应注重多学科交叉融合，充分用好科技与教育双重资源，建立完善创新科技人才的培养体系。在著作权方面，要注重培养具有通悉国内外著作权法律法规、能熟练处理国际著作权事务的高级人才，注重培养熟悉国内外著作权发展的理论家和战略家，加强对著作权的管理。

（六）推进高校的知识产权成果转化创新是科技进步的核心

高校拥有众多的研究人员、较为齐全的研究设施，有着良好的学科传统，既是知识创新的主体，也是区域科技创新体系的重要组成部分，在基础性研究中起到主导作用。随着社会对高校功能需求的扩张，教学、科研已经不能维持双方供需平衡，国家对高校创新寄予厚望，因此，高校在原来教学科研的基础上融入社会服务的功能，并加快知识创新向技术创新转化的频率，缩短转化周期，高校日益显示出在技术创新中的强大作用。目前，高校知识产权转化主要有五种形式，包括：（1）以外部市场交易为纽带的互动模式：大学提供技术成果或技术服务，通过外部市场的交易行为将成果或服务出售给产业界；（2）以产权为纽带的互动模式：大学与企业等主体以各自投入的资源入股建立经济实体，或者大学为实现创新而投资兴办科技企业；（3）以政府项目计划为纽带的互动模式：政府出台一些企业和大学的合作研究计划；（4）以大学与企业之间自发产生的项目为纽带的互动模式，这些合作项目以各种形式使大学与企业在各个层面上进行更广泛的接触；（5）大学科学园区：连接着大学和市场两个核心，是大学主动参与创造对技术创新有利的环境的尝试。① 由此可见，我国已经建立了多元的高校知识产权转移模式，但有数据表明，目前高校的知识产权转化情况还不理想。因此除了充分利用上述的五种转化形式外，加强高校内部的知

---

① 范旭，方一兵．区域创新系统中高效与政府和企业互动的五种典型模式［J］．中国科技论坛，2004（1）：66-70．

识产权转化机制改革势在必行。包括改变现有的高校科研评价指标体系，特别是重论文、轻专利，重发表、轻转化的惯性思维，从而使评价体系能跟上经济和科技的发展步伐；改变现有的科研资金管理制度，实行真正的科研基金制，使科研资源分配更加合理，对于研发以外的专利申请费、维护费应尽可能地由单位负担，减少科研人员在转化方面的资金顾虑；加大科研成果转化后的研发人员奖励，将奖励与转化收益挂钩，使他们成为知识产权转化与保护的最有力的推动者。

### （七）其他措施

通过电视专题、广播形式向公众宣传著作权知识。开通@湖北版权官方微博，利用这种最具时效性、互动性的方式向公众推送版权知识和最新的版权侵权案例。利用这种方式，公众一方面成为版权知识的获取者，另一方面也成为版权信息的再次推送者，扩大了信息的接收范围。根据粉丝的留言，也可以及时获取公众反馈，不断完善其服务。要随时保持与省内外知名专家的互动，可使专家直接利用这一平台向公众普及版权知识。

# 参考文献

**纸本文献**

［1］奥尔路夫. 电影制片厂工作人员的著作权［J］. 世界电影，1957（9）：80-83.

［2］别鸣，杜海波，曾怡. 文艺精品繁盛的"湖北现象"［N］. 湖北日报，2014-06-13010.

［3］曹世华. 论数字时代著作权集体管理的数字化［J］. 电子知识产权，2006（2）：30-34.

［4］曹新明. 美日知识产权战略对我国的启示［J］. 中国高新区，2009（3）.

［5］陈传夫. 信息资源知识产权制度研究［M］. 长沙：湖南大学出版社，2008：430.

［6］陈传夫，汪晓方，符玉霜. 国外版权图书馆员岗位设置及其对我国的启示［J］. 国家图书馆学刊，2009（2）：39-42.

［7］陈传夫，周淑云. 维系网络传播与公共利益的协调［J］. 图书情报知识，2006（2）：5-9.

［8］陈敦亮. 湖北省文化支柱性产业的发展空间探讨［J］. 价值工程，2011，14：15-16.

［9］陈洪波. 加强著作权管理繁荣科学文化事业［N］. 湖北日报，2011-05-23.

［10］崔丹妮.《关于办理侵犯知识产权刑事案件适用法律若干问

题的意见》述评［J］．电子知识产权，2011（4）：17-20．

［11］丛立先．国际版权制度发展趋向探论［J］．国外社会科学，2010，2：26-33．

［12］董涛．知识产权证券化制度研究［M］．北京：清华大学出版社，2009．

［13］范旭，方一兵．区域创新系统中高效与政府和企业互动的五种典型模式［J］．中国科技论坛，2004（1）：66-70．

［14］冯晓青．我国著作权法第三次修改的必要性与修改草案探微——兼论修订草案"总则"部分的完善［J］．法邵阳学院学报，2014（4）：8-18．

［15］高斌．文化立省：湖北由文化大省向文化强省转化的必要前提［J］．党政干部论坛，2012，1：18-20．

［16］高崇慧，卿越．三网融合背景下著作权的法律保护［J］．云南财经大学学报，2012，28（1）：155-160．

［17］耿瑞华．关于展湖北出版产业的思考［J］．出版科学，2003，02：27-28，26．

［18］韩洁，谭予涵，谭霞．等．美国版权战略对中国文化产业发展的启示［J］．经济研究导刊，2009（21）：95-98．

［19］黄葆春，梁心新．日本《知识产权推进计划》试析［J］．知识产权，2011（3）：101-104．

［20］黄先蓉，李晶晶．中外数字版权法律制度盘点［J］．科技与出版，2013（1）：14-25．

［21］康建辉，郭雅明．我国版权产业发展中的版权保护问题研究［J］．科技管理研究，2012，32（4）：123-126．

［22］来小鹏．我国版权产业存在的问题与完善［J］．中国出版，2009（7）：69-72．

［23］李开灿．大数据时代数字版权保护研究［J］．金田，2014（5）：337，333．

［24］林中燕．产业链视角下的信息服务业蛛网模型［J］．河南科技大学学报（社会科学版），2009（1）：76-79．

［25］梁成意，周念军．著作权利用制度的比较研究［J］．广西社

会科学，2001（4）：71-73.

[26] 梁建菲. 图书馆移动服务中的知识产权研究［J］. 中国科技信息，2013（5）：85-85.

[27] 刘贝蒂. 我国电子商务著作权侵权行为研究［D］. 河南大学，2011.

[28] 刘福谦，逄锦温，王志广等. 《关于办理侵犯知识产权刑事案件适用法律若干问题的意见》的理解与适用［J］. 人民检察，2011（9）：58-63.

[29] 刘云升. 传统工艺美术法律属性探析［J］. 河北师范大学学报，2000（1）：117-120.

[30] 卢宏博. 美国信息产业知识产权战略及给我们的启示［J］. 信息技术与标准化，2005（5）：41-45.

[31] 毛义莎. 我国著作权集体管理制度研究［D］. 西南财经大学，2007.

[32] 孟跃. 产业链整合创新时代来临［N］. 华夏酒报，2012-02-28（A16）.

[33] 齐元军. 大数据时代数字出版版权保护的难点与策略研究［J］. 科技与出版，2014（11）：52-55.

[34] 邱均平. 信息计量学［M］. 武汉：武汉大学出版社，2007：63.

[35] 冉从敬，董舞艺，刘洁. 科学交流中的著作权责任：基于P2P共享环境的分析［J］. 出版科学，2012（4）：95-100.

[36] 冉从敬，黄海瑛. 著作权合理使用制度的挑战与重构规则初探［J］. 知识产权，2003（6）：43-45.

[37] 任军民. 法国数字信息网络最新立法述评［J］. 法商研究，2006（6）：124

[38] 沈雪平. 论网络服务提供者对网络版权的侵权责任［J］. 电子商务，2014（08）：32，40.

[39] 孙赫. 物联网的发展与知识产权保护［D］. 北京交通大学，2014.

[40] 唐春. 基于云计算模式特点的知识产权保护新问题探

讨［J］．电子知识产权，2011（12）：38-42.

[41] 陶蕾．图书馆创客空间建设研究［J］．图书情报工作，2013，57（14）：72-76.

[42] 涂桂林．《2014年新闻出版产业分析报告》发布——出版印刷发行业营收近2万亿元［N］．中国新闻出版广电报，2015-07-16.

[43] 王博阳．苹果iTunes网上音乐商店：版权制度的未来模式？［J］．电子知识产权，2009（6）：28-32.

[44] 王可，刘妮丽．湖北瞄准机遇打造中部动漫强省［N］．北京商报，2010-03-08F09.

[45] 王清．中美版权法之公益图书馆豁免制度比较［J］．图书馆杂志，2008（9）：2-5.

[46] 王琴．知识产权视野下的移动互联网法律问题研究［J］．湖北警官学院学报，2012（10）：120-121.

[47] 王绍媛．日本知识产权战略特点与借鉴［J］．现代日本经济，2009（6）：40-44.

[48] 王淑君．大数据时代著作权授权机制的不足与完善［J］．中国版权，2015（1）：37-40.

[49] 王宇红．数字版权管理与合理使用的冲突与协调［J］．武汉理工大学学报（社会科学版），2009，22（6）：76-80.

[50] 王颖．打破浙江省知识产权人才缺乏瓶颈：浙江省知识产权人才培养基地落户中国计量学院［J］．今日科技，2009（12）：19.

[51] 王珏殷，辛晓彤，杨威．2014年度中国动漫产业发展报告［J］．北方传媒研究，2014（6）．

[52] 王渊．三网融合中的版权问题与对策研究［J］．中国科技论坛，2013，1（2）：28-32.

[53] 王太平．云计算环境下的著作权制度：挑战、机遇与未来展望［J］．知识产权，2013（12）：17-27.

[54] 吴汉东．从应变到求变——《中华人民共和国著作权法》第三次修改评析［J］．法商研究，2012（4）：3-7.

[55] 吴汉东. 关于知识产权本体、主体与客体的重新认识——以财产所有权为比较研究对象 [J]. 法学评论, 2000 (5): 3-13.

[56] 吴汉东. 知识产权的私权与人权属性——以《知识产权协议》与《世界人权公约》为对象 [J]. 法学研究, 2003 (3): 66-78.

[57] 吴汉东. 知识产权立法体例与民法典编纂 [J]. 中国法学, 2003 (1): 48-58.

[58] 肖冬梅. 谷歌数字图书馆计划之版权壁垒透视 [J]. 图书馆论坛, 2011 (6): 282-288.

[59] 肖燕. 2007 年网络知识产权立法最新进展与图书馆的对策 [J]. 图书馆建设, 2008 (1): 19-22.

[60] 熊琦. 著作权法定许可的正当性结构与制度替代 [J]. 知识产权, 2011 (6): 38-43.

[61] 熊琦. 论著作权合理使用制度的适用范围 [J]. 法学家, 2011 (1): 86-98.

[62] 熊琦. 社交网络中的著作权规则 [J]. 法学, 2012 (11): 44-53.

[63] 徐海霞, 袁真富. 论数字图书馆版权许可问题的立法对策 [J]. 情报杂志, 2005 (4): 107.

[64] 徐伟新. 论移动互联网会展服务的知识产权问题 [J]. 电子商务, 2015 (4): 20-21.

[65] 薛虹. 网络时代的知识产权法 [M]. 北京: 法律出版社, 2000.

[66] 杨冠锋. 试论网络环境下复制权的合理限制 [J]. 大理医学院学报, 2001 (S1): 149-153.

[67] 姚维保, 望海军. 数字版权管理 (DRM) 与个人合理使用的冲突及解决途径 [J]. 现代情报, 2005, 25 (1): 103-105.

[68] 尹斐, 郭睿华, 辛丽娟, 韩荣新. 数字图书馆构建中的知识产权保护模式探究——从谷歌侵权案谈起 [J]. 法制与社会, 2011 (01 下): 256-257.

［69］于宁．论信息网络传播权［D］．济南：山东大学，2014．

［70］于世平．立法与司法之辩证关系［J］．天津人大，2009（2）：16-18．

［71］余世英，明均仁．移动信息服务在国内高校图书馆中的应用模式分析［J］．图书情报知识，2012（6）：60-67．

［72］詹福瑞，陈传夫，肖燕．关于《信息网络传播权保护条例（草案）》的修改建议［J］．中国图书馆学报，2006（2）：5-8，14．

［73］张辉．知识产权全球化与发展中国家的应对［D］．宁波：浙江万里学院，2011．

［74］张今．数字环境下恢复著作权利益平衡的基本思路［J］．科技与法律，2004（4）：52-58．

［75］张梦．社交网络的现状与发展趋势［J］．佳木斯教育学院学报，2014（5）：466-467．

［76］张勤．版权产业与版权贸易的发展：从美国经验看中国［D］．北京：对外经济贸易大学，2003．

［77］张香梅．传统工艺美术的传承、保护、创新与发展［J］．群文天地，2013（7）：94-96．

［78］张云宽．打造中部报刊强省［N］．湖北日报，2010-10-22．

［79］赵杰．著作权集体管理制度及其立法研究［D］．重庆：西南政法大学，2002．

［80］郑大庆，张赞，于俊府．产业链整合理论探讨［J］．科技进步与对策，2011（2）：64-68．

［81］朱永德．版权公共服务体系（上）［N］．中国电影报，2009-11-26（12）．

［82］邹国正．数字出版对我国知识产权保护的挑战［J］．出版广角，2013（6）：25-27．

［83］Dan L. Burk, The Mereology of Digital Copyright[J]. *International Handbook of Internet Research*, 2010: 135-146.

［84］Jane C. Ginsburg. The Exclusive Right to Their Writing: Copyright and Control in The Digital Age［J］. *Maine Law Review*, 2002:

195，211-213.

[85] Nicola F. Sharpe，Olufunmilayo B. Arewa. Is Apple Playing Fair? Navigating the iPod FairPlay DRM Controversy［J］. *Northwestern Journal of Technology and Intellectual Property*. 2007，5（2）：332-350.

**网络文献**

[1] 长江日报. 华中国家版权交易中心在汉运营［EB/OL］.［2013-09-18］. http://cjmp. cnhan. com/cjrb/html/2012-12/29/content_5104641. htm.

[2] 长江中文网. 打造网络文学新经典［EB/OL］.［2014-03-04］. http://www. gdnews. gov. cn/system/2014/03/04/010057519. shtml.

[3] 电子商务合同基本法律问题研究［EB/OL］.［2006-04-17］. http://www. bokee. net/companymodule/weblog_viewEntry. do? id=37846.

[4] 高方. 国家版权局通报射手网等12起网络侵权盗版案件查办情况［EB/OL］.［2015-08-12］. 人民网-传媒频道，http://media. people. com. cn/n/2014/1217/c14677-26223382. html.

[5] 国家版权局"强化网络版权执法监管"调研报告发布［EB/OL］.［2015-08-10］. 法制日报-法制网，http://www. legaldaily. com. cn/index_article/content/2015-01/23/content_5940876. htm.

[6] 国务院法制办公室关于公布《中华人民共和国著作权法(修订草案送审稿)》公开征求意见的通知［EB/OL］.［2015-08-05］. http://www. chinalaw. gov. cn/article/cazjgg/201406/20140600396188. shtml.

[7] 国家新闻出版广电总局. 版权工作"十二五"规划［EB/OL］.［2011-04-20］. http://www. gapp. gov. cn/govpublic/77/106. shtml.

[8] 湖北省新闻出版广电局. 关于开展2015年湖北数字出版专项资金项目申报的通知［2015-03-05］.［EB/OL］.［2015-08-

02］. http：//www. hbnp. gov. cn/wzlm/zwdt/tzgg/gsgg/14618. htm.

［9］湖北省新闻出版广电局办公室. 高级印刷人才培养基地落户武汉大学［EB/OL］.［2013-09-16］. http：//www. hbnp. gov. cn/wzlm/hbnp/info/7745. htm.

［10］湖北省新闻出版局. 全省绿色印刷培训班在汉举办［EB/OL］.［2013-09-17］. http：//www. hbnp. gov. cn/wzlm/zwdt/xwzx/10624. htm.

［11］湖北省新闻出版局."农家书屋工程"连续五年列入省政府为民"十件实事"［2013-01-24］.［EB/OL］.［2013-09-17］. http：//www. hbnp. gov. cn/wzlm/zwdt/gdxw/8571. htm.

［12］国家知识产权战略网.［《国家知识产权战略纲要》颁布实施6周年］激励创造：提质增效 促进转型.［2015-08-03］.［EB/OL］. http：//www. nipso. cn/onews. asp？id＝21517.

［13］黑龙江省人民政府.《黑龙江省深入实施知识产权战略行动计划（2015—2020 年）》出台［EB/OL］.［2015-07-30］.

［14］湖北省经济和信息化委员会. 省人民政府办公厅发布《关于进一步推进软件和信息技术服务业发展的意见》［EB/OL］.［2014-04-30］. http：//cs. hbeitc. gov. cn/rjc/gzdt/55816. htm.

［15］湖北省人民政府. 鄂部署软件正版化检查整改工作 将建立全省管理信息系统［EB/OL］.［2015-08-02］.

［16］湖北省人民政府. 关于印发湖北省知识产权战略纲要的通知［EB/OL］.［2013-09-16］. http：//www. hubei. gov. cn/zwgk/zfxxgk/zfwj/ezfwj/ezf2010/201009/t20100910.

［17］湖北省政府办公厅. 湖北省人民政府办公厅关于切实做好当前政府信息公开重点工作的通知［EB/OL］.［2013-09-17］. http：//gkml. hubei. gov. cn/auto5472/auto5473/201308/t20130829_466623. html.

［18］湖北省政府办公厅. 湖北省人民政府办公厅关于印发湖北省新闻出版广电局（湖北省版权局）主要职责内设机构和人员编制规定的通知［EB/OL］.［2015-08-02］. http：//gkml. hubei. gov. cn/auto5472/auto5473/201311/t20131115_4789 04. html.

[19]湖北省政府办公厅.湖北省人民政府关于进一步繁荣发展少数民族文化事业的意见[EB/OL].[2013-09-17].http://gkml.hubei.gov.cn/auto5472/auto5473/201112/t20111207_159208.html.

[20]湖北省政府办公厅.湖北省人民政府办公厅关于印发湖北省政府机关使用正版软件工作实施方案的通知[EB/OL].[2013-09-16].http://gkml.hubei.gov.cn/auto 5472/auto5473/201112/t20111209_160413.html.

[21]湖北省政府办公厅.湖北省著作权管理办法[EB/OL].[2013-09-16].http://gkml.hubei.gov.cn/auto 5472/auto5473/201112/t20111210_161597.html.

[22]湖北省知识产权局.湖北省知识产权战略实施推进计划(2014—2017)[EB/OL].[2013-09-16].http://www.hubei.gov.cn/zwgk/hbyw/hbywqb/201403/t20140322_493 904.shtml.

[23]湖北省新闻出版局.华中数字出版论坛在武汉举行[EB/OL].[2013-09-21].http://www.hbnp.gov.cn/wzlm/zwdt/xwzx/8797.htm.

[24]湖北省新闻出版广电局,湖北省版权局.湖北省新闻出版广电传媒融合发展报告[EB/OL].[2015-05-19].http://www.hbnp.gov.cn/wzlm/cs/ggfzc/csjx/15428.htm.

[25]湖北日报."书香荆楚 文化湖北"全民读书月活动启动仪式举行[EB/OL].[2013-09-17].http://www.gov.cn/gzdt/2012-04/10/content_2109835.htm.

[26]湖北日报.深入贯彻《省知识产权战略纲要》促进版权产业又好又快发展[EB/OL].[2013-09-20].http://news.cnhubei.com/hbrb/hbrbsglk/hbrb07/201009/t1406165.shtml.

[27]荆楚网.《湖北省社会资本投资文化产业指导目录》解读[EB/OL].[2013-09-18].http://www.cnhubei.com/hbrb/hbrbsglk/hbrb04/200806/t348238.shtml.

[28]荆楚网.2014年湖北省国民经济和社会发展统计公报(表)[EB/OL].[2015-02-17].http://news.cnhubei.com/xw/

zw/201502/t3187026. shtml.

[29] 荆楚网. 湖北第一本网络文学杂志《长江网络文学》面世[EB/OL]. [2012-12-31]. http://news. cnhubei. com/xw/wh/201212/t2397336. shtml.

[30] 荆楚网. 湖北文化产业调查]武汉动漫产业期待持续扶持[EB/OL]. [2015-05-17]. http://news. cnhubei. com/xw/2015zt/2015wbh/201505/t3259657. shtml.

[31] 罗湖区电子政务网. 深圳市文化创意产业园区认定办法[EB/OL]. [2013-06-28]. http://www. szlh. gov. cn/main/a/2013/f28/a238896_853379. shtml.

[32] 人民网. 视点:大数据下的动漫产业转型升级之路[EB/OL]. [2015-07-23]. http://game. people. com. cn/n/2015/0723/c213917-27349793. html.

[33] 人民网. 动漫北京 24 日开幕 产权交易促动漫游戏业创新[EB/OL]. [2015-07-22]. http://ip. people. com. cn/n/2015/0722/c136655-27342182. html.

[34] 人民网. 最新报告显示:我国已成知识产权大国[EB/OL]. [2014-11-26]. http://culture. people. com. cn/n/2014/1126/c172318-26093790. html.

[35] 人民网. 中国广电产业走势及预测[EB/OL]. [2015-05-05]. http://media. people. com. cn/n/2015/0505/c395934-26950569. html.

[36] 陶鑫,袁真富. 网络时代著作权许可制度的创设[EB/OL]. [2006-04-17]. http://www. sipo. gov. cn/sipo/ywdt/mtgz/t20041110_36078. htm.

[37] 武汉市正式实施著作权版权登记资助. 湖北省新闻出版广电局[EB/OL]. [2015-08-13]. http://www. hbnp. gov. cn/wzlm/zwdt/bbxw/12641. htm.

[38] 武汉市著作权登记资助答记者问. 长江日报[EB/OL]. [2015-8-13]. http://whwb. cjn. cn/html/2014-08/14/content_5356619. htm.

[39] 新华社. 国家中长期科学和技术发展规划纲要(2006—2020年)[EB/OL]. [2015-07-13]. http://www.gov.cn/jrzg/2006-02/09/content_183787.htm.

[40] 中华人民共和国国家版权局. 国家版权局关于《民间文学艺术作品著作权保护条例(征求意见稿)》公开征求意见的通知[EB/OL]. [2014-09-02]. http://www.ncac.gov.cn/chinacopyright/contents/483/225066.html.

[41] 中华人民共和国财政部. 湖北省"十二五"时期文化改革发展规划纲要[EB/OL]. [2013-06-18].

[42] 中华人民共和国文化部. 全国2013年文化发展基本情况[EB/OL]. [2015-07-17]. http://zwgk.mcprc.gov.cn/ndzs/201507/P020150717586803040836.pdf.

[43] 中华人民共和国文化部.《湖北省"十二五"时期文化改革发展规划纲要》出台[EB/OL]. [2012-05-11]. http://www.mcprc.gov.cn/fxlm3/201205/t20120511_289521.htm.

[44] 中国报告大厅. 2015年我国软件产业政策及环境分析[EB/OL]. [2015-05-07]. http://www.chinabgao.com/k/ruanjianchanye/16483.html.

[45] 中国动漫产业网. 解读《"十二五"时期国家动漫产业发展规划》[EB/OL]. [2013-03-11]. http://www.cccnews.com.cn/2013/0311/24936.shtml.

[46] 中国民族宗教网. 湖北省民族文化工作回眸[2012-06-19].[EB/OL]. [2013-09-17]. http://www.mzb.com.cn/html/Home/report/309715-1.htm.

[47] 中国文化产业网. 湖北首个国家级文化产业试验园区获批[EB/OL]. [2015-01-22]. http://www.cnci.gov.cn/content/2015-01/22/content_11088847.htm.

[48] A "Speed Bump" vs. Music Copying, Bus. Wk [EB/OL]. [2012-03-12]. http://www.businessweek.com/bwdaily/dnflash/jan2002/nf2002019_7170.htm.

[49] Marybeth Peters, Music Licensing Reform, Statement of Marybeth

Peters the Register of Copyghts before the Subcommittee on Courts [EB/OL]. The Internet and Intellectual Property of the House Committee on the Judiciary, United States Senate 109th Congress, 1st Session, June 21, 2005. http://www.copyright.gov/docs/regstat 062105. html.

[50] Broadcast Music Incorporated. BMI Posts Record-setting Royalty Distributions, Revenues [EB/OL]. [2013-09-16]. http://www.bmi.com/news/entry/535402.

[51] IFLA. IFLA Co-signs Statement Expressing Concern about the Trans-Pacific Partnership Agreement (TPPA) [EB/OL]. [2013-09-16]. http://www.ifla.org/news/ifla-co-signs-statement-expressing-concern-about-the-trans-pacific-partner-ship-agreement-tppa.

[52] Yee Fen Lim. Digital Rights Management: Merging Contract, Copyright and Criminal Law, DRMTICS 2005, LNCS 3919: 66-74. 1 OdioWorks v Apple [EB/OL]. [2012-12-31]. https://www.eff.org/cases/odioworks-v-apple.

[53] iTunes music: The cost of removing Apple's Copy Protection [EB/OL]. [2012-12-31]. http://tech.fortune.cnn.com/2009/01/07/itunes-music-the-cost-of-removing-apples-copy-protection/.

[54] Esther Hoom, Maurits ven der Greal. Copyrigfrt lesues in Open Access Research Joumals; "Ihe Authors" Perspective. D-Lib Magazine, 2006, 12(2) [EB/OL]. [2008-07-25]. http: //www.Dlib.org/dlib/ February06/ vanderg raaf/02vanderg raaf. html.